U0052597

大陸金融制度與市場

朱浩民 著

三民書局

國家圖書館出版品預行編目資料

大陸金融制度與市場／朱浩民著.－－初版一刷.－
－臺北市；三民，民91
　　面；　　公分

ISBN 957-14-3620-8　　（平裝）

1.金融-中國大陸 2.金融市場-中國大陸

561.92　　　　　　　　　　　　　91007509

網路書店位址　　http://www.sanmin.com.tw

© 　大陸金融制度與市場

著作人　　朱浩民
發行人　　劉振強
著作財
產權人　　三民書局股份有限公司
　　　　　臺北市復興北路三八六號
發行所　　三民書局股份有限公司
　　　　　地址／臺北市復興北路三八六號
　　　　　電話／二五〇〇六六〇〇
　　　　　郵撥／〇〇〇九九九八——五號
印刷所　　三民書局股份有限公司
門市部　　復北店／臺北市復興北路三八六號
　　　　　重南店／臺北市重慶南路一段六十一號
初版一刷　中華民國九十一年五月
　編　號　 S 56213
　基本定價　柒　元
行政院新聞局登記證局版臺業字第〇二〇〇號

有著作權·不准侵害

ISBN　957-14-3620-8　　（平裝）

自 序

　　臺灣與大陸經濟的密切關係，是無法否認的事實，大陸經濟情勢的變動，也必定將影響臺灣的未來發展，因此不管政治主張如何，都必須要對大陸的政經情況有所瞭解。

　　有關大陸財經方面的書籍，原本就不太多，而多數研究又支離零亂，帶有政治色彩，因此提供一平實客觀、縱覽全局的大陸財經制度與市場書籍，應該是件有意義的事情，事實上，這也正是本書寫作的動機。

　　本書的內容，是作者這幾年在政治大學金融研究所講課教材以及平常研究整理而成，目的是平鋪直敘的介紹大陸金融制度與市場之沿革和最新發展，希望以宏觀完整的方式將大陸金融情況介紹給讀者，因此書中並無高深理論的探討，也沒有任何政治色彩的批判，只希望在臺灣流行「大陸熱」的時侯，能夠幫助大家瞭解大陸的財經真實面貌。

　　回國忽忽十年，這十年當中，經歷了親人的生老病死，無限感慨；而面對臺灣政經的紛亂，看盡社會喧囂取寵之輩，更不禁為默默苦幹的真正人物惋惜不平。偶爾也責怪自己，選擇了與政治情勢密切相關的經濟研究作為志業，無法學習古人「閒坐小窗讀周易」的淡然胸懷，卻只能抱持「即此悔讀書」的惆悵心情，欷吁不已……。

朱 浩 民 謹 誌

2002年4月

大陸金融制度與市場

目　次

第一章　大陸金融體制之沿革與發展

　　中國大陸在1979年改革與開放以前，是一封閉、高度集中的社會主義計劃經濟體制，改革開放之後，隨著市場經濟的逐步發展，金融體制也進行了大幅改革，中央銀行體制確立，各類金融機構紛紛設立，金融市場逐漸形成，監理機制與法規也日趨完備，而隨著大陸的加入世界貿易組織(WTO)，原先的金融體制與市場將會有更多的改變。

第一節　大陸金融體制之沿革與發展

　　1949年10月，中共建國之初，為了恢復國民經濟，採取強力措施，除了成立中國人民銀行，統一全國貨幣與外匯管理及接管改造各類金融機構之外，並嚴格管理財政收支和調度糧食進出，抑制通貨膨脹，恢復農工生產。

　　1953年中共開始第一個五年經濟計劃，正式邁入社會主義經濟建設時期，金融體制也進行了大幅改造，各類銀行及金融機構相繼裁撤或併入中國人民銀行，所有銀行信貸計劃全部納入國家經濟計劃，信貸資金來源與運用，都由中國人民銀行掌控，並取消證券市場與商業信用，中國人民銀行遂成為全國的信貸中心、結算中心和現金出納中心，金融體制乃進入「大一統」的時期。

　　1958年至1978年的「全民大躍進」和「文化大革命」時期，金融體制遭受嚴重破壞，中國人民銀行及各級分支機構陸續被併入財政部和各級財政機構，金融機構成為財政的附屬單位，功能完全喪失，直至1979年以後才逐漸恢復過來。

　　1978年12月底，中共中央第十一屆三中全會作出了經濟改革和對外開放的決定，大陸經濟開始打破原有的計劃經濟制度，金融體制也進行了深刻的變化。1979年到

1983年期間，各大銀行相繼復業，「大一統」金融體系逐漸瓦解；1984年1月開始，中國人民銀行將原先辦理的城市金融業務交予新成立的中國工商銀行，退出一般商業銀行業務，專門行使中央銀行職權；1987年4月交通銀行重新組建，其他區域型及全國性的股份制商業銀行、城市信用合作社、財務公司紛紛成立，外資銀行也陸續回到中國，大陸的金融體制遂成為以中國人民銀行為中心，國家專業銀行為主體，其他金融機構同時存在，分工協作的新金融組織體系。但由於當時中國剛從計劃經濟體制跳脫出來，一切仍在摸索當中，再加上貨幣市場、債券市場與股票市場仍屬萌芽階段，政策工具十分有限，因此除了1983年建立的存款準備金制度外，信貸規模管理仍然是中國人民銀行的主要調控手段，不僅如此，中國人民銀行本身仍然還有部分政策性和商業性銀行業務，因此在這期間，中國人民銀行只能說是處於過渡時期的階段。

1992年中共第十四屆三中全會為更進一步推動中國經濟改革，作出了建立社會主義市場經濟體制的重大決定，中國經濟從此進入新的發展階段，金融制度也適時有了更重大的變革。1994年開始，國家發展銀行、中國進出口銀行和中國農業發展銀行三家政策性銀行先後成立，先前的中國農業銀行、中國銀行、中國人民建設銀行和中國工商銀行四家專業銀行則按商業化改革之要求，轉換機制，改為國有獨資商業銀行，並在管理和運作上，推行限額下的資產負債比例管理和信貸資產風險管理，開始從事真正的商業性金融業務；中國人民銀行則與商業性銀行業務完全脫鉤，而把工作轉為金融監管與宏觀調控，同時通過體制和法律的安排，切斷中央財政透支、借款的渠道，中國人民銀行於是得以獨立行使中央銀行的職能。此外，在國有銀行改革的同時，先前成立的股份制商業銀行運作也漸趨成熟，經營方式則採取市場與成本原則，原為城市私營及個體經濟提供金融服務的城市信用合作社，也在1990年代以後陸續改制為股份制城市商業銀行，成為新金融體系下的另一種金融機構。

1995年3月起，《中國人民銀行法》、《商業銀行法》和《保險法》等金融法規陸續出爐，中央銀行（中國人民銀行）的金融監督有法可依，中國金融體制也正式走向了法制化與規範化的軌道；1998年1月開始，中國人民銀行更正式取消了對國有商業銀行的貸款限額控制，改由銀行本身依據資金來源情況，自主確定貸款規模。同年6月中國人民銀行將證券機關的監管權移交給中國證券監督管理委員會，11月中國

保險監督管理委員會成立，接管了保險業監管的責任，而形成了中國人民銀行、中國證監會和中國保監會分別對銀行、證券和保險行業分業監管的體系。1999年4月起，信達、東方、長城和華融四家金融資產管理公司陸續成立，處理四家國有獨資商業銀行的不良貸款。1996年底中國人民銀行陸續批准其他外資銀行辦理人民幣業務，並在1997年1月宣布取消外商銀行之區域限制，外資銀行從此可以在中國所有中心城市設立營業性的分支機構。展望未來，在大陸加入WTO之後，市場大幅開放，金融體制也將面臨更多的調整與挑戰。

至於金融市場方面，大陸除了在建國初期曾有短暫的股票交易和發行國債外，從1953年進入計劃經濟體制後，各類金融市場幾乎不存在，1979年改革開放以後，市場重新萌芽。在貨幣市場方面，1981年2月，中國人民銀行上海分行首先試辦票據貼現業務，1984年12月《商業匯票承兌、貼現暫行辦法》公布，各銀行正式開辦了票據承兌業務，票據承兌市場逐漸成形，1995年《票據法》通過，票據承兌交易正式取得法律之依據；同業拆借市場則是從1984年開始在部分城市試行，1986年武漢拆借市場成立，其後各地也紛紛設立區域性的拆借組織，1996年中國人民銀行建立了全國統一的銀行間拆借交易市場，1998年5月，經營人民幣業務的外資銀行獲准加入全國同業拆借市場，1999年10月保險公司也加入了同業拆借市場；1997年6月，中國人民銀行要求商業銀行退出證券交易所的債券交易，另行組建銀行間同業債券市場，交易標的包括現貨債券與回購，其中債券回購亦為中國人民銀行公開市場操作的重要工具。除此之外，大額可轉讓定期存單、企業短期融資債券、短期國庫券也都在金融市場出現過。

至於停頓多年的國債則在1981年以後重新發行，但其發行則完全採用行政分配，1991年財政部首次實現了通過承購包銷發行國債，將市場機制引進國債發行市場，1993年國債市場建立了一級自營商制度，同年10月上海證券交易所推出國債期貨和國債回購交易，國債期貨交易後來因市場投機性太強，在1995年5月被關閉，1996年國債市場的發展全面走向市場化，發行方式普遍採用公開招標，國債期限與種類大幅增加，至於二級(流通)市場則有在深滬兩地證券交易所、證券商櫃檯與銀行間債券交易三種方式；除了國債市場以外，公司企業所發行的企業債券，在中國金融市場也逐漸興起。企業債券分為國家投資公司債券與一般企業債券兩類，前者是由重點

企業和國家投資公司所發行的債券，具有準國家債券的性質；一般企業債券之發行則始於1980年代中期，是各省市、自治區所屬地方企業為籌集地方重點建設或企業的流動資金所發行的債券，目前企業債券之總市場規模較國家投資公司債券多出數倍。

在股票市場方面，改革開放以後，為了讓企業能夠向社會募集部分資金，市場再次發展起來。1983年深圳市寶安縣聯合投資公司首次公開發行股票，其後陸續有多家公司跟進，1986年9月，上海工商銀行信託投資公司靜安證券業務部開辦了二級（店頭）市場的櫃檯買賣交易，至於交易所集中買賣，則遲至1990年12月上海證券交易所和1991年7月深圳證券交易所成立後才正式開始，此外原先僅限外國人才可買賣的B股，也從2001年2月19日開始開放給本國人買賣；除了股市交易以外，投資基金也日漸成為大陸證券市場中的投資工具，投資基金的設立始於1991年7月的珠信基金，其後發展迅速，至1997年底，共有75支基金獲准成立，惟這些基金除了少數在上海和深圳證交所掛牌上市外，大部分規模極小，又因缺乏管理規範，亂象頻生，國務院證券委員會乃於1997年11月發布了《證券投資基金管理暫行辦法》，對基金運作和監管，作了明確的規範，不過截至2001年8月為止，大陸所發行的基金皆為封閉式的基金，但《開放式證券投資基金試點辦法》已經通過，第一支開放型基金——華安創新基金，也於2001年9月上市；最後，投資於未上市或高科技產業的創業投資基金也在大陸開始萌芽，但由於退場機制仍未完善，妨礙了市場的發展。

與股市交易有關的期貨市場，則是由1990年10月河南鄭州糧食批發市場的小麥遠期現貨開始試點，1991年6月，深圳有色金屬期貨交易所成立，並推出中國第一個商品期貨標準合約——特級鋁期貨，1992年上海金屬交易所成立，同年6月上海外匯調劑中心開辦美元對人民幣的外匯期貨，1993年5月以原先糧食批發市場為基礎發展出來的鄭州商品交易所也正式設立，期貨交易蔚為風潮，各地交易所最多時曾達56家之多。在1990年至1993年期間，期貨交易由於缺乏法令規範，市場炒作違規，因此國務院乃從1994年開始整頓市場，目前中國只剩下大連、鄭州和上海三家期貨交易所，交易大豆、小麥、綠豆、銅、鋁、天然橡膠六種合約。

最後，外匯市場在改革開放後也有多次重大變革。1979年開始首先實行外匯留成制度，出口企業在將出口收入的外匯賣給國家後，國家按規定比例給予企業和地

方外匯留成額度，未來企業如有用匯需求，可用人民幣配以留成額度，按官方外匯牌價購買外匯，1980年10月為安排留成額度之互通有無，中國銀行開辦了外匯調劑業務，1985年11月深圳外匯調劑中心成立，隨後各經濟特區也相繼成立了外匯調劑中心；1986年2月開始，允許外資企業間進行外匯調劑，經濟特區的調劑價格可由買賣雙方自行議定；1988年3月取消了對外匯調劑價格的限制，允許外匯調劑價格按外匯市場供需決定，同年9月上海成立第一家外匯調劑公開市場，實行會員制、競價成交和集中清算，此後，廈門、深圳、青島等城市也相繼組建了外匯調劑公開市場，1991年11月起，更允許個人持有的外匯參與外匯調劑交易，惟因地域不同，各地的調劑價格並不一致，與官方匯價也有相當大的差距。1994年開始，外匯體制有了重要的變革，當年1月1日開始，先取消了各類外匯留成、上繳和額度管理制度，對境內機構經常項目下的外匯收支，實行銀行結匯和結售制度；接著在4月1日，實施了外匯調劑和官方匯率併軌的工作，統一了外匯市場，並以市場供需為基礎，實施單一有管理的浮動匯率制度，4月4日中國外匯交易中心於上海成立，為各金融機構提供外匯交易與清算服務，形成全國統一的銀行間外匯市場。1996年12月起，接受國際貨幣基金 (IMF) 協定，實現了人民幣在經常項目下的可兌換。人民幣匯率在1998年亞洲金融風暴期間維持了相當的穩定，逐漸在國際金融市場上扮演重要的地位。

第二節　本書之架構

　　本書目的在有系統的介紹大陸金融體制與市場。第二章中將首先對大陸的總體經濟情勢、兩岸經貿往來之法令規範與現況加以說明，以便讀者瞭解大陸金融環境的背景；第三章為改革前後大陸金融體制與市場的扼要介紹；第四章以後則是各類金融機構與市場的詳細說明，包括第四章各類型態的銀行；第五章銀行以外的其他金融機構；第六章股票、投資基金和期貨市場；第七章貨幣市場、債券市場和保險市場與第八章的外匯市場；第九章則是兩岸加入世界經貿組織(WTO)的各自承諾、可能影響與未來之互動發展。此外為方便讀者查詢大陸金融相關資訊，本書在附錄中亦提供了相關金融網站與重要的大陸金融法規。

第二章　大陸總體經濟情勢與兩岸經貿往來情形

　　1992年中共第十四屆三中全會與鄧小平南巡後，確立了社會主義市場經濟的發展模式，大陸經濟與金融體制大幅改革，法令規章陸續頒布，經濟表現相當突出；而兩岸之間的互動關係，在臺灣政黨輪替之後也出現了重大的變化。本章首先將就大陸的總體經濟情勢作一說明，以便讀者瞭解大陸財金情況發展的背景；接著介紹目前兩岸經貿往來的法令規範，以及2001年8月臺灣經濟發展諮詢委員會議以後，兩岸經貿政策的最新發展；最後我們提供了兩岸經貿往來的統計數據，以供讀者參考。

第一節　大陸總體經濟情勢

　　大陸自1979年以後，採行改革開放政策，經濟逐漸起飛，1992年底更確立了社會主義市場經濟路線，開啟了另一波的經濟大改革，這期間除了在1993年到1995年景氣過熱外，基本上表現相當亮麗，經濟成長率每年維持在8％以上，外人投資持續增加，貿易出超不斷，外匯準備也快速累積，在世界經濟體系中，越來越佔有重要的地位。表2-1即為近十年來，大陸重要的經濟統計指標。

表2-1　大陸重要經濟指標

		1991年	1992年	1993年	1994年	1995年	1996年	1997年	1998年	1999年	2000年
人口(萬人)		115,823	117,171	118,517	119,850	121,121	122,389	123,626	124,810	125,909	126,583
國內生產毛額(億人民幣)		21,618	26,638	34,634	46,759	58,478	67,885	74,463	78,345	81,911	89,404
經濟成長率(%)		9.2	14.2	13.5	12.6	10.5	9.6	8.8	7.8	7.1	8.0
貿易總額(億美元)	出口	718	849	917	1,210	1,488	1,511	1,828	1,838	1,949	2,492
	進口	638	806	1,040	1,156	1,321	1,388	1,424	1,402	1,657	2,251
	順(逆)差	80	43	−123	54	167	123	404	436	292	241
外人投資(億美元)	實際利用外資	116	192	390	432	481	548	644	586	527	594
	外商直接投資	44	110	275	338	375	417	453	455	403	407
財政(億人民幣)	財政收入	3,149	3,483	4,349	5,218	6,242	7,408	8,651	9,876	11,444	13,395
	財政支出	3,387	3,742	4,642	5,792	6,823	7,938	9,234	10,798	13,188	15,887
	財政赤字	238	259	293	575	581	530	583	922	1,744	2,491
失業率(%)		2.3	2.3	2.6	2.8	2.9	3.0	3.1	3.1	3.1	3.1
物價(漲跌幅%)	商品零售價格指數	2.9	5.4	13.2	21.7	14.8	6.1	0.8	−2.6	−3.0	−1.5
	居民消費價格指數	3.4	6.4	14.7	24.1	17.1	8.3	2.8	−0.8	−1.4	0.4
股票市值(億人民幣)		109	1,048	3,542	3,691	3,474	9,842	17,529	19,506	26,471	48,091
利率(一年期定存%，年底)		7.56	7.56	10.98	10.98	10.98	7.47	5.67	3.78	2.25	2.25
人民幣兌美元率(年底)		5.3227	5.5149	5.7619	8.6187	8.3507	8.2982	8.2798	8.2787	8.2795	8.2774
外匯存底(億美元)		217	194	212	516	736	1,050	1,399	1,450	1,547	1,656

資料來源：中國統計年鑑。

第二節　兩岸經貿往來的法令規範

目前臺灣大陸政策的主管機關是行政院大陸委員會，另外有關經貿、金融、交通等事項則是由經濟部、財政部、中央銀行和交通部等各部門負責，對兩岸之間的經貿往來，訂定了相關的法令。

一、目前兩岸經貿往來的法令規範

現行規範兩岸經貿往來的法令主要有：《臺灣地區與大陸地區人民關係條例》、《在大陸地區從事投資或技術合作許可辦法》、《臺灣地區與大陸地區貿易許可辦法》、《在大陸地區從事商業行為許可辦法》、《公開發行公司從事大陸地區投資處理要點》、《發行人募集與發行有價證券處理準則》、《發行人募集與發行海外有價證券處理準則》、《境外航運中心設置作業辦法》、《臺灣地區與大陸地區金融業務往來許可辦法》、《臺灣地區金融機構辦理大陸地區匯款作業準則》、《臺灣地區銀行辦理大陸地區進出口外匯業務作業準則》、《試辦金門馬祖與大陸地區通航實施辦法》……等。主要的規範內容有：

1. 臺灣地區人民、法人、團體或其他機構，非經主管機關許可，不得在大陸地區從事投資或技術合作，或與大陸地區人民、法人、團體或其他機構從事商業行為。

2. 臺商對大陸的投資分成禁止與一般兩類。禁止類為基於國際公約、國防或國安需要、重大基礎建設及產業發展考量所禁止之項目或產品，如未列為禁止項目或產品，則歸為一般類。

3. 投資之分類由產官學組成之專案小組每年定期檢討。

4. 個人及中小企業累計投資金額上限為新臺幣8,000萬元；　實收資本額逾新臺幣8,000萬元之企業，其淨值在新臺幣50億元以下者，累計投資大陸上限比例為淨值之40%或8,000萬元(較高者)，淨值在50億至100億元者，超過50億元之上限比例為30%，淨值在100億元以上者，50億元至100億元之部分上限比例為30%，超

過100億元之部分上限比例為20%。

5. 個案累計投資金額在2,000萬美元以下者（含2,000萬美元），採簡易審查方式，主管機關在投資人備齊完整文件後一個月內未作成決定，則該申請案自動許可並生效；個案累計投資金額逾2,000萬美元者，則須經經濟部投審會進行專案審查。

6. 廠商對大陸投資事業之股本或盈餘匯回得自累計投資金額予以扣減。

7. 在大陸或第三地區之子公司以「關係企業往來」名義，將多餘資金匯入供在臺母公司使用，及母公司於未來還本付息時，均得不計入每年5,000萬美元結匯額度。

8. 臺灣地區與大陸地區貿易，得以直接方式為之，但貨品之運輸必須經由第三地區或境外航運中心。

9. 對大陸出口除少數特殊產品外，無項目限制，至於進口則採許口制，其中農產品採「正面表列」、工業產品採「負面表列」管理。

10. 境外航運中心可以不通關、不入境之方式，從事大陸地區輸往第三地或第三地輸往大陸地區貨物之輸運及與轉運作業相關之加工；此外科學園區、加工出口區和保稅工廠亦納入境外航運中心之定義，同時「海空聯運」、「海海聯運」與「空海聯運」亦一併開放❶。

11. 臺灣地區銀行之海外分支機構及國際金融業務分行(OBU)，得與外商銀行在大陸之分支機構、大陸地區金融機構及其海外分支機構、大陸地區法人、團體、其他機構及其海外分支機構、個人、從事金融業務往來，惟僅限於兩地貨幣（新臺幣與人民幣）以外之幣別；另外國內外匯指定銀行(DBU)自2002年2月15日起亦可申請與大陸地區金融機構直接通匯。

12. 目前臺灣將僅開放證券業可赴大陸設立子公司、證券投資信託公司可設立子公司或合資公司以及保險業設立分公司，但銀行業只能設立辦事處。

13. 大陸資金可以來臺投資不動產，陸資直接投入國內股市則將比照外資辦理。

14. 2002年1月1日開始，開放大陸海外人士來臺觀光。

---

❶ 惟截至2002年3月底止，僅開放高雄港為境外航運中心之惟一港口。

二、臺灣「經濟發展諮詢委員會議」以後，兩岸經貿政策的最新發展

2001年8月臺灣召開經濟發展諮詢委員會議，決定調整兩岸經貿政策，放棄「戒急用忍」，改行「積極開放、有效管理」，行政院也於同年11月7日公布了政策說明與執行計劃，兩岸經貿往來大幅鬆綁，以下我們就將新的政策內容摘要如下：

㈠建立大陸投資新審查機制

　1.產業開放檢討機制：

　⑴簡化大陸投資產業分類為禁止類及一般類：

　　A.禁止類：基於國際公約、國防或國安需要、重大基礎建設及產業發展考量（如核心技術或關鍵零組件），禁止前往大陸投資之產品或營業項目。

　　B.一般類：非禁止類之產品或營業項目，其符合個案審查標準，准許赴大陸投資。

　⑵成立由產官學組成之專案小組每年一次負責檢討產業開放事項：

　　A.一般性標準：

　　a.凡有助於提高國內產業競爭力、提升企業全球運籌管理能力者，應積極開放。

　　b.國內已無發展空間，須赴大陸投資方能維繫生存發展者，不予限制。

　　c.赴大陸投資可能導致少數核心技術移轉或流失者，應審慎評估。

　　B.現行專案審查評分表產業特性項目可作為參考。

　2.個案審查機制：

　凡列為一般類之產品及營業項目得准許赴大陸投資，其個案許可要件及審查方式如次：

　⑴許可要件：

　　A.大陸投資累計金額未逾主管機關所定投資金額及比例上限：

　　a.個人及中小企業：新臺幣8,000萬元。

　　b.實收資本額達新臺幣8,000萬元以上之企業：

淨值新臺幣50億元以下者：淨值之40%或新臺幣8,000萬元(較高者)。

淨值逾新臺幣50億元、100億元以下者：50億部分適用40%、逾50億部分適用30%。

淨值逾新臺幣100億元以上者：50億部分適用40%、50億以上未逾100億部分適用30%、逾100億部分適用20%。

　B.大陸投資事業之股本或盈餘匯回得扣減累計金額。

⑵審查方式：

　A.簡易審查：

　個案累計投資金額在2,000萬美元以下者（含2,000萬美元），應採簡易審查方式，主管機關在投資人備齊完整文件後一個月內未作成決定，則該申請案自動許可並生效。

　B.專案審查：

　個案累計投資金額逾2,000萬美元者，須經投審會進行專案審查，其審查項目如下：

　a.事業經營考量因素。

　b.財務情況。

　c.技術移轉情況。

　d.資金取得及運用情形。

　e.勞工事項。

　f.安全及策略事項。

　g.投資個案如有參與審查機關認屬重大事項須政策決定者，則提報行政院召開跨部會會議審查。

3.動態調節機制：

⑴主管機關應每年定期或視需要邀集相關機關審酌各項因素，調整個別企業累計投資金額比例上限及採簡易審查之個案累計投資金額，並採取必要之措施，以降低大陸投資對整體經濟之可能風險。

⑵動態調節機制應審酌之總體因素包括：

　A.國內超額儲蓄率。

B.赴大陸投資佔GDP之比重。

C.赴大陸投資佔國內投資之比重。

D.赴大陸投資佔整體對外投資之比重。

E.赴大陸投資廠商資金回流情形。

F.外匯存底變動情形。

G.國內就業情形。

H.兩岸關係之狀況。

I. 其他影響總體經濟之因素。

4.加強事後管理：

累計投資金額達2,000萬美元以上者，管理方式如次：

⑴投資人應定期函報其經會計師簽證之財務報表及投資計劃執行情形。

⑵追蹤資金流向（含大陸地區及經由第三地區到大陸投資）。

5.相關配合規劃：

⑴放寬上市、上櫃公司資金運用限制：

A.上市、上櫃公司赴大陸地區累計投資金額之上限，放寬至經濟部投審會之
大陸投資限額標準。

B.自海外資本市場籌募資金用以轉投資大陸之限額由現行20%提高為40%。

⑵准許未經核准赴大陸投資廠商補辦登記。

⑶開放直接投資。

⑷強化大陸臺商輔導體系。

㈡建立兩岸資金靈活流動機制

1.加強發展OBU成為海外及大陸臺商資金調度中心：

⑴准許OBU與大陸金融機構進行直接業務往來。

⑵研議進一步擴大OBU之功能，以鼓勵臺商利用OBU作為財務調度之據點。

2.建立企業大陸資金匯回可循環運用機制：

⑴投資人將大陸投資事業之股本或盈餘匯回可扣減投資累計金額。

⑵在大陸或第三地區之子公司以「關係企業往來」名義，將多餘資金匯入供在
臺母公司使用，及母公司於未來還本付息時，均得不計入每年5,000萬美元結

匯額度。

3. 消除資金匯回之稅負問題：

⑴配合《兩岸人民關係條例》第二十四條之修正，具體規劃消除臺商大陸投資
盈餘重複課稅之作法。

⑵進一步研究如何消除稅制上可能造成臺商大陸資金匯回之障礙。

4. 改進企業財務報表制度：

研擬具體措施，鼓勵企業編製合併財務報表，增加財務透明度。

此外，行政院亦在同年11月23日宣布，自2002年1月1日開始，開放大陸海外人
士來臺觀光，重點內容如下：

㈠開放類別

1. 第一類開放對象：經香港、澳門來臺灣地區觀光之大陸地區人民。

2. 第二類開放對象：赴國外旅遊或商務考察轉來臺灣地區觀光之大陸地區人民。

3. 第三類開放對象：赴國外留學或旅居國外取得當地永久居留權之大陸地區人民。

㈡實行方式

1. 採配額管理，本循序漸進開放原則，初期每日開放一千人。

2. 第一類及第二類需有固定正當職業或學生或有財力證明（有等值新臺幣20萬元
以上之存款），第三類則不另作限制。

3. 採「團進團出」原則。

4. 每次留時間不得逾十日。

最後，有關兩岸航運問題，交通部於2001年11月1日公布修正《境外航運中心設
置作業辦法》，擴大境外航運中心的功能與範圍，其主要內容如下：

1. 境外航運中心的貨物可以保稅方式運送至加工出口區、科學工業園區、保稅工
廠、保稅倉庫及物流中心進行相關之加工、重整、包裝及倉儲作業後全數出口，
其出口運輸可就近由國際機場(桃園中正或高雄小港)或國際港口(高雄、臺中、
基隆等)轉運至第三地區。

2. 高雄港「境外航運中心」轉口貨櫃(物)可以海運轉空運(海空聯運)或海運轉海運
(海上走廊)轉運出口，空運之轉口貨物得以空運轉海運(空海聯運)，其他國際港
口之轉口貨櫃(物)得以海運轉海運由高雄港境外航運中心轉運大陸地區。

上述限制條件之放寬，可謂在兩岸尚未直接通航前之權宜辦法，未來境外航運中心之港口，有可能進一步將臺中港和基隆港納入，而最終兩岸將可能直接通航。

第三節　兩岸經貿往來之統計

目前兩岸經貿往來主要是透過香港和其他第三地區國家所進行的轉口貿易為主，表2-2即為兩岸經香港間接貿易金額的統計。表中第二欄至第四欄為香港海關的統計數字，第五欄與第七欄則為陸委會的估計 ❷。從表中資料可以看出，不管是採香港海關或陸委會的估計，過去十年來，兩岸的經貿往來已有數倍之成長。事實上，由於進出口廠商可能虛報，以及兩岸漁民的「海上小額直接貿易」，與經由香港以外之其他地區的轉口貿易，兩岸貿易的實際規模將較表中的統計數據為高。資料顯示，截至2001年6月底止，臺灣對大陸貿易出超之金額累計共達1,653億美元，可見大陸出口對臺灣經貿的重要性。

表2-2　兩岸間接貿易統計

單位：百萬美元

年度	香港海關統計			陸委會估算		
	臺灣出口至大陸	臺灣自大陸進口	兩岸貿易總額	臺灣出口至大陸	臺灣自*大陸進口	兩岸貿易總額
1989	2,896.5	586.9	3,483.4	3,331.9	586.9	3,918.8
1990	3,278.3	765.4	4,043.7	4,394.6	765.4	5,160.0
1991	4,667.2	1,125.9	5,793.1	7,493.5	1,125.9	8,619.4
1992	6,287.9	1,119.0	7,406.9	10,547.6	1,119.0	11,666.6
1993	7,585.4	1,103.6	8,689.0	13,993.1	1,103.6	15,096.7
1994	8,517.2	1,292.3	9,809.5	16,022.5	1,858.7	17,881.2
1995	9,882.8	1,574.2	11,457.0	19,433.8	3,091.4	22,525.2
1996	9,717.6	1,582.4	11,300.0	20,727.3	3,059.8	23,787.1

❷ 陸委會與香港海關統計之最主要差別在於陸委會之出口數據是將香港海關統計再加上臺灣對香港之離岸價格(FOB)與香港自臺灣進口之抵岸價格(CIF)兩者之差距而來，陸委會之進口數據在1994年(含)以後，則是採臺灣海關之數據。

1997	9,715.1	1,743.8	11,458.9	22,455.2	3,915.4	26,370.6
1998	8,364.1	1,654.9	10,019.0	19,840.9	4,110.5	23,951.4
1999	8,174.9	1,628.1	9,803.0	21,312.5	4,522.2	25,834.7
2000	9,593.1	1,980.5	11,573.6	25,009.9	6,222.3	31,233.1
2001(1-6月)	4,256.3	855.0	5,111.4	10,555.5	2,883.3	13,438.8

註：1993年以前採香港海關統計，1994年以後改採我國海關統計。
資料來源：兩岸經濟統計月報。

表2-3則是兩岸間接貿易佔臺灣對外貿易總額的比重。從表中可以發現，兩岸貿易佔臺灣對外總貿易的比重不斷上升，依陸委會估算，臺灣對大陸貿易依賴度從1989年的3.31%上升至2000年的10.84%，尤其是對大陸出口的依賴度更是從1989年的5.03%大幅攀升至2000年的16.87%。很顯然的，兩岸經貿的往來，對臺灣經濟具有相當的影響性。

表2-3　兩岸間接貿易佔臺灣對外貿易之比重

單位：%

年度	香港轉口貿易統計			陸委會估算		
	出口比重	進口比重	佔外貿比重	出口比重	進口比重	佔外貿比重
1989	4.38	1.12	2.94	5.03	1.12	3.31
1990	4.88	1.40	3.32	6.54	1.40	4.23
1991	6.10	1.79	4.16	9.84	1.79	6.20
1992	7.72	1.55	4.83	12.95	1.55	7.60
1993	8.93	1.43	5.36	16.47	1.43	9.32
1994	9.15	1.51	5.50	17.22	2.18	10.02
1995	8.85	1.52	5.32	17.4	2.98	10.46
1996	8.38	1.56	5.20	17.87	3.02	10.95
1997	7.96	1.52	4.85	18.39	3.42	11.15
1998	7.56	1.58	4.65	17.94	3.93	11.13
1999	6.72	1.47	4.22	17.52	4.09	11.12
2000	6.47	1.41	4.01	16.87	4.44	10.84
2001(1-6月)	6.75	1.51	4.28	16.75	5.11	11.25

資料來源：同表2-2。

表2-4則是歷年來臺灣對大陸的投資統計。臺灣自1990年10月政策性開放對大

陸投資以來，廠商對大陸投資不斷增加，由於多數臺商對大陸投資並未經經濟部投審會核准，因此兩岸的統計金額有相當大的出入；其中大陸的數據又包括協議金額與實際投入金額兩種。資料顯示，過去十年來向政府申請核准對大陸之投資已由1991年的1.7億美元增加到2000年的26億美元。但由於許多臺商對大陸投資並未向政府申請核可，因此如果依大陸所公布的臺商實際投資金額，1991年應為8.4億美元，2000年則為23億美元左右。累計至2001年6月底，依政府統計，臺商至大陸投資金額已有184.6億美元，而根據大陸之資料，臺商實際投資大陸金額則更高達274.6億美元❸。

表2-4　臺商投資大陸統計

單位: 百萬美元

年度	經濟部核准資料		大陸公布資料		
	件數	金額	件數	協議金額	實際金額
1991	237	174.16	3,446	2,783	844
1992	264	264.99	6,430	5,543	1,050
1993*	1,262	1,140.37	10,948	9,965	3,139
	(8,067)	(2,028.05)			
1994	934	962.21	6,247	5,395	3,391
1995	490	1,092.71	4,778	5,777	3,162
1996	383	1,229.24	3,184	5,141	3,475
1997*	728	1,614.54	3,014	2,814	3,289
	(7,997)	(2,719.77)			
1998	641	1,519.21	2,970	2,982	2,915
	(643)	(515.41)			
1999	488	1,252.78	2,449	3,374	2,599
2000	840	2,607.14	3,108	4,042	2,296
2001(1-6月)	565	1,360.84	1,957	3,339	1,300

註: *（ ）內為補辦並經許可之統計。

資料來源: 同表2-2。

　　表2-5是臺商經政府核准對大陸投資之行業別統計。從表中可以清楚的看出，電子及電器製造業已成為臺商對大陸投資的最大項目，累計投資金額比率接近30%，

---

❸　由於許多臺商對大陸投資是經由第三地以外資之名義進行，因此實際之投資金額當比臺灣或大陸官方統計更高。

其次依序為基本金屬製品製造業、塑膠製品製造業、食品及飲料製造業……等，顯然臺商經對大陸之投資，已有朝向中、高科技產業之趨勢。

表2-5　臺商對大陸投資行業別統計(1991年至2001年6月)

	件數	金額(百萬美元)	佔總金額比重(%)
電子及電器製造業	3,777	5,442.4	29.37
化學品製造業	1,504	1,172.0	6.35
基本金屬製品製造業	2,022	1,496.2	8.10
塑膠製品製造業	2,097	1,409.7	7.64
食品及飲料製造業	2,225	1,299.7	7.04
紡織業	1,016	836.8	4.53
非金屬及礦產物製品製造業	1,168	1028.1	5.57
運輸工具製造業	723	766.9	4.15
機械製造業	808	583.1	3.16
精密器械製造業	2,224	945.6	5.12
其他產業	5,975	3,503.0	18.97
合計	23,539	18,463.4	100.00

資料來源：經濟部投資審議委員會。

第三章　大陸金融體制與市場

在1979年經濟改革與開放以前，中國大陸金融體制為一高度集中、封閉式的社會主義金融體系，改革開放之後，隨著市場經濟的逐步發展，金融體制也進行了大幅調整，中央銀行體制確立，各類金融機構紛紛設立與改型，金融市場逐漸形成，監理機制與法規也日趨完備，逐步邁向現代化的金融體系與市場。

第一節　1979年經濟改革開放前的金融體制

1979年以前大陸的金融體制，除了在建國初期的過渡時期外，主要是在計劃經濟體制下，由中國人民銀行集中全國金融業務、信貸管理的所謂「大一統」金融體制；在此時期，中國人民銀行是全國惟一的金融機構，不僅為國家金融政策的制定者與執行者，同時更是全國信貸、結算和現金出納中心。

一、1949-1952年國民經濟恢復時期

1949年10月，中共建國之初，面對國共內戰後的經濟衰敗、民生凋敝與嚴重通貨膨脹，乃採取了「三統三平」的強力措施，由國家統一掌握貨幣發行、管理財政收支和調度糧食進出，以實現財政收支、信貸進出和物資供需三平衡，同時並開辦折實與保本保值儲蓄，抑制通貨膨脹，穩定物價，恢復生產。這些工作除了解決當時困難的經濟問題外，統一集中的財經管理也為後來實施的計劃經濟先行鋪路。

此外，1948年12月成立於河北省石家莊的中國人民銀行，於1949年2月遷入北平(現北京)，並在中共建國之後，成為國家銀行，納入政務院，著手建立統一之國家銀行體系。中國人民銀行首先統一全國貨幣與外匯管理，禁止金、銀、外幣於境內流通，使人民幣成為國家之流通本位幣，並陸續接管了原國民政府所屬的中央銀行、

中國銀行、交通銀行、農民銀行(四行)，中央信託局、郵政儲金匯業局(二局)與中央合作金庫(一庫)；對其他私營之金融機構則予以整頓、停業或改為公私合營，納入中國人民銀行體系。在接管與改造舊有金融機構的同時，中國人民銀行除了總行之外，並設立了華東、中南、西北和西南4個區域分行，同時也建立了40多個省、市、自治區分行與1,200多個縣(市)支行及辦事處；改組後的中國銀行則成為中國人民銀行領導下的外匯專業銀行，交通銀行成為經營工礦交通事業長期信用業務之專業銀行，二者亦各自設立了總管理處、分行和支行三級機構；1951年農業合作銀行成立，並在全國各地設立農村信用社為農民生產服務；1949年10月成立中國人民保險公司，並陸續於全國各地設立分支機構❶。

到1952年國民經濟恢復時期結束時，中國人民銀行作為中國之國家銀行，統一了人民幣發行，整頓改造各類金融機構，抑制通貨膨脹，恢復發展農工生產，並為1953年開始的計劃經濟體制奠立了基礎。

二、1953-1978年計劃經濟下的金融體制

1953年中共開始第一個五年經濟計劃，正式邁入社會主義經濟建設時期，在計劃經濟體制下，國家統一配置生產資料，透過計劃安排，對國民經濟活動進行調控與管理，中國的金融體制也按計劃經濟模式進行改造，進一步成為集中的「大一統」金融體系。

在「大一統」的金融體制中，各類銀行及金融機構相繼裁撤或併入中國人民銀行，此時的中國人民銀行不僅是行使中央銀行職權、管理全國金融與貨幣的機關，同時也是全面經營商業銀行業務的金融機構；在此期間，為實行全國信貸資金的「統存統貸」與「統收統支」，銀行信貸計劃全部納入國家經濟計劃。所有信貸資金，包括來源與運用，都由中國人民銀行掌控，各級中國人民銀行吸收的存款，一律上繳總行統一運用，各級銀行貸款，也是由總行分別核定計劃指標，逐級下達；此外並取消證券市場與商業信用，中國人民銀行遂成為全國的信貸中心、結算中心和現金

---

❶ 中國人民保險公司從1959年起，由財政部劃歸中國人民銀行國外業務局領導，人員大幅裁減，除象徵性的保留部分出口貨運保險外，業務幾乎完全停頓，直至1979年以後才重新恢復原國內保險業務。

出納中心。

　　1952年，中國銀行與中國人民銀行國外業務局合署辦公，交通銀行與先前成立的中國人民保險公司則劃歸財政部領導，並裁撤了農業合作銀行。1954年10月在財政部系統內成立中國人民建設銀行，成為管理基本建設、固定資產投資的國家專業銀行，惟1958年該行被撤銷，業務則分別併入中國銀行與中國人民銀行，直至1962年才再次恢復營業；1955年成立中國農業銀行，但因業務量不大，隨後於1957年被撤銷，改為在中國人民銀行之下設立農村金融管理局，管理全國農村金融業務，1963年中國農業銀行曾短暫恢復營業，但旋即再被併入中國人民銀行，直至1979年3月才再正式恢復成立。此外，從1955年開始，全國14個城市的公私合營銀行與當地中國人民銀行儲蓄部合署辦公，1956年開始，各公私合營銀行的總管理處與中國人民銀行總行私人業務管理局合署辦公。至此，公私營銀行完全納入了中國人民銀行體系。

　　1958至1960年全民「大躍進」時期，中國金融管理也受高指標、大計劃浮誇之風的影響，實行「兩放」（下放管理權限、下放機構）、「三統」（統一計劃、統一政策、統一基本規章制度）和「一包」（指標包幹）政策，各方搶佔挪用銀行貸款，支撐誇大浮濫之基本建設，造成信貸失控的混亂局面。為扭轉困境，國務院於1962年重新下達指令，恢復銀行垂直領導體制，並嚴格管理信貸，金融工作慢慢回歸正常，國民經濟也逐漸穩定，但1968年開始，十年的「文化大革命」卻又嚴重破壞了當時的金融體制，造成空前的金融大混亂。1969年中國人民銀行及各級分支機構被併入財政部和各級財政機構，中國人民銀行成為財政部的附屬單位，成為計劃經濟和財政收入的記帳和會計機構，銀行完全喪失了自主權力，這種財政、金融不分的混亂局面，直至1978年中國人民銀行從財政部獨立出來，原有的銀行體制與職能，才逐漸恢復改善。

　　至於國民政府時期在華營業的外商銀行，則在中共禁止外國金融機構經營各項金融業務之環境下，紛紛被迫暫停其各分行業務或退出市場，少數仍滯留在大陸者，如匯豐、渣打銀行，則降級其分行為辦事處或代表處，僅從事商情蒐集與諮詢之工作。

　　圖3–1為1979年大陸經濟改革開放前的金融體系。

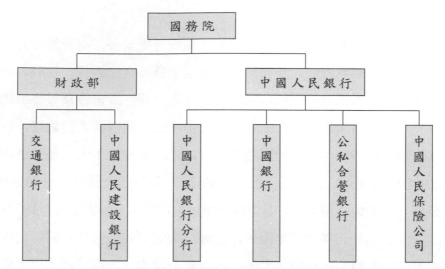

資料來源：陳金龍，〈大陸金融改革與臺商融資機會之探討〉，《大陸經改前景與兩岸關係研討會論文集》(1993年3月)與作者自行整理。

圖3-1　1979年大陸經濟改革開放前的金融體系

第二節　1979年經濟改革開放以後的金融體制

　　1978年12月底，中共中央第十一屆三中全會作出了經濟改革和對外開放的決定，大陸經濟開始打破原有的計劃經濟制度，金融體制也進行了深刻的變化。在1979年到1983年期間，中國農業銀行、中國銀行、中國人民建設銀行和中國人民保險公司，相繼復業，原先「大一統」的金融體系逐漸瓦解；1984年起，遵照國務院的決定，中國人民銀行專門行使中央銀行職權，逐漸退出商業銀行業務，其他股份制商業銀行與信用合作社等金融機構也紛紛設立；1992年中共第十四屆三中全會，作出了建立社會主義市場經濟體制之決定，中國經濟從此進入了向市場經濟體制轉變的新階段。1993年12月，國務院更決定「把中國人民銀行辦成真正的中央銀行，把專業銀行辦成真正的銀行」，進一步確立了中國人民銀行的地位與職能；1995年3月起《中國人民銀行法》、《商業銀行法》和《保險法》等金融法規陸續出爐，中央銀行(中國人民銀行)的金融監督有法可依，中國金融體制也正式跨入法制化與規範化的時代；1998年中國人民銀行將證券機構的監管職能移交給中國證券監督管理委員會，同年

11月中國保險監督管理委員會成立，接收了保險業的監管工作；1999年4月首家金融資產管理公司成立，試圖解決國有專業銀行嚴重的逾放問題；在此期間，大陸之證券市場於1990年12月正式成立，貨幣市場、國債市場也雛形初現；原先外匯之調劑匯率於1994年與官方匯率併軌，1996年12月人民幣更實現了經常項目下的完全可兌換。至此，中國金融體制與監管，已漸向國際市場與慣例靠攏。

一、1979-1992年金融體制的改革

1978年12月底，中共第十一屆三中全會作出了中國經濟改革和對外開放的重大決定，為了適應新的經濟環境，金融體制也進行了大幅度的調整，金融機構陸續恢復或新設，金融服務也開始多樣化，原先「大一統」的經濟體制遂逐漸被打破。

首先，為加強扶植農村新經濟，1979年3月中國農業銀行恢復營業，專門辦理農村信貸，並領導農村信用社；同年4月，中國銀行也重新復業，成為國家指定的外匯專業銀行；中國人民建設銀行則於8月從財政部脫離獨立，仍然作為從事國家基本建設的中長期信用銀行❷；中國人民保險公司也於同年4月由國務院批准，重新設立，恢復國內保險業務；為運用世界銀行貸款，並向國際社會籌集建設基金，辦理企業投資信貸，中國投資銀行於1982年成立❸；此外，從1979年開始，信託投資公司和金融租賃公司也漸次恢復或設立。在1979-1983年這段期間，雖然金融機構陸續增加，但這些機構作為國家集中分配信貸資金工具的角色卻仍然沒有改變，中國人民銀行本身也仍然負責辦理城市金融業務，工作重點依舊是作為資金的分配中心，並沒有積極負起金融監管的責任。

1984年1月開始，為遵照國務院在前（1983）年9月的決定，中國人民銀行將原先辦理的城市金融業務移交予新成立的中國工商銀行，退出一般商業銀行業務，專門行使中央銀行的職責，至此中央銀行體制始告確立。1987年4月交通銀行重新組建，其他區域型的股份制商業銀行如招商銀行、中信實業銀行陸續成立；此外，全國性的股份制商業銀行如中國光大、華夏銀行也於1992年先後成立；城市信用合作

---

❷　中國人民建設銀行於1996年3月改名為中國建設銀行。

❸　中國投資銀行於1998年12月被併入國家開發銀行。

社在80年代中期以後開始蓬勃發展❹，財務公司則出現於1987年以後，中國的金融體制遂成為以中央銀行為中心，國家專業銀行為主體，其他金融機構同時存在，分工協作的新金融組織體制。

在1984到1992年中國人民銀行行使中央銀行職權的初期階段，雖然積極運用多種經濟和行政手段，對各類金融機構進行監督，但由於當時中國剛從計劃經濟體制跳脫出來，一切仍在摸索當中，中國人民銀行本身也缺少先進國家的實務經驗，再加上貨幣市場、債券市場與股票市場仍屬萌芽階段，政策工具十分有限，因此除了1983年建立的存款準備金制度外，信貸規模管理仍然是中央銀行的主要調控手段，中國人民銀行的首要工作是分配資產，金融監管的重點則是檢查各專業銀行是否按照國家的要求發放貸款，風險監管的功能並不強；不僅如此，中國人民銀行本身仍然還有部分政策性和商業性銀行業務。因此在此期間，中國人民銀行只能說是處於過渡時期的階段。

改革開放後，原先撤離之外商銀行也紛紛回到中國。1979年開始，外商銀行得以在北京、天津、上海等開放城市和經濟特區設立代表機構，1981年7月起允許外國銀行設立營業性的分支機構；1983年與1985年更通過了相關法令，給予外國金融機構在華設立營業性分支機構的法律保障；1990年代初期陸續批准上海等經濟特區以外的城市可以設立外資營業性機構，外資機構經營之範圍擴大，成立家數也不斷增加。

圖3-2為1992年底中國大陸金融體系。

---

❹ 城市信用合作社在1995年後陸續改制為城市商業銀行，詳情請見第五章。

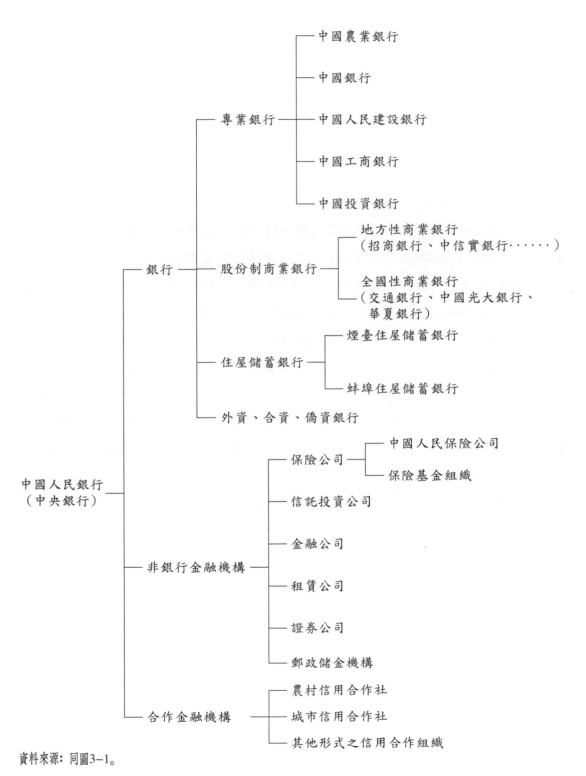

圖3-2　1992年底中國大陸金融體系

二、1993年以後的金融體制改革

　　1992年中共第十四屆三中全會為更進一步推動中國經濟改革，作出了建立社會主義市場經濟體制的決定，中國經濟從此進入新的發展階段。市場經濟體制雖刺激了經濟和金融的蓬勃發展，但同時也更突顯出金融宏觀調控的重要性，中國金融制度也適時有了更重大的變革。

　　1993年12月國務院《關於金融體制改革的決定》中明確指出，要「把中國人民銀行辦成真正的中央銀行，把專業銀行辦成真正的商業銀行」，建立以中國人民銀行為中心的宏觀金融調控體制。為此，中國人民銀行決定與政策性和商業性銀行業務完全脫鉤，而把工作完全轉為金融監管與宏觀調控；同時通過體制和法律的安排，切斷中央財政向中國人民銀行透支、借款的渠道，中國人民銀行乃得以獨立行使中央銀行的職能。1994年3月開始，國家發展銀行、中國進出口銀行和中國農業發展銀行三家政策性銀行先後成立，先前的中國農業銀行、中國銀行、中國人民建設銀行和中國工商銀行四家專業銀行則按商業化改革之要求，轉換機制，並在管理和運作上，推行限額下的資產負債比例管理和信貸資產風險管理，原有的政策性金融業務則由三家政策性銀行承接，專業銀行乃成為國有獨資商業銀行，開始從事真正的商業性金融業務。

　　1995年3月，《中國人民銀行法》通過，明確以立法條文確立了中國人民銀行的地位與職務；同年5月《商業銀行法》通過並於7月正式頒布，規定了商業銀行的權利和義務，使得大陸商業銀行的運作，進入了法治化的發展軌道。《商業銀行法》除了規範商業銀行的運作外，也確定了銀行業、證券業、信託業和保險業分業經營的原則，商業銀行、證券公司和保險公司不能相互持股，業務範圍也不能交叉，並且不得持有信託投資公司的股票，惟上述四類金融機構的監管權仍統一於中國人民銀行❺；1998年1月開始，中國人民銀行更正式取消了對國有獨資商業銀行的貸款限額

---

❺　惟在2001年5月上海舉辦的「2001年中國投資論壇」中，中國證監會主席梁定邦指出，在未來兩年內，大陸將試行銀行與證券混業經營的嘗試，允許商業銀行與券商同時向投資者出售開放型基金，大陸銀行也積極推出銀證轉帳、銀證通等證券交易相關業務，為未來銀行與證券混業經營做準備。

控制，改由銀行本身依據資金來源情況，自主確定貸款規模。此項改革，將國有獨資銀行從原先配合計劃經濟從事貸放的經營管制中解放出來，能夠按市場原則，將銀行「辦成真正的商業銀行」。同年6月中國人民銀行將證券機關的監管權移交給先前(1992年10月)成立的中國證券監督管理委員會(簡稱中國證監會)，11月中國保險監督管理委員會(簡稱中國保監會)成立，接管了保險業監管的責任，而形成了中國人民銀行、中國證監會和中國保監會分別對銀行、證券和保險行業分業監管的體系。1999年4月起，信達、東方、長城和華融四家金融資產管理公司陸續成立，專門處理四家國有獨資商業銀行的不良貸款；1996年底中國人民銀行開放了上海浦東銀行辦理人民幣的試點業務，並於1997年1月批准了美國花旗銀行、香港匯豐銀行、日本東京三菱銀行和興業銀行在上海浦東地區辦理人民幣業務，截至2000年底已有近40家外資銀行取得人民幣業務的執照。除此之外，中國人民銀行也於1999年1月宣布放寬外商銀行之區域限制，外資銀行可以在大陸所有中心城市設立營業性的分支機構；2001年12月29日，國務院修訂《外資金融機構管理條例》，地域限制完全取消，外資銀行可以在大陸境內任一城市設立營業性機構。

　　在國有銀行改革的同時，先前成立的股份制商業銀行運作也漸趨成熟，雖然經營規模較小，但經營方式乃採取市場原則與成本原則，陸續開辦了信用卡、投資銀行和離岸金融等多項業務，增加了大陸金融機構的多樣性，也為銀行體系提供了市場競爭機制的誘因，提高了資金的使用效率。此外，80年代中期開始發展，為城市私營及個體經濟提供金融服務的城市信用合作社，在90年代以後，逐漸背離信用合作之型態，而成為面向一般社會大眾的小型商業銀行。1995年2月，中國人民銀行成立城市商業銀行領導小組，統一組織和協調城市商業銀行的組建工作，第一家城市商業銀行——深圳城市商業銀行也於同年7月成立；當時凡不符合《城市信用合作社管理辦法》的城市信用合作社，在進行資產與財政信用評估後，必須向城市商業銀行入股。職是之故，城市信用合作社乃由原有的合作制改為股份制，成為新金融體系下的另一種金融機構❻。1995年6月，《保險法》通過，正式提供了保險機構運行與管理的法律依據，同年中國人民銀行總行設立保險司，專職保險市場的監管；1998

---

❻　城市商業銀行成立之初稱為城市合作銀行，但因其發展已不具「合作」性質，因此自1997年11月間開始，城市合作銀行改名為城市商業銀行。

年11月中國保監會成立，並接管了保險業監管的責任；2000年3月，臺灣的三家保險業者，國泰人壽、新光人壽與富邦產險獲准在大陸設立代表辦事處。

　　總而言之，在1979年經濟改革以後的大陸金融體制，在經過多年的摸索與發展後，已逐漸形成以中國人民銀行為監管中心，政策銀行與國有獨資商業銀行為主體，股份制商業銀行、城市商業銀行和其他型態之金融機構共同存在，向國際金融與慣例逐漸靠攏的新金融體制。

　　圖3-3為2000年底中國大陸的金融體系。

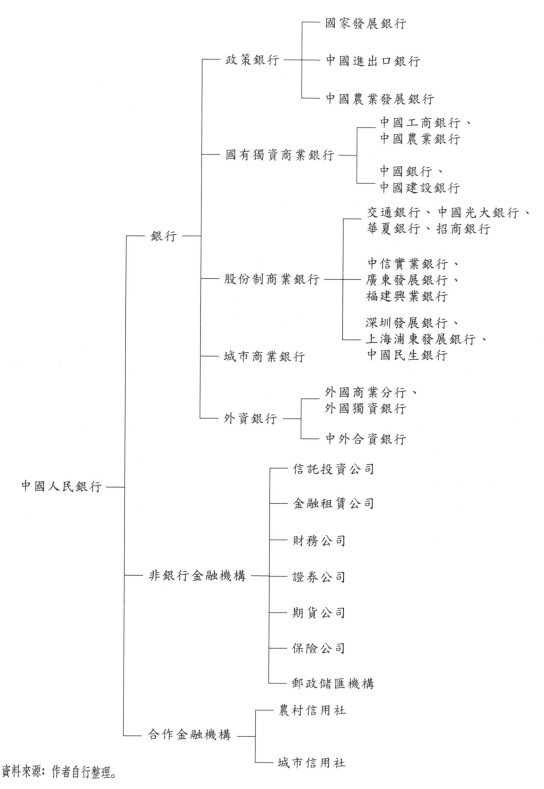

資料來源：作者自行整理。

圖3-3 2000年底中國大陸金融體系

第三節　大陸金融市場的發展與現況

改革開放以前，大陸除了在1950年代曾經短暫發行過幾期政府公債以外，西方經濟裡各種形式的金融市場，包括貨幣市場、債券市場和股票市場，基本上並不存在，外匯市場交易也受到嚴格的管制；金融市場的發展，是在1979年改革開放以後才逐漸開始萌芽。

一、1979年以前的大陸金融市場

1950年中共政權剛成立時，為了籌措財政經費，曾經發行過以實物為計算基礎的「人民勝利折實公債」，惟該項公債，並不得自由買賣或在市場中流通；其後，在1954到1958年間，也曾陸續發行數次的國家經濟建設公債，但規模不大，僅有人民幣35.44億元，同時禁止自由買賣和流通。折實公債和建設公債分別於1955年和1968年以前陸續還清，而自1959年開始，政府公債停止發行，直到1981年才重新恢復。

外匯市場在1979年以前則受到嚴格管制。首先，在1949年至1952年期間，由於外匯短缺，國家實行外匯集中管理與經營。1949年9月中國人民銀行禁止外幣在中國境內流通，1950年4月開始，所有外匯買賣需直接向中國銀行或指定銀行按牌價交易，同年7月人民幣實施統一匯率。1953年第一個五年計劃經濟開始，外匯管理採行「集中管理，統一經營」，持有外匯或外匯收入者不得私下保留外匯，必須將外匯出售或存入中國銀行或指定銀行，由中央財政經濟委員會統一掌握和分配使用；外匯支出則須經批准後才能向中國銀行或指定銀行購買。國家在外匯收支上則實行嚴格的指令性計劃，外匯資源的配置完全依照外匯收支計劃執行，也因此導致資源配置效率的低落。

股票市場在中共建國後，曾經短暫存在過，但旋即於1952年底停止交易，直至1980年代中期，股票交易才再度恢復。

二、1979年經濟改革開放以後的金融市場

㈠貨幣市場

　　1979年改革開放以後，由於經濟與金融體制的改革，各類型態的金融市場得以萌芽與發展。在貨幣市場上，1981年2月中國人民銀行上海分行首先試辦票據貼現業務；1984年12月《商業匯票承兌、貼現暫行辦法》公布，各銀行正式開辦了票據承兌業務，票據承兌市場逐漸成形；1995年《票據法》通過，票據承兌交易正式取得法律之依據。惟目前大陸票據市場仍以銀行承兌匯票為主，商業承兌匯票的使用仍有待推廣。

　　同業拆借市場則是從1984年開始在部分城市試行，1986年國家體制改革委員會與中國人民銀行做出銀行同業拆借市場開放的決定，設立以武漢為中心的區域性拆借組織，自此各區域拆借組織相繼成立，逐步形成全國範圍的資金拆借市場；1990年中國人民銀行公布了《同業拆款管理試行辦法》，1995年中國人民銀行撤銷商業銀行組建的同業拆借中介機構，成立由各地中國人民銀行牽頭的融資中心，1996年中國人民銀行建立了依附於中國外匯交易系統的全國統一的銀行間拆借交易市場，當時的拆借交易系統包括兩級網路架構：一級網由各大商業銀行(包括部分城市商業銀行)和各地融資中心組成，二級網則是由融資中心牽頭，吸引當地金融機構作會員組成；同年6月，商業拆借利率上限取消，拆借雙方完全根據資金狀況，自行決定拆借利率；1998年5月，中國人民銀行批准經營人民幣業務的外資銀行，加入全國同業拆借市場，同年6月，各地融資中心被取消，1999年10月保險公司也獲准加入同業拆借市場。同業拆借市場是中國大陸金融市場中較為成熟的一個市場，目前拆借金額以商業銀行佔大多數（超過90%），非銀行金融機構比重仍低，拆借期限則是以30天內居多（約佔80%），大陸銀行間的同業拆借利率（CHIBOR）已成為中國人民銀行貨幣政策的重要指標。

　　除了票據承兌貼現市場與同業拆借市場外，大陸的金融市場還曾有大額可轉讓定期存單（CDs）市場，惟最高面額僅為1萬元，且只有發行市場，並無流通市場，規模極小；此外，企業短期融資債券市場是從1987年底開始試點，1989年正式開放。但經過幾年的發展後，由於不少發債企業普遍面臨債券到期無法兌現的困難，敗壞

了企業短期債券市場的聲譽，使得此一市場成長仍屬有限❼。此外，企業依照法律規定程序向內部職工籌資發行短期企業內部債券，也算是貨幣市場的一種工具，企業內部債券雖可私下轉讓，卻不能公開上市交易，這幾年已甚少發行。

1981年恢復發行的國庫券，亦屬貨幣市場的工具。惟大陸的國庫券期限一般在3年以上，實際上是所謂的中長期國債，真正的短期國庫券是在1996年才開始發行和交易。當年1–4月，大陸首次公開招標，以貼現付息方式發行4期託帳式短期國債，種類有三個月、半年和一年期。這4期短期國庫券的發行主要是為了支持中國人民銀行開始的公開市場操作政策，惟自1997年後，短期國庫券又停止發行。

最後，銀行間債券市場亦是貨幣市場的另一種主要交易市場。1997年6月，根據國務院指示，中國人民銀行要求商業銀行退出證券交易所的債券交易，另行組建銀行間同業債券市場。銀行間債券交易標的包括中央銀行融資券、國債、政策性金融債，全部是記帳式債券，並以國債回購為主，交易則由中央國債登記公司託管，市場成員除了各商業銀行外，尚包括城市商業銀行、外資銀行、保險公司、農村信用社、證券公司和證券投資基金等金融機構，2000年底共有659家成員。債券回購亦為中國人民銀行債券公開市場操作的重要工具。

㈡債券市場

1981年以後，停頓多年的國債重新發行，但事實上，在1991年以前，大陸國債並沒有一級市場，國債發行完全採用行政分配；1991年財政部首次實現了通過承購包銷發行國債，將市場機制引進國債發行市場，改變了以往強制攤派的行政性發行；1993年國債市場建立了一級自營商制度，同年10月上海證券交易所推出國債期貨和國債回購交易，國債期貨交易後來因市場投機性太強，在1995年5月被關閉；1996年國債市場的發展全面走向市場化，發行方式普遍採用公開招標，國債期限與種類大幅增加；國債流通（二級市場）則有在深、滬兩地證券交易所交易、證券商櫃檯交易與銀行間債券交易三種方式。隨著國債發行佔中央財政收入的重要性不斷提高，未來的國債管理，將是不可忽視的課題。

除了國債市場以外，公司企業所發行的企業債券，在中國金融市場也逐漸興

---

❼　大陸的企業短期融資債券極類似臺灣的商業本票(CP)，都是企業發行的短期（一年以下）融資票據。

起❽。企業債券基本上可分為國家投資公司債券與一般企業債券兩類。前者是指在1987年國家專業投資公司(能源、原材料、交通、機電輕紡等投資公司)成立前，由電力、冶金、有色金屬和石油化工等重點企業所發行的重點企業債券和國家專業投資公司所發行的基本建設債券。重點企業債券和基本建設債券採行政派購方式發行，發行單位又是國家專業投資機構，因此並非一般真正的企業債券，而有準國家債券的性質；1992年，重點企業債券和基本建設債券合併改為國家投資公司債券。企業債券之發行則始於1980年代中期，是各省市、自治區所屬地方企業為籌集地方重點建設或企業的流動資金所發行的債券，可以轉讓或作為抵押，但各地區或部門發行債券之規模，有所限制。目前企業債券之總市場規模較國家投資公司債券多出數倍。

㈢股票市場

大陸經濟改革開放以後，為了讓企業能夠向社會募集部分資金，股票市場逐漸再發展起來。1983年深圳市寶安縣聯合投資公司在深圳首次公開發行股票；1984年7月，北京天橋百貨公司正式註冊成立，並發行股票300萬元；同年11月上海飛樂音響公司成立，也於次年1月向社會公開發行股票50萬元。自此以後，股份公司在各主要城市迅速發展。惟在1986年以前，股票市場只有發行市場，但並無二級市場可供自由買賣和流通，這種現象直至1986年9月，上海工商銀行信託投資公司靜安證券業務部開辦了櫃檯買賣業務，股票的二級(店頭)市場交易才告開始；同年9月，上海飛樂音響公司和上海延中實業公司透過靜安證券部上市，正式開啟了新中國股票交易的歷史；至於交易所集中買賣，則遲至1990年12月上海證券交易所和1991年7月深圳證券交易所成立後才正式開始。1998年6月以前，證券機構的監管職責是由中國人民銀行負責，1998年6月後則移交中國證監會管理。1998年12月《證券法》通過，並於1999年7月1日實施，該法明確了證券經營機構的法律地位，也確定了大陸商業銀行、保險與證券業分業經營的原則。

大陸公司股票分為國有股、法人股(或企業股)、個人股和外資股。國有股和法人股原則上不能上市流通，僅有個人股和外資股可供人交易。外資股即一般所稱的B股，則需具備外國人身份才可以買賣，其中上海的B股是以美元、深圳則是以港幣計價交易；相對的，國內A股則只限本國人才能買賣。因為交易身份的區隔與權利的不

❽　大陸的企業債券即西方國家所稱的公司債。

同，A、B股間存有相當大的價差。2001年2月19日，中共宣布開放本國人可用外匯買賣B股，掀起B股狂熱，B股在短短數月間上漲超過150%；A、B股的併軌，仍是未來股市表現的重要題材。除了A、B股之外，大陸股票尚有在香港上市的H股，美國掛牌的N股……等等。股市的繼續發展，有助於大陸國有企業的改革，也是未來中國經濟改革是否能夠成功的重要關鍵。

除了股市交易，投資基金也日漸成為大陸證券市場中的投資工具❾。投資基金的設立始於1991年7月的珠信基金，其後發展迅速，至1997年底，共有75支基金獲准成立，發行總規模為58.22億元。這些基金除了少數在上海和深圳證交所掛牌上市外，大部分是在各個地方證券交易中心流通。由於缺少統一的法令規範，這些「舊基金」不僅規模極小，缺乏管理規範，投資標的除了股票與國債以外，還有不少投資於房地產和期貨上面，甚至有的基金還100%投資於其他實業上，完全背離了基金投資的原則。

為了規範投資基金的胡亂投資和加強基金管理，保證投資人合法權益，國務院證券委員會於1997年11月發布了《證券投資基金管理暫行辦法》，對基金之成立、募集和交易，以及基金各當事人的權利責任、投資運作和監管，都作了明確的規範；「新基金」的發行，必須經過中國證監會批准，規模不得低於人民幣20億元，基金所應持有的債券和股票比例亦有嚴格規定，同時必須在全國範圍上網發行。不過截至2001年8月為止，大陸所發行的基金皆為封閉式的基金，但中國證監會已於2000年10月8日通過《開放式證券投資基金試點辦法》，第一支開放型基金——華安創新基金也已於2001年9月掛牌上市。

最後，投資於未上市或高科技產業的創業投資基金也在大陸開始萌芽，但由於目前大陸企業的法人股仍然不能上市流通，妨礙了創投的退場變現，規劃中的二板市場，或許能夠解決這個問題。

㈣期貨市場

與股市交易有關的期貨市場，則是由1990年10月河南鄭州糧食批發市場的小麥遠期現貨開始試點，1991年6月，深圳有色金屬期貨交易所成立，並推出中國第一個商品期貨標準合約——特級鋁期貨，1992年上海金屬交易所成立，同年6月上海外匯

---

❾　投資基金即臺灣所稱共同基金。

調劑中心開辦美元對人民幣的外匯期貨,1993年5月以原先糧食批發市場為基礎發展出來的鄭州商品交易所也正式設立,期貨交易蔚為風潮,各地交易所最多時曾達56家之多。在1990至1993年期間,期貨交易由於缺乏法令規範,市場炒作違規,因此國務院乃從1994年開始整頓市場,目前中國只剩下大連、鄭州和上海三家期貨交易所,交易大豆、小麥、綠豆、銅、鋁、天然橡膠六種合約。

㈤外匯市場

大陸外匯市場在改革開放後有了重大的改革,1979年開始實行外匯留成制度,出口企業在將出口收入的外匯賣給國家後,國家按規定比例給予企業和地方外匯留成額度,日後企業如有用匯需求,可用人民幣配以留成額度,按官方外匯牌價購買外匯,1980年10月為安排留成額度之互通有無,中國銀行在北京、上海等12個城市開辦外匯調劑業務;初期只允許現匯交易,賣出額度需先配成現匯才可進行交易,以後逐步允許外匯額度的有償交易。1985年11月深圳外匯調劑中心成立,隨後各經濟特區也相繼成立了外匯調劑中心;1986年2月開始,經濟特區的調劑價格可由買賣雙方自行議定;1988年3月,在國家外匯管理局的統一管理下,各省、自治區、直轄市、經濟特區和沿海主要開放城市陸續設立外匯調劑中心,北京並且成立全國外匯調劑中心,同時取消了對外匯調劑價格的限制,允許外匯調劑價格按外匯市場供需決定。1988年9月上海成立第一家外匯調劑公開市場,實行會員制、競價成交和集中清算,此後,廈門、深圳、青島等城市也相繼組建了外匯調劑公開市場;1991年11月起,更允許個人所持有的外匯參與外匯調劑交易。由於調劑市場的調劑匯率反映市場供需,與官方匯率有著相當大的差距,同時因為地域不同,各地的調劑價格也不一致,並不利於外匯資源的有效配置。

1994年開始,中共的外匯體制有了重要的變革。當年1月1日開始,先取消了各類外匯留成、上繳和額度管理制度,對境內機構經常項目下的外匯收支,實行銀行結匯和結售制度;接著在4月1日,實施了外匯調劑和官方匯率併軌的工作,統一了外匯市場,並以市場供需為基礎,實施單一有管理的浮動匯率制度;4月4日中國外匯交易中心於上海成立,以通訊網路和電子計算機聯網,為各金融機構提供外匯交易與清算服務,形成全國統一的銀行間外匯市場❿。此外,於1980年開始發行,限

---

❿　銀行間外匯交易市場建立之時,仍保留過去的外匯調劑中心,直至1998年12月才予以取消。

外國人(含華僑和港澳臺同胞)使用的外匯兌換券(簡稱外匯券)，也在1994年停止發行，並於1995年1月停止使用，同年6月30日停止兌回人民幣。1996年2月，《外匯管理條例》正式出爐，並陸續公布系列實行細則與管理辦法，逐步形成了依法管理的外匯體系；12月起，接受國際貨幣基金(IMF)協定，實現了人民幣在經常項目下的可兌換。1998年亞洲金融危機中，人民幣維持不貶值，使得人民幣在國際金融市場中的地位日趨重要。

最後，大陸的黃金交易市場也已於2001年12月建立。

圖3-4為目前大陸的金融市場。

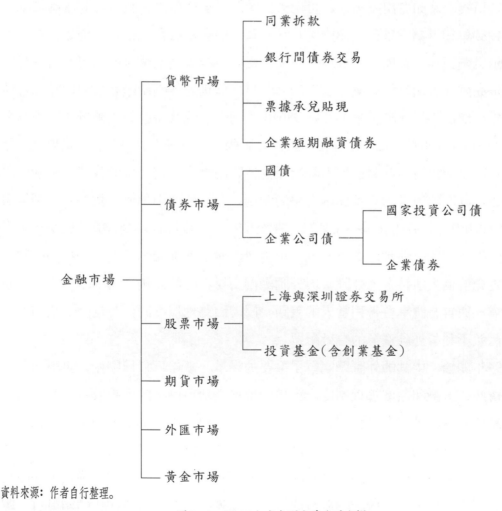

資料來源: 作者自行整理。

圖3-4 2000年底中國大陸金融市場

第四章　大陸金融制度㈠：各類型態的銀行

　　中國大陸金融體系包括中國人民銀行、政策性銀行、國有獨資商業銀行、股份制商業銀行、城市商業銀行、住房儲蓄銀行和外資銀行等各類型態的銀行；以及信託投資公司、財務公司、金融租賃公司、證券公司、期貨公司、保險公司和郵政儲匯機構等非銀行的金融機構與農村信用社和城市信用社等合作金融組織。2000年底，大陸共有3家政策性銀行，4家國有獨資商業銀行，10家股份制商業銀行，100家城市商業銀行，1,268家城市信用社，3,900多家農村信用社，168家信託投資公司，71家企業集團財務公司，12家金融租賃公司和191家外資銀行，本書以下兩章將分別介紹這些金融機構。

第一節　中國人民銀行

　　中國人民銀行是中國的中央銀行，發展的歷程大致可分為三個階段。第一階段是中共建國以後至1984年期間的「大一統」金融體制時期，此時中國人民銀行既行使中央銀行職能，又扮演一般商業銀行的角色；第二階段為1984年到1992年，是中國人民銀行逐漸擺脫商業銀行業務，開始中央銀行職能的摸索階段；第三階段則是1993年以後，中國人民銀行確立中央銀行職權並進一步完善發展的時期。

一、中國人民銀行發展沿革

㈠1984年以前的「大一統」金融體制時期

　　中國人民銀行在1948年12月底成立於河北省的石家莊，1949年2月遷入北京，同年9月納入政務院直屬單位序列，並在中共建國之後，成為國家銀行，擔負起金融管

理的責任。成立初期除接收國民政府的「四行」、「二局」與「一庫」外，亦陸續對私營銀行及金融機構予以整頓、停業或改為公私合營，將之納入中國人民銀行體系，同時在華東、中南、西北和西南設立4個區域分行，及建立40多個省、市與自治區分行和1,200多個縣(市)支行與辦事處❶。此一時期中國人民銀行的主要工作是：(1)統一全國貨幣發行及維持幣值穩定；(2)接管與整頓原公、私合營金融機構，建立中國人民銀行分支機構，形成國家銀行體系；(3)集中全國信貸資金與現金結算，建立現金管理制度；(4)運用貨幣政策手段，支持經濟恢復。

中共建國初期，為治理當時嚴重的通貨膨脹，統一發行貨幣及平抑物價便成為中國人民銀行的首要工作。1948年12月1日，中國人民銀行成立並開始發行人民幣，逐步收回原國民政府發行的法幣、金圓券、銀圓券與各地區和內蒙、新疆、西藏發行的貨幣❷；同時建立發行庫制度，各地印幣廠印製的人民幣券必須全數交予發行庫，發行庫款支配權屬於中央財經委員會，中國人民銀行每年按照國務院批准的人民幣發行計劃控制市場流通的貨幣數量；此外並禁止黃金、銀元與外國貨幣流通，確立人民幣作為國家貨幣的法定地位。

在統一貨幣、治理通貨膨脹的同時，中國人民銀行逐漸將舊有的公、私營銀行納入其體系，並依行政區於各地設立分支機構，外國金融機構經營之商業業務則被禁止，使得大多數外商銀行不得不撤離大陸，少數留下者降級為辦事處或代表處；至於原舊有的中國銀行則改組成為中國人民銀行底下的外匯專業銀行，交通銀行成為經營工礦交通事業的長期信用銀行；1951年成立的農業合作銀行及各地農村信用社，則專門辦理農業金融業務。1952年，中國銀行與中國人民銀行國外業務局合署辦公，交通銀行劃歸財政部領導，並裁撤農業合作銀行；1956年全中國14個城市的公私營銀行總管理處與中國人民銀行總行私人業務管理局合署辦公，公私合營銀行遂完全納入中國人民銀行體系，「大一統」的金融體制於是形成❸。

---

❶ 「四行」、「二局」與「一庫」請參閱第三章第一節。

❷ 原國民政府發行之貨幣於1949年底基本上已被清除；新疆與西藏分別是在1951年底和1959年10月才完成人民幣之統一。

❸ 在此期間，中國人民建設銀行與中國農業銀行歷經成立、裁撤、復業再裁撤之數階段，詳情請見第三章第一節。

在集中銀行業務的同時，中國人民銀行也積極的運用各種貨幣政策手段，支持經濟的恢復。主要包括：⑴開辦「折實儲蓄」、「賣牛儲蓄」、「備荒長期儲蓄」等各種保值儲蓄，引導社會資金流向銀行，平抑市場物價並支援國家建設；⑵多次調整利率，引導游資流入銀行並壓抑市場投機；⑶協助財政部發行公債，平衡國家財政收支；⑷實行區別信貸政策，對公營經濟提供大量低息寬鬆的貸款支持，同時適當增加對私營企業的貸款，支持企業如期完成國家下達之任務，促進城鄉物資交流。

1953年開始，中共開始第一個五年經濟計劃，直到1979年為止，大陸仿照前蘇聯模式，逐步建立了高度集中的計劃經濟體制。在計劃經濟體制下，國家訂定指令性計劃，直接分配社會資源，市場經濟受到嚴格限制，在此時期的大部分時間，中國人民銀行是惟一的銀行，其任務是服務國民計劃經濟，按照指令性計劃制定和執行信貸政策和撥發貸款。

為了實現計劃經濟中，財政收支、信貸收支、物資供需和外匯收支的「四大平衡」，綜合信貸計劃和現金計劃管理乃成為經濟調控的重要手段。1953年開始，中國人民銀行對信貸資金實行綜合信貸計劃管理，編製綜合信貸計劃，內容包括資金來源與資金運用計劃兩部分，具體作法是由各產業部門和中國人民銀行分支機構先編製按年分季和按季分月的信貸計劃草案，自下而上彙總上報中國人民銀行總行，總行再編製年度信貸計劃，報送國家計劃委員會與其他部門之計劃進行綜合平衡後，經國務院批准，逐級下達各級銀行組織，各銀行的信貸資金規模及貸款的發放與收回，都必須依照計劃實施，銀行吸收的一切存款，則一律上繳總行統一使用，不能自行安排，中國人民銀行因此而成為全國的信貸中心。

在實施綜合信貸計劃的同時，中國人民銀行也開始實行全國統一的現金計劃管理制度。具體作法是由各企業、機關團體和事業單位按季分月編製該單位的現金收支計劃並報送開戶銀行，各級銀行依此編製本地之現金投放回籠計劃，計算差額後逐級上報中國人民銀行總行，總行再參考國民經濟指標，編製全國現金投放回籠計劃上報國務院核准，再逐級下達各地銀行，按照計劃調節市場現金流通數量。此外，根據1950年4月政務院通過的《關於實行國家機關現金管理的決定》以及1955年《國營企業、供銷合作社、國家機關、部隊、團體間非現金結算暫行辦法》，各單位除了工資支付、農副產品採購和零星開支與個人支取存款可以採用現金外，經濟往來一

律經由中國人民銀行轉帳結算，實行嚴格的現金、結算管理。至此，中國人民銀行不僅是全國的信貸中心，更是全國的結算中心和現金出納中心。

1958年到1960年的「大躍進」時期，信貸管理權限下放地方，金融管理放鬆，造成信貸失控、經濟失調與通貨膨脹，1960年後重新調整與改進，國民經濟逐漸恢復；但1968年5月「文化大革命」開始，金融體制又遭到嚴重破壞，國家經濟也受創至深；先是中國人民銀行總行的各職能司局被撤併，1969年中國人民銀行總行更被併入財政部，各級分支機構有些與財政合併，成立財政金融局，另有些則被併入財政局，成為該財政局的業務單位，各金融機構喪失功能，變成財政的會計和出納機關，一直到1978年中國人民銀行才從財政部獨立出來。

1979年開始，中共實行經濟體制改革，為了適應經濟環境的需要，中國農業銀行、中國銀行和中國人民建設銀行陸續恢復營業，「大一統」銀行體系逐漸被打破，惟中國人民銀行仍然繼續辦理城市金融業務，工作重點依舊是作為資金的分配中心，並沒有真正負起金融監管的責任。

㈡1984年至1992年，中國人民銀行行使中央銀行職能的摸索階段

1984年1月，為遵照國務院於前(1983)年9月的決定，中國人民銀行將原先辦理的城市金融業務交予新成立的中國工商銀行，退出一般商業銀行業務，專門行使中央銀行的職權，中央銀行體制始告建立。中國人民銀行內部設立理事會，業務實行垂直領導，並建立存款準備金和中央銀行再貸款制度，作為間接調控金融的工具❹。1986年1月，國務院發布《銀行管理條例》，明確中國人民銀行是中央銀行的法律地位，並具體規定了中國人民銀行的貨幣政策、金融市場監管和貨幣發行等12項職責。但由於當時中國剛從計劃經濟體制中跳脫出來，一切仍在摸索階段，再加上貨幣市場、債券市場和股票市場仍屬萌芽階段，因此中國人民銀行的政策工具十分有限，信貸規模管理依舊是貨幣政策的最重要調控手段，中國人民銀行的首要工作仍是分配資金，金融監管的重點則是檢查各專業銀行是否確實按照國家要求發放貸款，但由於其時總行與各分支行的職責劃分不清，許多分支行被認為(或自認為)是地方政府管理金融的部門，以致中國人民銀行作為國家「中央」銀行的職能沒有辦法發揮；

❹ 中央銀行再貸款制度是指中國人民銀行透過對金融機構(尤其是國有專業銀行)的貸款計劃，間接調控全國的貸款總量與貨幣供應量。詳情請參見本章第二節。

不僅如此，中國人民銀行本身仍從事部分政策性與商業性業務。因此在這期間，中國人民銀行只能說是處於摸索中央銀行職能的階段。

㈢1993年以後，中國人民銀行確立中央銀行職能及其後之發展

　　1992年10月，中共第十四屆三中全會為了更進一步推動中國經濟改革，作出了建立社會主義市場經濟的決定；1993年12月，國務院《關於金融體制改革的決定》提出，要把「中國人民銀行辦成真正的中央銀行」，在一連串的改革中，中國人民銀行終於確立了中央銀行的地位，並且得到進一步的發展。

　　首先，為了與政策性和營利性銀行業務脫鉤，1994年國家發展銀行、中國進出口銀行和中國農業發展銀行三家政策性銀行先後成立，接手了原中國人民銀行和國有四大專業銀行的政策性業務，同時通過體制和法律安排，切斷財政部向中國人民銀行借款、透支之管道，中國人民銀行也不再向非銀行金融機構和非金融機構貸款，工作重點則轉為全國金融管理和宏觀調控。1995年3月《中國人民銀行法》通過，不僅確立了中國人民銀行作為中央銀行的地位，同時也明定了其職責、組織架構、貨幣政策執行和金融監督管理責任，中國人民銀行在此法律架構下，得以改革與發展。

　　其次，為了要確定中國人民銀行能夠獨立行使職權，中國人民銀行廢除了自1986年以來實行的利潤留成辦法，改為獨立的財務預算制度，中國人民銀行的預算經國務院財政部門審核後，納入中央預算，若有實現利潤，提存準備金後，全部上繳中央財政，虧損則由財政撥補，消除其利潤動機，專心行使中央銀行職能❺。

　　而為了因應金融機構與信用工具的多樣化，中國人民銀行的貨幣政策也由原先的直接信貸規模控制──貸款限額管理──逐漸轉為透過政策工具控制貨幣供給額的間接調控。除了1984年建立的存款準備金制度之外，中國人民銀行對商業銀行的再貼現業務於1995年開辦，以短期國債為對象的公開市場操作也於1996年試行；同年，全國統一的全國同業拆借市場成立，提供了銀行間資金互通的管道；1997年6月，中國人民銀行更成立了貨幣政策委員會，作為貨幣政策的諮詢議事機構❻。

　　除此之外，從1998年開始，中國人民銀行取消原先按照行政區域設立分行的方

---

❺　依1986年的規定，中國人民銀行總行及各分行每年可將利潤的7%留作行內獎勵基金、福利基金和發展基金，剩下利潤的93%中，38%充實信貸資金，62%上繳財政。

❻　有關大陸貨幣政策工具的操作請參看第三章第三節與第七章第一節。

式，改依經濟情況跨區設立分支機構，以避免地方行政干預。該年10月，從上海開始，先後設立九個跨省、市區分行，並在北京和重慶分設總行營業管理部和重慶營業管理部；在非分行所在地的省會城市及大連、廈門、深圳等五個沿海城市設立受分行管轄的中心支行，中心支行以下再設縣支行。中國人民銀行管理系統則採行領導部門直線逐級管理制度，亦即總行行長領導分行行長，分行行長領導中心支行行長，中心支行行長領導縣支行行長；各級分行職能各有所司，總行負責制定金融規章和監管制度，直接監管全國性法人金融機構，並組織各級分行對全國性法人金融機構之分支機構和地方性金融機構實施監管；分行與中心支行則分別對其轄區內金融機構負有監管之責，並必須按時匯報轄區內金融機構監管信息和風險狀況；縣支行主要是對農村信用社與當地之城市信用社實施監管和上報信息。總行與各級分行監管對象、職責與範圍劃分明確，並各負監管之責。

1993年國務院《關於金融體制改革的決定》與1995年通過的《商業銀行法》確立銀行、證券、信託和保險業分業經營的基本原則。1993年中國人民銀行將證券市場的監管移交給前(1992)年成立的中國證監會，但中國人民銀行仍然繼續監管證券機構和保險與信託業；1998年國務院對金融監管體制作了更重大的改革，不僅金融業要分業經營，更要分業監管。在此原則下，中國人民銀行更把原先對證券機構之監理職權移交給中國證監會，對保險業的監管也移交給新成立的中國保監會，中國人民銀行則專責監管證券和保險業以外的金融機構。

二、中國人民銀行的現況

中國人民銀行總行設在北京，目前(2001年6月)下設北京與重慶兩個營業管理部，天津、瀋陽、上海、南京、濟南、武漢、廣州、成都和西安9個分行；9個分行與重慶營業管理部底下再分設326個中心支行，中心支行則下設有1,827個縣(市)支行。

根據《中國人民銀行法》的規定，中國人民銀行是中國的中央銀行，在國務院領導下，制定和實施貨幣政策，並對金融業實施監督管理(第二條)；中國人民銀行的貨幣政策目標則是保持貨幣幣值穩定，並以此促進經濟增長(第三條)；中國人民銀行的職責共有11項：(1)依法制定和實行貨幣政策；(2)發行人民幣，管理人民幣的流

通；⑶按照規定審批、監督管理金融機構；⑷按照規定，監督管理金融市場；⑸發布有關金融監督管理和業務的命令和規章；⑹持有管理、經營國家外匯儲備、黃金儲備；⑺經理國庫；⑻維持支付、清算系統的正常運行；⑼負責金融業的統計、調查分析和預測；⑽作為國家的中央銀行，從事有關的國際金融活動；⑾國務院規定的其他職責(第四條)。此外，中國人民銀行設有貨幣政策委員會，成員除包括中國人民銀行行長和副行長外，還有國家各經濟綜合部門、商業銀行和社會知名專家；貨幣政策可運用的工具則有：⑴要求金融機構按照規定的比例交存存款準備金；⑵確定中央銀行基準利率；⑶為在中國人民銀行開立帳戶的金融機構辦理再貼現；⑷向商業銀行提供貸款；⑸在公開市場上買賣國庫債和其他政府債券及外匯；⑹國務院確定的其他貨幣政策工具(第十一條與第二十二條)。 而為確保中國人民銀行獨立於財政之外，也規定中國人民銀行不對政府財政透支，不得直接購買、包銷國債和其他政府債券(第二十八條)；同時不對地方政府、各級政府部門與非銀行金融機構及其他單位和個人提供貸款(國務院決定的特定非銀行機構貸款除外)(第二十八與二十九條)；中國人民銀行的預算則是實行獨立的財務預測管理制度，預算經國務院財政部門審核後，納入中央預算，每一會計年度的收入減去支出，扣除應提取之總準備金的淨利潤，全部上繳中央財政，虧損則由中央財政撥款彌補(第三十七與三十八條)。

中國人民銀行根據職務履行的需要，內部設有13個職能司(廳)：辦公廳、條法司、貨幣政策司、銀行監管一司(承辦對國有獨資商業銀行、政策性銀行和外資銀行監管業務)、銀行監管二司(承辦對股份制商業銀行和城市銀行之監管業務)、非銀行金融機構監管司(證券、保險除外)、合作金融機構監管司、統計司、會計財務司、支付科技司、國際司、內審司和人事教育司。此外，為保證科學制定和實施貨幣政策，有效實行金融監管，中國人民銀行另設研究局、貨幣金銀局、國庫局、保衛局和培訓中心等服務支持機構。

中國人民銀行網址：www.pbc.gov.cn

第二節　國有商業銀行

　　中國銀行、中國建設銀行、中國農業銀行和中國工商銀行四家國有獨資商業銀行，是中國金融業的主體，2000年底，四大國有商業銀行的總資產為114,239億元，佔全體金融機構總資產的58%。四大銀行這幾年在市場化改革中努力經營，有了相當大的進展。

一、國有商業銀行的發展沿革

　　四大銀行中的中國銀行成立於1912年，是中國歷史最悠久的銀行，1949年由中國人民銀行接管，1952年該行總管理處與中國人民銀行國外業務局合署辦公，雖然名稱猶在，但實際上已成為中國人民銀行的一部分，1953年10月被指定為專業外匯銀行；中國建設銀行成立於1954年10月，原名為中國人民建設銀行，隸屬於財政部，為管理固定資產的投資專業銀行❼；中國農業銀行則是在1955年3月成立，專門辦理農業金融業務；中國工商銀行則成立較晚，是在改革開放以後的1984年1月才設立，顧名思義，其業務對象乃是以城市的一般工商企業為主，是目前四大銀行中規模最大的銀行。在改革開放前的「大一統」金融體制時期，中國工商銀行以外的三大銀行時而停業，時而復業，比如中國農業銀行在1957年曾被撤銷，1963年短暫恢復營業，但旋即再被併入中國人民銀行，直到1979年3月才再復業；中國建設銀行1958年也被撤銷營業，業務則被併入中國銀行與中國人民銀行，1962年才再次復業，但文革時期又被併入財政部，直到1979年8月才從財政部分離出來。

　　1979年經濟改革以後，原有專業銀行陸續恢復，「大一統」金融體制逐漸被打破。3月13日，農業銀行正式恢復成立，由國務院領導，中國人民銀行代管，專門從事農業信貸與管理農業資金，並領導農村信用社；同年3月，中國銀行從中國人民銀行獨立出來，直屬國務院，成為國家指定的外匯專業銀行；8月，中國建設銀行與財政部分離，專門辦理中長期信貸業務，此外，為服務改革以後的城市新興工商企業，辦

---

❼　中國人民建設銀行1996年3月改名為中國建設銀行。

理工商信貸和城鎮儲蓄業務的中國工商銀行也於1984年1月成立,四大國有商業銀行為主體的中國大陸金融體系於是形成。1993年12月國務院決定,「要把國家專業銀行辦成真正的商業銀行」,將四大國有商業銀行的政策性業務移交給新成立的國家開發銀行、中國進出口銀行和中國農業發展銀行等三家政策性銀行,四大專業銀行按照商業化銀行的經營要求進行改革,自主經營、自負盈虧;1995年5月,《商業銀行法》通過,為商業銀行的經營與管理,作出了明確的法令規範;1998年財政部發行2,700億元的特別國債,補充四大商業銀行的資本,以達到國際清算銀行(Bank for International Settlement)8%的資本適足率要求;1999年4月,信達資產管理公司成立,專責處理中國建設銀行的不良資產,其後華融、長城和東方三家資產管理公司也陸續成立,分別處分中國工商銀行、中國農業銀行和中國銀行準備剝離的不良債權。

　　四大國家商業銀行改革,經歷了許多不同的階段。首先,在1979年前的計劃經濟體制下,國家的信貸管理是「統收統支」、「統存統貸」,工商企業更新設備和技術改造的定額資金、國營企業資金和其他無償性資金乃由財政計劃撥款,工商企業和建築施工企業超定額資金、臨時性資金才由銀行計劃貸款安排。1981年起,國務院規定,凡是實行獨立核算且有還款能力的企業,於進行基本建設投資時,除利用自有資金外,國家財政不再撥款,一律改為向銀行貸款,此即所謂的「撥改貸」,商業銀行的貸款於是擴展到固定資產投資領域。1983年6月,中國人民銀行將原國營企業的流動資金由原本財政和銀行共同管理的雙軌體,改為由銀行統一管理;除此之外,中國人民銀行對四大商業銀行的資金調控也改為「再貸款」制度,亦即銀行只能依據中國人民銀行給定的計劃額度對企業發放貸款,額度用罄即不准超貸,但由於各機構常有超逾計劃額度之現象,造成信貸失控,1986年遂改為「貸款限額管理」,由中國人民銀行核定四銀行的年度最高貸款限額,1988年第四季開始更進一步要求各銀行「按季監控」和「分月考核」,以收控管實效;1991年,貸款額度管理辦法改進,中國人民銀行允許各地分行在全年度新增貸款限額中的10%, 對當地專業銀行進行調劑貸款,四大銀行本身也在不違反中國人民銀行規定的貸款限額下, 開始採用資產比例管理的辦法約束其分行的貸款擴張;1994年開始的另一波改革中,四大商業銀行在「把專業銀行辦成真正的商業銀行」要求下,除了剝離原有的政策性業務外,開始實行自主經營、自擔風險、自負盈虧的商業化經營,強化放款質量的考核與授

信機制，實行資產風險管理，同時積極調整內部組織結構，精簡管理層次，並逐步裁併原先依行政區域重複設立的分支機構，經營業務對象也不再僅限原有的專業領域❽，1998年更以風險為基礎，將貸款等級分為正常、關注、次級、可疑和損失五類，嚴加注意貸款風險，同年1月，中國人民銀行對各國有商業銀行的貸款限額管制正式取消，各銀行可完全依金融經營原則，自主從事貸放，進入現代化的市場經營管理。

在中國大陸加入WTO，外資銀行業務大幅開放之際，國有商業銀行無疑的將面臨更嚴峻的情勢，必須更深化改革，才能迎接未來的挑戰，包括朝股份制商業銀行方向改造、強化內部企業化經營與資產負債的風險管理、積極處分不良債權與充實資本、積極提升人才素質與產品服務的創新等等，可以預見的，未來國有商業銀行的改革，仍將有一大段路要走。

二、國有商業銀行介紹

㈠中國銀行

中國銀行成立於1905年，前身為清朝末葉的「大清戶部銀行」，1949年後被人民政府接管，成為中國人民銀行領導下的外匯專業銀行，1952年中國銀行總管理處與中國人民銀行國外業務局合署辦公，成為中國人民銀行的一部分，但對外仍保留中國銀行之名稱；改革開放後，中國銀行於1979年4月脫離中國人民銀行恢復營業，中國人民銀行另設國家外匯管理局，統一外匯管理與檢查監督，但實際上與中國銀行是同一機構、兩塊招牌；1983年國家外匯管理局從中國銀行劃分出去，併回中國人民銀行，中國銀行乃成為經營外匯業務的專業銀行，1994年4月政策性業務剝離，由新成立的中國進出口銀行接手。

近年來，為適應世界經濟潮流的發展，中國銀行積極加快改革腳步，全力推動良好公司治理機制之目標：通過充分發揮比較競爭優勢、構建科學的決策系統、實施審慎的會計原則、建立有效的激勵約束機制、建立適應市場機制的人力資源開發管理體制、建立符合良好公司治理機制要求的董事會，希望經過內部改革，躋身國

---

❽　各專業銀行業務對象開始多元化，因此而有「中國銀行上岸、農業銀行進城、工商銀行下鄉、建設銀行進廠」的競爭情形。

際大銀行之列。截至2000年底為止，在中國境內擁有12,967個分支機構，並在世界各地分設559個海外機構，在香港和澳門，中國銀行亦是當地的發鈔銀行。

中國銀行網址：www.bank-of-china.com

㈡中國農業銀行

中共政權成立後，為加強農村金融工作，於1951年8月設立中國農業合作銀行，惟因業務無太大發展，1952年被撤銷；1955年3月，中國農業銀行成立，1957年4月被中國人民銀行合併，1963年11月恢復營業，1965年11月再次與中國人民銀行合併；1979年2月國務院發出《關於恢復中國農業銀行的通知》，決定恢復中國農業銀行，恢復後的中國農業銀行主要任務為統一管理農業資金，集中辦理農村信貸，領導農村信用合作社與發展農村金融事業，成為農業金融的專業銀行；1994年4月，為配合國務院《關於金融體制改革的決定》，將糧、棉、油收購資金供應與管理等政策性業務移交給新成立的中國農業發展銀行，開始依照《商業銀行法》的規定，逐步探索現代商業銀行的管理機制；1996年8月為執行新頒布的《關於農村金融體制改革的決定》，中國農業銀行積極協助農業發展銀行省級以下分支機構的設立，以及農村信用社和農業銀行脫離行政隸屬關係的改革，1997年農業銀行完成前述「一身三任」的工作，開始真正進入國有商業銀行轉化的新時期。

目前中國農業銀行實行一級法人、集中管理、分級經營、行長負責的總、分、支行制度，總行設於北京，在各省、市、自治區及大城市設有分行，另在一些中等城市設立支行(二級分行)；業務領域已從原先的農村地區擴大到城鄉，並開始進入國際金融市場，服務對象也從農民和農村中小企業擴大到大、中型國有企業、鄉鎮企業及中外合資企業和公司化企業集團；經營範圍包括各種人民幣、外幣業務，逐步邁向全方位的商業銀行經營。

中國農業銀行網址：www.abocn.com

㈢中國建設銀行

中國建設銀行原名中國人民建設銀行，是一家以中長期信貸業務為特色的國有商業銀行，該行成立於1954年10月，隸屬於財政部，1958年被撤銷，1962年恢復銀行建制，1979年國務院重新批准中國建設銀行的銀行建制，並為國務院之直屬單位。在1954到1978年間，建設銀行的主要工作是辦理國家基本建設預算撥款和貸款事宜，

為國家基本建設服務；1979年後，建設銀行營業項目逐步擴展到其他商業銀行業務，包括信貸資金貸款、居民儲蓄存款、外匯、信用卡等；1994年依照國家金融體制改革要求，將原代理財政職能和政策性貸款業務分別移交財政部和新成立的國家開發銀行，並依商業銀行要求，進行經營管理體制的改革；1996年3月，建設銀行改用現名，並導入企業識別系統。

從1994年起，中國建設銀行積極進行內部改造，陸續完成全行性網路系統，在發展新業務的同時，亦保持原在鐵路、公路、電信及城市建設等基礎產業及設施之大量信貸投入，並成為國家開發銀行的最大代理行，承擔該行資金的撥付和部分管理職能。目前中國建設銀行在大陸各省、市及自治區設有39家分行，並在香港、新加坡和法蘭克福分設3家國外分行以及東京、倫敦、漢城及紐約四地4個代表處，在2000年英國《銀行家》全球1,000家大銀行中排名第32位。

中國建設銀行網址：www.ccb.com.cn

㈣中國工商銀行

中國工商銀行是大陸最大的國有獨資商業銀行，成立於1984年1月1日，基本任務是依據國家的法律和法規，通過在國內外融資活動籌集社會資金，加強信貸資金管理，支持企業生產和技術改造，為中國經濟建設服務，業務範圍則是辦理《商業銀行法》所規定的各項業務，原先服務對象多為城市工商企業，現已擴展至各個行業及地區。

依據金融體制改革之要求，中國工商銀行率先實行法人授權制，逐級成立審貸委員會，並採審貸分離及資產負債比例管理，截至2001年6月為止，擁有工商企業帳戶810萬個，居民儲蓄帳戶4.2億個，結算務量佔全國金融系統的50%，所發行的牡丹卡是大陸銀行中數量最多的信用卡，發卡量已超過5,800萬張；目前在中國設有3萬多家分支機構，並與境外50多個國家和地區的410家銀行建立了代理關係，2000年底總資產為39,737.37億人民幣，如以所有權益排序，在英國《銀行家》世界排名居第6位。

中國工商銀行網址：www.icbc.com.cn

第三節 政策性銀行

　　1994年中共成立了國家開發銀行、中國進出口銀行和中國農業發展銀行三家政策性銀行，接管了原國有商業銀行的政策性業務，分別承擔起國家重點建設、進出口貿易與農業政策性融資貸款的任務，2000年底，政策銀行總資產為16,966.7億元，佔全體金融機構總資產的8.6%，在國家經濟發展過程中，扮演相當重要的角色。

一、政策性銀行的設立與發展

　　1993年11月，中共十四屆三中全會提出「建立政策性銀行，實行政策性業務與商業性業務分離」，同年12月25日，國務院作出《關於金融體制改革的決定》，「……把專業銀行辦成真正的銀行」，因此從1994年開始，成立不以盈利為目的，專門從事國家政策金融業務的三大政策銀行。國家開發銀行首先於1994年3月成立，主要任務是對國家基礎設施與產業及技術改造等國家政策性項目提供貸款；同年4月，中國進出口銀行成立，其任務是執行國家產業及外貿政策，對國家資本貨物之出口予以金融支持；最後(11月)成立的中國農業發展銀行，主要任務則是籌集資金，承擔國家農業政策金融業務的責任❾。

　　政策性銀行雖不以盈利為目的，實行保本經營，不與商業銀行進行業務競爭，但銀行經營本身也講求資金平衡與信貸控管，因此不僅本身規模不斷擴大，經營機制也逐步完善，更重要的是，在支持國家基礎建設、進出口貿易以及農、副產品的收購和流通上，確實具有相當的貢獻。

　　未來政策性銀行的發展仍然有很大的改善之處。首先，雖然中共現在已經訂定了《中國人民銀行法》和《商業銀行法》，但有關政策性銀行運作的專門法律仍未出爐，不利於該等銀行的管理和運作。其次，三家銀行的資本額仍然偏低，國家開發

---

❾　另一政策性銀行為中國投資銀行，該行成立於1981年，起初是接受世界銀行的貸款，對大陸境內企業提供外匯與人民幣中長期發展資金，其後資金來源除了國際性金融機構外，也曾自行在海外發行債券。中國投資銀行於1998年12月被併入國家開發銀行。

銀行註冊資本額雖有500億人民幣，但其中多數是無法運用的「軟貸款」項目；中國農業銀行資本額為200億元，中國進出口銀行註冊資本額則僅有33.8億元。資本額太低，限制了政策銀行的未來發展；此外各政策銀行的內部經營機制雖然年有改善，惟離西方標準仍有段距離，同時其與國家有關經濟管理部門和各級地方政府的關係也仍有待理順。不管如何，三家政策銀行在中國社會主義的經濟發展過程中，仍將扮演重要的地位。

二、國家政策銀行的現況

㈠國家開發銀行

國家開發銀行是國務院直接領導的政策性銀行，成立於1994年3月，其主要任務是：依照國家的法律、法規和國家宏觀經濟政策、產業政策和區域發展政策，籌集和引導境內外資金，重點向國家基礎設施、基礎產業和支柱產業以及重大技術改造和高新技術產業項目發放貸款，從資金來源上對固定資產投資總量進行控制和調節，促進國民經濟持續快速發展。

國家開發銀行的註冊資本為500億人民幣，由財政部核撥，除了財政資金以外，在國內發行金融債券以及向海外籌資也是其資金的來源管道❿。貸款的種類則有基本建設貸款、技術改造貸款、設備儲蓄貸款、外匯固定資產貸款和外匯流動資金貸款等項目；經辦業務主要如下：⑴管理和運用國家核撥的預算內建設基金和貼息基金；⑵向國內金融機構發行金融債券和向社會發行財政擔保建設債券；⑶辦理外國政府和國際金融機構的轉貸款；⑷辦理國家基礎設施、基礎產業、支柱產業和高新技術等政策性貸款；⑸辦理建設項目貸款條件評審、擔保和諮詢業務，並為重點建設項目物色國內外合資夥伴，提供投資機會和信息；⑹其他經國務院批准之業務。

國家開發銀行的業務主要是通過委託代理的方式由代理銀行辦理，不過近年來也逐漸增加了「直貸」業務。國家開發銀行領導人由國務院任命，採行長負責制，並設有貸款委員會、專業評審局和地區信貸局，對貸款的事前評審和貸放後的風險管理都高度重視，因此業務自成立後穩定成長。

---

❿ 比如國家開發銀行在1996年和1997年分別在日本及美國發行過3.3億美元的洋基債券 (Yankee bond)。

國家開發銀行網址：www.cdb.com.cn

(二)中國進出口銀行

中國進出口銀行成立於1994年4月，總部設於北京，註冊資本33.8億人民幣，為國務院直屬的三大政策銀行之一，其主要任務為：執行國家產業政策和對外經貿政策，為擴大中國機電產品、成套設備等資本性貨物出口和高新技術產品出口提供政策性金融支持。

中國進出口銀行雖為政策銀行，但實行自立保本經營和企業化管理的方針，信貸資金除了財政撥款外，主要是來自金融債券的發行，截至2000年底，已與129家外國銀行建立代理關係，代理網路遍及88個國家，主要業務範圍包括：

1. 為機電產品和成套設備等資本性貨物出口以及高新技術出口提供出口信貸。
2. 外國政府貸款、混合貸款、出口信貸的轉貸以及中國政府對外國政府貸款、混合貸款的轉貸。
3. 國際銀行間的貸款，組織或參加國際、國內銀行團貸款。
4. 出口信用保險、出口信貸擔保、進出口保險和保理業務。
5. 在境內發行金融債券和在境外發行有價證券。
6. 經批准的外匯經營業務。
7. 參加國際進出口銀行組織及政策性金融保險組織。
8. 進出口業務諮詢和項目評審，為對外經濟技術合作和貿易提供服務。
9. 經國家批准和委託辦理的其他業務。

中國進出口銀行網址：www.eximbank.gov.cn

(三)中國農業發展銀行

中國農業發展銀行是1994年11月成立的國家政策銀行，註冊資本200億人民幣，主要任務是：按照國家的法律、法規和方針、政策，以國家信用為基礎，籌集農業政策性信貸資金，承擔國家規定的農業政策金融業務，代理財政性支農資金的撥付，為農業和農村經濟發展服務。

中國農業發展銀行亦是直屬國務院領導，不以盈利為目標的政策性銀行，但全行仍實行獨立核算、自主保本經營及企業化管理，資金運用收入和來源成本利差，由財政部核定補貼，按季撥補，年終結算，截至2000年底，已設有35個省級分行、

300多家二級分行和1,617個縣支行。業務範圍主要如下：

  1. 辦理國務院規定，中國人民銀行安排資金並由財政予以貼息的糧食、棉花、油料、豬肉、食糖、菸草等主要副產品的專項儲蓄貸款。

  2. 辦理糧、棉、油、肉等副產品的收購貸款及糧油調銷、批發貸款。

  3. 辦理中國和省級政府財政支農資金的代理撥付，為各級政府設立的糧食風險基金開立專戶並代理報告，辦理業務範圍內開戶企事業單位的存款。

  4. 辦理開戶企事業單位的結算。

  5. 發行金融債券，辦理境外籌資。

  6. 辦理經批准的其他業務。

第四節　股份制商業銀行

　　大陸在改革開放以後經濟快速成長，資金需求也日漸增加，為支持發展需要，中國人民銀行乃於1986年起陸續批准多家股份制商業銀行成立，希望藉由新金融機構的設立，吸收各地資金，支持工商業發展。惟大陸的股份制商業銀行雖有商業銀行之名，實際上股份仍多控制在國營企業手中，且大多集中在經濟特區與沿海地區。這些小型商業銀行隨著經濟的成長，不斷的茁壯，目前已成為中國金融體系重要的一部分。

一、股份制商業銀行的發展

　　為了因應改革後經濟發展的需要及將市場競爭機制引進銀行體系，中共國務院於1986年9月批准重新組建交通銀行，1987年4月交通銀行與招商銀行先後開業，之後又陸續批准了多家股份制商業銀行成立，截至2000年底為止，大陸共有十家全國性和地區性商業銀行，包括交通銀行、中國光大銀行、華夏銀行、中信實業銀行、招商銀行、廣東發展銀行、福建興業銀行、深圳發展銀行、上海浦東發展銀行、中國民生銀行，資產總額達到人民幣11,259.6億元，佔全體金融機構總資產的14.6%。

　　股份制商業銀行的出現，就宏觀角度來看，打破了中共計劃經濟體制下銀行體

系「大一統」的局面，為社會主義經濟提供了不同型態的金融經營組織。此外，雖然大部分股份制商業銀行仍控制於國營企業手中，但相對於國有商業銀行而言，這些銀行的法人治理機制顯得較為明確。在《公司法》的規範下，股份制商業銀行建立了現代銀行的治理架構，包括股東大會、董事會和監事會為主的所有權以及行長負責的經營權二者分離之公司化經營機制，銀行經營以市場和成本效益為原則，實行資產負債比例管理，注重風險控管，並陸續發展信用卡、投資銀行等多種新型金融業務，不僅為銀行體系注入競爭機制，並適度滿足了中小企業的資金需求，提高社會的資金使用效率。

然而在快速成長的同時，股份制商業銀行也面臨了不少問題。由於規模較小，發展上受到限制，包括：人員素質較低、內部控管未盡落實、放款質量不高、風險承受能力較差、所有權與經營權分離機制仍未盡完善、銀行經營常受外力(甚至地方政府)干預……等等，在中共加入WTO之後，勢必會面臨相當大的衝擊。

二、各股份制商業銀行介紹

㈠交通銀行

交通銀行創建於1908年，中共建國後曾短暫營業，1958年業務被併入中國銀行和中國人民建設銀行，1987年4月，國務院批准重新組建，作為金融改革的試點，成為中國第一家全國性的股份制商業銀行；復業資本為20億元，其中中國人民銀行控股50%，另公開招股50%，由地方政府、企業事業單位和個人認購，惟個人入股部分則限制在10%以下，1999年底，實收資本額為137.92億，員工人數45,880人，於2001年7月英國《銀行家》雜誌全球1,000大銀行中排名第108位。

交通銀行現(1999年底)於大陸86個大、中城市設有分支行，營業網點有2,767個，同時在紐約、香港、新加坡、倫敦及法蘭克福等地分別設有分行及辦事處，並與14個國家33家外國銀行和金融機構簽訂了《出口信貸框架總協議》，經辦27個外國政府轉貸款項目。目前全行為單一法人制，各分支行之股份集中於總行，實行分級授權、內部評級、集中授信等總分行經營管理機制，並借鑑國外銀行之經驗，建立和創新資產負債管理制度、信貸資金質量監控制度、財務指標分析體系制度等，貫徹全面自律、穩建經營和追求效益的經營原則，同時亦遵照分業經營原則，完成了中國太

平洋保險公司與海通證券之股權轉讓工作。

交通銀行網址：www.bankcomm.com

㈡中信實業銀行

中信實業銀行是隸屬於中國國際信託投資集團旗下的綜合性銀行，前身為中國國際信託投資公司財務部，1985年4月於該基礎上建立了銀行部，並於1987年4月經批准成立銀行，成為改革開放後試點銀行之一；該行設立時資本額僅為8億元，實收資本3億元，其後業績不斷成長，至2000年底該行資本額已達68.09億元，目前共有員工7,733人，分支機構293個。

中信實業銀行實行自主經營、自負盈餘，業務經營以外匯為主，經營項目包括：辦理人民幣、外幣存放款業務；辦理出口信貸；組織或參加銀行團貸款；與各專業銀行及其他金融機構建立同業往來的業務關係；發行或代理發行國內外債券、股票以及買賣有價證券；進行外匯買賣和外幣兌換；辦理國際與國內租賃業務；辦理各項信託、代理、擔保及財務諮詢等業務；辦理投資安全保險以及代理其他險業務；接受國務院、中國人民銀行和中信集團交辦的金融業務等等。

中信實業銀行網址：www.citicib.com.cn

㈢中國光大銀行

中國光大銀行成立於1992年8月，由中國光大集團申請設立，現由中國光大(集團)總公司、中國光大控股有限公司、亞洲開發銀行等近130家中外股東單位集資入股，截至2000年底，資本額為130.26億，在英國《銀行家》全球1,000大銀行之排名為第300位。1997年6月，中國光大銀行將20%的股份注入到在香港上市的中國光大控股有限公司，成為中國惟一有國際金融組織參股並在香港間接上市的股份制商業銀行。目前在北京、上海、廣州等24個省、自治區、直轄市的37個經濟中心城市設有281個分支機構，並在香港和南非設立了代表處，同時與74個國家和地區的885家國外代理行建立了往來關係。

中國光大銀行亦屬於全國性銀行，主要業務有：經營人民幣和外幣之存款、貸款、結算和匯兌；買賣與代理買賣外匯以及外幣兌匯；發行和受託發行國內外債券、股票以及經營有價證券買賣；國內外融資租賃與航空器租賃；國內外投資、擔保、見證、諮詢、徵信調查、保管和保險等業務；此外該行亦積極對機電、能源、航空

等行業提供融資信貸，具有專業銀行之特質。

中國光大銀行網址：www.cebbank.com

㈣華夏銀行

華夏銀行在1992年12月成立，是大陸首都鋼鐵公司所開辦的商業銀行，註冊資本為10億元，實收資本額5億人民幣和5,000萬美元，往來對象原以國營之大、中型企業為主，1996年改制為綜合性商業銀行，經營一般商業銀行業務，目前在北京、上海、南京、廣州、瀋陽、重慶等重要都市設有二十餘處分行，員工約為4千多人，業務範圍包括人民幣、外幣存放款、國內外匯兌、票據貼現、買賣及代理發行股票以外的有價證券等等，性質亦屬於多功能的全國性銀行。

華夏銀行網址：www.hua-xiabank.com

㈤中國民生銀行

中國民生銀行於1996年1月在北京成立，是大陸第一家主要由非國有制企業入股的民營全國性銀行，設立時資本額為13.8億元，其中85%股本來自於非國有企業。2000年底資本額增加到17.3億元，目前設有6家分行、23家支行，員工人數逾千人。民生銀行已於2000年12月在上海證交所掛牌上市。

中國民生銀行是一家按現代企業制度設立，自主經營、自負盈虧、自我約束的獨立法人，組織架構包括董事會、監事會、董監辦、貸款審查委員會和資產負債管理委員會，經營對象以非國有、高科技、中小型企業為主要目標，業務穩定成長之中。

中國民生銀行網址：www.cmbc.com.cn

㈥招商銀行

招商局創立於1872年，原為一航運集團，1985年恢復成為招商集團有限公司，1987年4月8日，招商局出資在深圳成立大陸第一家由企業投資創辦的股份制商業銀行——招商銀行。初期實收資本額為1億元，1989年進行首次股份制改造，吸收中國遠洋運輸總公司等六家新股東入股，實收資本增加到4億元，1998年進行第三次擴股增資，股東單位增加至106家，註冊資本達到42億元人民幣。

招商銀行除辦理一般銀行業務外，還辦理國際結算、本外幣貼現、外匯買賣、有價證券代理發行、買賣及境外金融等業務，內部經營實施資產負債比例管理和審

貸分離制度，1995年推出「一卡通」電子貨幣，集各種本、外幣儲蓄存款和各種儲蓄種類的存摺、存單於一張卡內，發卡量已超過1,000萬張，1998年2月推出「一網通」服務，為大陸首家推出網上銀行業務的銀行，此外從1997年開始亦陸續通過了ISO 9001與ISO 9002之認證，確立服務水平與質量。截至2000年6月底，招商銀行在大陸各地設有29個分支行及紐約、香港代表處，營業機構網點250多個，並與世界769多家銀行建立業務關係，在英國《銀行家》2000年銀行排名中名列世界第222位。

招商銀行網址：www.cmbchina.com

(七)深圳發展銀行

深圳發展銀行原名深圳信用銀行，是由深圳特區內六家農村信用社進行股份改造及向社會公眾公開招股，於1987年12月28日成立的區域性股份制商業銀行。

1988年4月，深圳發展銀行普通股首先在深圳特區證券公司櫃檯交易，1991年在深圳交易所掛牌上市，是大陸首家上市的銀行，2000年底資本額為19.46億元，除廣東省外，在北京、上海、重慶等處設有十餘家支行、140多個營業網點，並和80多個國家、200多家銀行建立了代理關係。

深圳發展銀行網址：www.sdb.com.cn

(八)福建興業銀行

福建興業銀行前身為福建福興財務公司，1988年8月26日改制為股份制商業銀行，2000年底資本額為30億元，總行設在福州市，在北京、上海、江蘇等各省大、中城市設有200多個分支機構，並與數十家海外銀行建立了代理行關係，經營業務包括：人民幣及外幣存貸款、國內外結算、票據貼現、代理發行、兌付、承銷、買賣政府債券、同業拆借、外匯買賣及擔保信用服務等。

福建興業銀行網址：www.viewchina.org/fjxyyh

(九)廣東發展銀行

廣東發展銀行於1988年9月8日開業，註冊資本為人民幣35億元，總部設於廣州市，截至2000年6月底，全行資產達1,340億，在北京、上海等地設有24個分支行，6個辦事處(含香港)，並與境外各大金融中心的500多家銀行建立代理行關係。

廣東發展銀行網址：www.gdb.com.cn

(十)上海浦東發展銀行

上海浦東發展銀行是在1993年1月9日開業的股份制商業銀行，總部設於上海，成立宗旨為開發浦東，把上海儘早建成國際經濟、金融、貿易中心之一服務，促進和支持中國國民經濟發展和社會進步，該行已於1999年11月於上海證交所掛牌上市。

截至2000年底，上海浦東發展銀行的總資產達1,307億人民幣，各項存款餘額達1,061億元，貸款餘額1,307億元，在上海、北京等地設立了15家分支行和200多個分支機構，並與海外50多個國家、500多家銀行有代理關係。

上海浦東發展銀行網址：www.spdb.com.cn

第五節　城市商業銀行

城市商業銀行原名城市合作銀行，是由城市信用合作社發展而來，雖然組建時間不長，但在服務工商與個人及支持地方經濟建設上發揮了重大作用，已成為大陸銀行體系的重要組成部分❶。

1980年代中期，原為城市私營及個體經濟提供金融服務的城市信用合作社迅速發展，逐漸背離了信用合作性質，成為朝向全社會經營的小型商業銀行。為規範此類金融的健全發展，中國人民銀行乃於1995年2月設立城市商業銀行領導小組，開始城市商業銀行的組建工作。當時的組建原則是，凡不符合中國人民銀行新發布的《城市信用合作社管理辦法》規定的城市信用合作社，在進行資產核算及股權評估後，必須向城市商業銀行入股；同年3月，在北京、上海、天津、深圳和石家莊五個城市進行試點，1995年7月，第一家地方性的股份制商業銀行——深圳城市商業銀行正式開業，之後北京、上海城市商業銀行相繼成立，隨後領導小組更在哈爾濱、瀋陽等城市進行試點；同年9月，國務院正式下達《關於組建城市商業銀行的通知》，決定城市銀行的組建工作，1997年中國人民銀行公布了《城市銀行管理規定》，對城市銀行運作與管理，更有了明確的規定。截至2000年底，大陸各城市已成立了100家城市

---

❶ 由於城市合作銀行在發展後已不具「合作」性質，中共國務院於1997年11月26日通過將城市「合作」銀行更名為城市「商業」銀行。

商業銀行。

城市商業銀行是由企業、居民和地方財政投資入股組成,尤以後者為最大股東,依照《公司法》和《商業銀行法》的規定組建和經營,並接受中國人民銀行的監督和管理。銀行最高權力機構為股東大會,設有董監事會,業務範圍與一般商業銀行並無區別,惟對城市中小企業的服務,為其經營特色。

城市商業銀行的成立,不僅促進了城市地方經濟的發展,同時經由城市信用社的整頓清理,也間接穩定了地方金融之秩序,並提供了銀行體系另一競爭機制,惟由於本身規模較小,又承受了原城市信用社的難題,經營管理上仍需進一步發展與改革。

第六節　住房儲蓄銀行

住房改革也是大陸經濟改革的其中一環,城市住宅商品化為住房儲蓄銀行提供了成立背景,煙臺住房儲蓄銀行與蚌埠住房儲蓄銀行乃在1987年12月先後成立。二家銀行註冊資本皆為人民幣2,000萬元,由當地市政府、金融單位和事業機構共同出資,業務上則獨立自主經營、自負盈虧。

兩家住房儲蓄銀行專營住宅金融業務,辦理居民住宅專業儲蓄存款及購屋抵押貸款,實行「存三貸七」,亦即購屋者存足購屋款30%後,就可按房價申請70%之貸款,業務大同小異。煙臺市住宅政策為「提租補貼、差額結算、沉澱納入基金」,蚌埠市房改方式則是「以證代券、差額結算、沉澱統籌、納入住房基金」;除了個人房貸外,住房儲蓄銀行亦向房屋生產和施工機構發放貸款,並與房地產開發公司進行合作,從事舊市區之改造與開發。

第七節　外資銀行

1949年中共政權成立後,金融業務由中國人民銀行接管辦理,外國金融機構被

禁止經營各項金融業務，紛紛被迫暫停業務或退出大陸，少數仍滯留大陸之外商銀行，如匯豐與渣打銀行則降級為代表處或辦事處，1979年改革開放後為引進外資，才又重新允許外資銀行進入中國。

　　1979年開始，中國大陸重新批准外資銀行在北京、上海、廣州、天津、大連、青島等開放城市與經濟特區設立代表機構；1981年7月開始批准外國銀行在經濟特區設立營業性分支機構，1982年香港南洋商業銀行深圳分行獲准營業，成為中共改革開放後的第一家外資金融營業機構；1985年國務院頒布《經濟特區外資銀行、中外合資銀行管理條例》，正式提供了外資金融機構在大陸設立營業機構的法律依據；1990年8月，為因應上海浦東地區之開發，國務院公布《上海外資金融機構管理辦法》，並批准上海成為經濟特區以外第一個引進外資金融營運機構的城市，其後原滯留上海的東亞、匯豐、渣打和(新加坡)華僑銀行也重新獲准營業；1992年6月鄧小平南巡後，國務院又批准了大連、天津、青島、南京、寧波、福州和廣州七個沿海城市引進外資銀行營運機構；1994年4月1日，《外資金融機構管理條例》頒布實施，外資銀行進入了規範化管理階段，此後多家外資銀行被批准進入中國，1996年12月，中國人民銀行批准浦東地區9家外資銀行試點經營人民幣業務；1999年1月，中國人民銀行再宣布放寬外資銀行的區域限制，外資銀行可在大陸所有中心城市設立營業性分支機構；2002年2月1日起，地域限制完全取消，外資銀行將可在大陸任一城市設立營業性機構。截至2000年底，在大陸的外資金融機構已達191家，總資產為410億美元，佔大陸金融機構總資產的1.7%，其中並有近四十家可以辦理人民幣業務。

　　根據2001年12月29日新修訂的《外資金融機構管理條例》與2002年1月公布、2月1日實施的《外資金融機構管理條例實施細則》，外資在大陸設立營業性金融機構的條件為：(1)申請者在中國境內已經設立代表機構2年以上；(2)設立分行者在提出申請前一年末總資產不少於200億美元；設立獨資、合資銀行的外方申請者總資產不少於100億美元；(3)申請者所在國家或者地區有完善的金融監督管理制度；(4)申請人所在國家或地區有關主管當局同意其申請；(5)中國人民銀行規定的其他審慎性條件。此外，外資金融機構在大陸開業3年以上，提出申請前2年連續盈利者，得經營人民幣業務。外資銀行的開放，不僅引進外資的流入，有助中國的經濟發展，外資銀行的經營方式，更為大陸銀行體系注入新的競爭模式，有助中資銀行營運與服務的提

升。表4-1為大陸各類銀行的資產總額與比重表。

表4-1　大陸各類銀行的資產總額與比重表

	資產餘額（億元）	佔總額比重(%)
政策性銀行	16,966.7	8.6
國有獨資商業銀行	114,239.0	58
股份制商業銀行	28,944.6	14.6
城鄉信用社	19,122.7	9.7
非銀行金融機構	9,051.4	4.6
郵政儲匯局	5,317.1	2.7
外資銀行	3,408.7	1.7
總計	197,050.2	100

資料來源：王兆星，〈大陸加入WTO後對外資銀行的開放進程〉，第七屆兩岸金融學術研討會，2001年11月。

第五章　大陸金融制度㈡：其他類型的金融機構

除了第四章介紹的各類型銀行外，中國大陸金融體系同時還存在各種非銀行的金融機構，包括信託投資公司、財務公司、金融租賃公司、農村與城市信用合作社、郵政儲匯機構、證券金融機構、期貨相關機構、保險公司……等，本章將逐一予以介紹。

第一節　信託投資公司

中共建國初期，除陸續接管原國民政府時期的信託機構外，並曾短暫試辦金融信託業務，當時主要是在上海、天津、廣州、北京等城市由銀行信託部和地方政府成立的投資公司為主，惟在1955年前後，因財經政策的統一集中，各城市的信託業務逐漸停辦，信託機構也相繼撤銷，直至1979年改革開放以後才又漸次恢復。

改革開放後，經濟體制鬆綁，原有單一銀行信用融資管道無法滿足社會需要，金融信託業務乃得以恢復發展。1979年10月中國銀行成立信託諮詢部，同年中國國際信託投資公司正式成立，1980年中，國務院與中國人民銀行先後頒布《關於推動經濟聯合的暫行規定》和《關於積極開辦信託業務的通知》，指示中國人民銀行各分行開辦信託業務，自此各省、市、自治區和各專業銀行也都紛紛成立信託投資公司，成為經濟社會另種資金利用管道。

在大陸信託業發展初期，由於經濟環境、法令規範與人員素質等諸多因素尚未完善，市場混亂不健全，並有不少信託投資公司私自向民間吸收資金，從事不當投資與用途，嚴重危害經濟秩序，因此當局先後進行了多次整頓，以確保市場的健康發展。

　　第一次對信託業重大整頓在1982年，當年4月，國務院發布《關於整頓信託投資業務的通知》，重點在清理非銀行金融機構辦理之信託業務，同時各信託投資公司辦理經核准業務的全部資金活動，也都必須納入國家統一信貸計劃，避免違法失控；第二次整頓則是1985年，依據《關於進一步搞好銀行貸款檢查工作的通知》，對銀行辦理信託業務時，資金與銀行本身之資金混淆不清、資金用途隨意膨脹等現象予以清理，並於次(1986)年頒布《金融信託投資機構管理暫行規定》，把信託業納入法制管理；第三次整頓於1988年，藉由違規機構的撤併與業務規範，將信託投資機構由1988年初的745家減少到1990年的339家；第四次整頓在1995年，根據新通過的《中國人民銀行法》，切斷信託投資公司向中國人民銀行取得借款之管道，並依據金融業「分業經營」的原則，開始四家國有商業銀行與所屬信託投資公司的脫鉤工作，並撤銷了150家銀行所屬的信託投資公司，同年10月中國人民銀行接管了經營不善的中銀信託投資公司，再於1996年9月轉給廣東發展銀行承接，其後1997年關閉了中國農村發展信託投資公司，1999年開始，依據中國人民銀行《整頓信託投資公司方案》，開始了另一次的整頓工作，重點是要求信託與證券分業經營，並對信託業經營規模予以嚴格要求，不符規定者則予以合併或撤銷。

　　2001年1月，《信託投資公司管理辦法》通過，對信託投資公司之設立、經營範圍、經營規則、監督管理與自律、原有業務的清理與規範和罰則，做了明確的規範；同年4月，人民大會通過《信託法》，並於10月1日開始施行，內容包括信託的設立、信託財產、信託當事人、信託的變更與終止以及公益信託等事項，大陸的信託發展正式進入了法制化的規範時期。

　　根據《信託投資公司管理辦法》的規定，設立信託投資公司必須經過中國人民銀行的批准，同時要符合下列條件：

1. 有符合《公司法》和中國人民銀行規定的公司章程。
2. 有具備中國人民銀行規定的入股資格的股東。
3. 公司註冊資本額不得低於人民幣3億元。
4. 有具備中國人民銀行規定任職資格的高級管理人員和與其業務相適應的信託從業人員。
5. 具有健全的組織機構、信託業操作規則和風險控制制度。

6.有符合要求的營業場所、安全防護措施和業務有關的其他措施。

7.中國人民銀行規定的其他條件。

　信託投資公司的經營範圍則規定如下：

1.受託經營資金信託業務。

2.受託經營動產、不動產及其他財產的信託業務。

3.受託經營國家有關法規允許從事的投資基金業務，作為基金管理公司發起人從事投資基金業務。

4.經營企業資產的重組、購併及項目融資、公司理財、財務顧問等中介業務。

5.受託經營國務院有關部門批准的國債、企業債券承銷業務。

6.代理財產的管理、運用與處分。

7.代保管業務。

8.信用見證、資信調查及經濟諮詢業務。

9.以自有財產為他人提供擔保。

10.中國人民銀行批准的其他業務。

　截至1999年底，大陸共有238家信託投資公司，從業人員80,000人。

第二節　財務公司

　企業集團財務公司，簡稱財務公司，是指依附於企業集團並服務集團成員單位的金融機構，主要分成三類：第一類財務公司主要是為所屬集團開闢籌資管道，替企業生產發展提供資金，這類機構約佔全部財務公司的80%；第二類財務公司則側重為集團產品銷售；第三類則是以集團內部資金管理與保值增值為目的所設立之財務公司。根據1996年《企業集團財務公司管理暫行辦法》的規定，財務公司可經營業務包括成員單位的存貸款、為成員單位產品購買者提供貸款和融資租賃、為成員單位辦理票據承兌、貼現以及為成員單位提供擔保和承銷其發行之債券，惟各家公司依其附屬之集團企業性質和成立目的，業務重點各有不同。

　財務公司首見於1987年5月的東風汽車財務公司，在初期發展階段，各財務公司

的業務主要是從事企業內部的結算與存貸款,為集團內部各事業單位資金互通有無;隨著企業的集團化發展,公司財務規劃與資金需求逐漸受到重視,1992年《關於國家試點企業集團設立財務公司的通知》下達,對財務公司之設立與管理進行了規範,財務公司也快速發展;1996年中國人民銀行為確定財務公司的管理與發展,更正式訂定了《企業集團財務公司管理暫行辦法》,對財務公司的市場准入、業務監管、退出機制都有明確之規範,財務公司也逐漸進入了正常的發展。

截至1999年底,大陸共有企業集團財務公司69家,資產總規模2,165.2億元人民幣,為促進企業集團的發展,作出了不少的貢獻。

第三節　金融租賃公司

金融租賃公司是以融資租賃為主要業務,經中國人民銀行批准設立的金融機構。大陸的融資租賃開始於1981年4月,由中國國際信託投資公司、北京市機器設備公司和日本東方租賃公司合資設立的中國東方租賃公司;同年8月,由中國國際信託投資公司出資的中國租賃公司也宣告成立,該公司並於1984年正式取得中國人民銀行批准之牌照。

根據2000年6月頒布的《金融租賃公司管理辦法》,金融租賃公司經中國人民銀行批准,可經營下列業務:

1. 直接租賃、回租、轉租賃、委託租賃等融資性租賃業務;

2. 經營性租賃業務;

3. 接受法人或機構委託租賃資金;

4. 接受有關租賃當事人的租賃保證金;

5. 向承租人提供租賃項下的流動資金貸款;

6. 有價證券投資、金融機構股權投資;

7. 經中國人民銀行批准發行金融債券;

8. 向金融機構借款;

9. 外匯借款;

10.同業拆借業務；

11.租賃物品殘值變賣及處理業務；

12.經濟諮詢和擔保；

13.中國人民銀行批准的其他業務。

　　截至1999年底為止，大陸共有金融租賃公司15家，總資產為182億元，在中國金融體系中所佔的比例極小，但未來仍有相當大的發展空間。

第四節　信用合作組織

　　大陸合作金融組織分為農村信用社和城市信用社，農村信用社於中共建國初期即開始設立，經過四十多年的發展，已成為農村金融的支柱；城市信用合作社則是於改革開放後才陸續出現，對個體經濟及中小企業的發展，發揮了重要的作用❶。

一、農村信用社

　　農村信用社是集體所有制的合作金融組織，由社員自願入股，成員包括農村個人、集體經濟單位和職工，依層次分為信用合作社、信用合作社分社、信用站和縣聯社四級，成立的目的是在吸收農村游資，提供農村地區融資服務，協助農村經濟發展以及辦理中國農業銀行委託之轉帳結算和現金管理。

　　農村信用社的發展可以分為五個階段。第一階段從中共建國至1957年為止，是農村信用社普遍設立及發展的時期，尤其是1956年推廣人民公社後，多數地區皆出現一鄉一社的農村信用社；第二階段則是1958年「大躍進」開始到1978年間的二十年，在此期間，農村信用社先後下放給人民公社、生產大隊、貧下中農管理委員會管理，遭受嚴重傷害；第三階段則是改革開放後到1984年農村信用社體制改革前，

---

❶　除了農村信用社及城市信用社外，大陸在1980年代至1990年代初期，還有「農村合作基金會」的存在，乃是由農村集體經濟組織及成員自願將閒置資金集中，以有償使用的方式，支持社區內合作經濟組織和農戶之發展，惟因地位未明，又有諸多行政干擾，遂於1994年後被停止業務。

是農村信用社的恢復時期。1977年國務院頒發《關於整頓和加強銀行工作的幾項規定》，規定「農村信用社是集體金融組織，又是國家銀行在農村的基層機構」，1980年8月中共中央又正式指示「信用社不應下放給公社，亦不應搞成官辦，應在銀行的領導下，獨立核算，自負盈虧」，農村信用社因此乃劃歸中國農業銀行管理，業務逐漸恢復；從1984年農村信用社全面改革到1996年第二次改革的近十年時間，是農村信用社快速發展的第四階段。1984年國務院下發《中國農業銀行關於農村信用社管理體制改革的通知》，在中國農業銀行領導下，要把農村信用社辦成自主經營、自負盈虧的合作金融組織，進行農村信用社的改革，並設立縣聯社；農村信用社發展的第五階段則是從1996年迄今。1996年8月，國務院頒布《關於農村金融體制改革的決定》，進行了農村信用社的第二次改革，其中最重要的是農村信用社必須與中國農業銀行脫離行政隸屬關係，農業開發政策性業務由中國農業銀行接手，農村信用社乃成為真正由農民入股、社員管理及為社員服務的基層合作金融組織，業務現在則由中國人民銀行合作金融機構監管司負責管理。

截至1999年底為止，大陸農村信用社共有縣、市、區聯社4,322個，信用社39,604個，信用分社47,790個，信用代辦站15,495個，職工人數642,273人，各項存款餘額13,358億元，貸款餘額9,226億元，分別佔金融機構總量的12.28%和9.84%，農村信用社對農村經濟金融的發展起了很大的作用 ❷。

二、城市信用社

大陸經濟改革開放後，個體經濟與城鄉集體經濟開始發展，原有的銀行並無法滿足融資需要，於是以服務個體經濟和城鎮集體中小企業為主要對象的城市信用合作社乃應運而生。1979年城市信用社首先在河南出現，1983年後，鄭州、瀋陽、長春、武漢等城市亦陸續開始試點；1986年中國人民銀行頒布《城市信用合作社暫行規定》，正式將城市信用社劃歸中國人民銀行管理；1988年中國人民銀行頒布《城市信用合作社管理規定》，明定城市信用社是集體合作金融組織，由集體企業、私營企業、個體工商戶和城市居民入股，為小生產、小資本經濟提供服務。

1994年8月，國務院發出《關於組建城市合作銀行的通知》，決定要在城市信用

---

❷ 依照規定，農村信用社對社員貸款必須超過全部貸款的50%以上。

社的基礎上組建股份制的城市商業銀行，1995年2月，中國人民銀行成立城市商業銀行領導小組，開始組建工作，其原則是凡不符合中國人民銀行新發布的《城市信用社管理辦法》的城市信用社，在進行資產核算及股權評估後，必須向城市商業銀行入股，並從同年3月起陸續在北京、上海、深圳等5個城市試點，截至1999年底，大陸尚有836家城市信用社，資產總額達950.3億元；另有超過2,000家的城市信用社已納入商業銀行體系❸。

城市信用社雖然發展迅速，但由於其業務集中在中小型企業及個體戶，貸款品質較差，同時有些信用社在發展過程中，偏離了合作之性質，因此自1998年開始，中國人民銀行開始整頓城市信用社，除了全面進行清產、核資及落實責任外，還依情節輕重採取了救助、購併、停業和關閉的措施，希望透過清理規範，確保城市信用社的健全運作，並持續支持對個體經濟和中小型企業的發展。

第五節　郵政儲匯機構

中國大陸的郵政儲匯業務開始於1986年1月北京、上海、廣州等城市的試點，現則由國家郵政局辦理。國家郵政局係於1998年2月由郵電部所組建，本身是行政機構，又是公用企業，在此之前，因為郵電未分營，因此郵政儲匯業務乃是由郵電部之下的郵政總局負責。郵政儲匯因為網點廣並深入農村，對吸收農村儲蓄起了很大作用。

郵政儲匯業務是以個人為服務對象，吸收存款，然後再將存款轉存中國人民銀行，賺取轉存利息，雖然網點多，但面臨各商業銀行的競爭壓力，經營顯得相對粗放落後。截至2000年底，大陸郵政儲匯機構共設有三萬多個儲蓄網點，儲蓄存款餘額達4,579億元，市場佔有率為7.1%。除了存款業務外，國內外匯兌、代理保險、代發養老金以及憑證式國債承銷……等，也是郵政儲匯業務積極辦理之重點，此外郵政綠卡(儲蓄卡)的發行也是重要業務之一。

國家郵政局網址：www.chinapost.gov.cn

---

❸　有關城市商業銀行的介紹，請參閱第四章第五節。

第六節　證券金融機構

有關大陸證券市場之沿革與發展，本書第三章已有初步討論，詳細內容將留至第六章再作說明，本節僅就證券相關機構予以介紹。

一、中國證券監督管理委員會

中國證券監督管理委員會(簡稱中國證監會)是大陸的證券主管機關，於1992年10月與國務院證券委員會(簡稱國務院證券委)一起成立，當時國務院證券委是證券市場管理的主管機構，中國證監會則是國務院證券委的執行機關；1993年11月開始，期貨市場的監理工作亦由二單位負責，1997年8月，上海、深圳兩交易所劃歸中國證監會監管，同年11月，原由中國人民銀行監管的證券經營機構也歸由中國證監會統一監管；1998年9月，國務院證券委與中國證監會合併，中國證監會為國務院直屬事業單位，成為全國證券期貨市場的主管機構。

中國證監會設置主席1人，副主席1人，紀檢書記1人，秘書長1人，副祕書2人，內設辦公廳、發行監管部、市場監管部、機構監管部、上市公司監管部、基金監管部、期貨監管部……等13個職能部門以及信息、培訓和機關服務中心3個直屬事業機構，派出機構有在天津、上海等9個城市的證券監管辦公室，北京、重慶2個直屬監管辦事處，石家莊等25個都市的證券監管指派員辦事處，並直接管理上海、深圳兩家證券交易所以及鄭州、大連、上海3家期貨交易所。

中國證監會的基本職能為：

1. 建立統一的證券期貨監管體系，按規定對證券期貨監管機構實行垂直管理。
2. 加強對證券期貨業的監管，強化對證券、期貨交易所、上市公司、證券期貨經營機構、證券投資基金管理公司、證券期貨投資諮詢機構和從事證券期貨中介業務的其他機構的監管，提高信息披露質量。
3. 加強對證券期貨市場金融風險的防範和化解工作。
4. 負責組織擬訂有關證券市場的法律、法規草案，研究制定有關證券市場的方針、

政策和規章；制定證券市場發展規劃和年度計劃；指導、協調、監督和檢查各地區、各有關部門與證券市場有關的事項；對期貨市場試點工作進行指導、規劃和協調。

5. 統一監管證券業。

　　中國證監會的主要職責則有下列事項：

1. 研究和擬定證券期貨市場的方針政策、發展規劃；起草證券期貨市場的有關法律、法規；制定證券期貨市場的有關規章。

2. 統一管理證券期貨市場，按規定對證券期貨監督機構實行垂直領導。

3. 監督股票、可轉換債券、證券投資基金的發行、交易、託管和清算；批准企業債券的上市；監管上市國債和企業債券的交易活動。

4. 監管境內期貨合約上市、交易和清算；按規定監督境內機構從事境外期貨業務。

5. 監管上市公司及其有信息披露義務股東的證券市場行為。

6. 管理證券期貨交易所；按規定管理證券期貨交易所的高級管理人員；歸口管理證券業協會。

7. 監管證券期貨經營機構、證券投資基金管理公司、證券登記清算公司、期貨清算機構、證券期貨投資諮詢機構；與中國人民銀行共同審批基金託管機構的資格並監管其基金託管業務；制定上述機構高級管理人員任職資格的管理辦法並組織實施；負責證券期貨從業人員的資格管理。

8. 監管境內企業直接或間接到境外發行股票、上市；監管境內機構到境外設立證券機構；監督境外機構到境內設立證券機構、從事證券業務。

9. 監管證券期貨信息傳播活動，負責證券期貨市場的統計與信息資源管理。

10. 會同有關部門審批律師事務所、會計師事務所、資產評估機構及其成員從事證券期貨中介業務的資格並監管其相關的業務活動。

11. 依法對證券期貨違法行為進行調查、處罰。

12. 歸口管理證券期貨行業的對外交往和國際合作事務。

13. 國務院交辦的其他事項。

　　中國證券監督管理委員會網址：www.csrc.gov.cn

二、證券交易所

(一)上海證券交易所

上海證券交易所(簡稱上交所)成立於1990年12月19日,是不以營利為目的之會員制事業法人,歸屬中國證監會直接管理,是中國內地首屈一指的證券交易市場。截至2001年6月底,上交所已有600多家公司上市交易,其中A股有611支,B股54支,此外上交所還有25支債券以及17支基金掛牌交易,市價總值達198,712億人民幣,累積開戶數計3,288萬戶。

上交所採用無形席位為主,有形席位為輔的交易模式,交易大廳設有1,608個交易席位,網路連接交易終端5,700個,投資人可以在證券商處進行委託買賣,由證券商工作人員將委託通過電話轉給交易廳之交易員(俗稱紅馬甲)輸入交易所電腦主機進行交易,或者也可以在券商處電腦終端機自助委託輸入交易指令,再透過空中衛星或地面光纖傳輸網路傳送至交易所主機直接下單,目前電腦交易主機每秒可撮合5,000多筆交易,每天共1,000萬筆交易。

上交所目前交易時間為週一至週五,上午9:30-11:30,下午為13:00-15:00,其中9:15-9:25為集合競價時間,9:30開盤後則為連續競價,交易撮合採「價格優先、時間優先」原則 ❹;根據2001年8月31日新修訂,12月1日實施的「上海、深圳交易所交易規則」,買入A、B股和基金的基本單位(一手)均為100股,債券交易單位為人民幣面額1,000元,債券回購基本交易單位則是100手,賣出單位則無限制;此外A股、基金和債券以人民幣計價, 價格申報之最小變動單位為0.01元人民幣, B股則是以美元計價, 最小變動單位0.001美元, 債券回購是0.005; 股票和基金每日漲跌幅為10%,其中ST(特別處理, special treatment)股票漲跌幅為5%,PT(特別轉讓, particular transfer)股票則只有在每星期五交易, 漲幅為5%, 沒有跌幅限制, 此外連續三天(含)以上達到漲跌幅限制之證券,交易所對其實施停牌(暫停交易)半天,而新股及基

---

❹ 2001年12月1日開始, 收盤價之計算改採該證券最後一筆交易前一分鐘所有交易(含最後一筆交易)的成交量加權平均價。

金上市之首日則無漲跌幅限制❺；上交所並實行「全面指定交易制度」，亦即投資者交易時必須通過事先指定的一家上交所會員進行委託申報，並由該會員進行結算交割；客戶委託成交後，經由中央登記結算有限責任公司交割登記，目前A股實行T+1(成交次日)交割，B股則是採行T+3交割；原先可進行當日沖銷的「回轉交易」，則於2001年12月1日禁止，但債券回轉交易則仍然繼續允許。

上海證券交易所網址：www.sse.com.cn

(二)深圳證券交易所

深圳證券交易所(簡稱深交所)，於1990年12月1日試行交易，並於1991年7月3日正式營業，亦為不以營利為目的之會員制事業法人，是大陸兩大證券交易所之一，其主要職能包括提供證券交易的場所和設施，制定業務規則，接受上市申請、安排證券上市，組織監督證券交易，對會員和上市公司進行監管，設立證券登記清算機構並對其業務活動進行監管，管理和公布市場信息以及中國證監會許可的其他職能。

深交所十年來發展迅速，截至2000年底，深交所共有514家公司上市，其中A股499支、B股58支，另有基金18支、國債現貨7支、國債回購9支和公司債券與可轉換公司債5支，股票總市值21,160億元；深交所共有326家會員，其中證券公司95家，證券兼營機構231家，另有參與B股市場的境外特許證券業經營機構30餘家，目前開戶投資戶2,843萬戶，包括個人投資者2,828萬戶，機構投資者15萬戶以及來自全球108個國家和地區的B股個人投資者12萬戶，B股機構投資者8,000戶。

深交所採無形化交易，不設交易大廳，交易結算系統由四大部分組成：一是會員營業部的櫃檯系統；二是連接櫃檯系統與中央撮合主機的通訊網路，由衛星網路和各通訊系統所組成；三是中央撮合主機，可日處理2,000萬筆交易；四是中央登記結算系統，由實時開戶網路系統、股票無紙化託管結算系統、證券資金電子化結算系統和業務憑證電子化管理系統所組成，2000年6月30日更啟用了第二交易結算系

---

❺ ST股是指上市公司經審計連續兩個會計年度之淨利潤均為負值或公司最近一個會計年度經審計的每股淨資產低於股票面值，交易所對這些股票進行「特別處理」(special treat-ment，簡寫為ST)；PT股則是當上市公司連續虧損三年，股票將暫停上市，為提供投資人轉讓交易，滬、深交易所乃從1999年7月起給予「特別轉讓」(particular transfer，簡寫為PT)交易服務，但從2002年1月開始，PT股已停止交易。

統，實現雙機運行、互為備份的安全交易系統。

　　深交所交易規則與上交所類似，惟深交所B股是以港幣計價，每手為100股；另外深交所對投資人交易，實施有別於上交所的「證券轉託管制度」，亦即投資人可以用同一證券帳戶在多個證券營業部買入證券，但賣出該證券時，必須在原買入證券商營業部賣出，如果投資人想要在其他證券營業部賣出其買入之證券，就必須辦理轉託管手續。

　　深圳證券交易所網址：www.sse.org.cn或www.cninfo.com.cn

三、證券經營機構

　　依據1998年12月29日通過、1999年7月1日實行的《證券法》，大陸的證券公司分為經紀類證券公司與綜合類證券公司二類，由中國證監會審批。經紀商只能從事證券經紀業務，包括代理登記開戶、買賣、還本付息、分紅派息和代保管等，綜合商則可承作經紀、自營、承銷、證券投資諮詢、資產管理、發起設立證券投資基金和基金管理公司，以及經中國證監會批准的其他業務。

　　依據規定，經紀類證券公司需滿足下列條件，才可以申設：

1. 註冊資本最低限額為人民幣5,000萬元。
2. 證券從業人員應取得證券業從業人員資格證書。
3. 高級管理人員應當符合中國證監會規定的任職條件。
4. 有健全的管理制度和內部控制制度。
5. 有符合要求的營業場所、合格的交易系統和業務資料報送系統。
6. 符合中國證監會規定的其他條件。

　　綜合類證券公司的設立條件如下：

1. 應具備經紀類證券公司的基本條件。
2. 註冊資本不少於人民幣5億元。
3. 近三年新股發行主承銷次數不少於五家。
4. 近二年平均股票代理額占市場交易總額的1%以上。
5. 近三年連續盈利。
6. 有規範的自營業務與經紀業務分開管理的體系。

7.具備以下專業人員：

　⑴五名以上具有證券自營業務從業資格的專業人員。

　⑵五名以上具有證券投資諮詢業務從業資格的專業人員。

　⑶十名以上具有證券承銷業務從業資格的專業人員。

　⑷相應的會計、法律、計算機專業人員。

8.近一年內無重大違規紀錄。

　此外，中國證監會對證券營業部的設立亦有下列之規定：

1.所在省、自治區、直轄市和計劃單列市轄區內每家證券營業部上一年度日均交易額500萬元(內蒙古等9個邊遠地區可適當降低要求)。

2.地級市所在地沒有證券營業部的，可新設一家證券營業部。

3.上海、深圳原則上不再新設證券營業部。

4.省級(含)以上證券公司上一年度每家證券營業部日均交易額超過500萬元。

5.存在挪用保證金超過註冊資本10%以上等十項情況之一的證券公司，不得新設證券營業部。

　證券(期貨)諮詢機構則依《證券、期貨投資諮詢管理暫行辦法》規定，需具備以下之條件：

1.分別從事證券或者期貨投資諮詢業務的機關，有五名以上取得證券、期貨投資諮詢從業資格的專職人員；同時從事證券和期貨投資諮詢業務的機構，有十名以上取得證券、期貨投資諮詢從業資格的專職人員；其高級管理人員中，至少有一名取得證券或者期貨投資諮詢業務資格。

2.有100萬人民幣以上的註冊資本。

3.有固定的業務場所和與業務相適應的通訊及其他信息傳遞設施。

4.有公司章程。

5.有健全的內部管理制度。

6.具備中國證監會要求的其他條件。

　為因應加入WTO，中國證監會於2001年12月28日公布《證券公司管理辦法》，並從2002年3月1日起施行，對證券公司另有下列規定。

　經紀類證券公司除應具備前述證券法規定之條件外，還應符合以下要求：

1. 具備證券從業資格的從業人員不少於15人，並有相應的會計、法律、計算機專業人員。

2. 有符合中國證監會規定的計算機信息系統、業務資料報送系統。

3. 中國證監會規定的其他條件。

此外新興的網上證券經紀公司，除需滿足一般經紀公司之條件外，尚應當符合以下要求：

1. 證券公司或經營規模、信譽良好的信息技術公司出資不得低於擬設立的網上證券經紀公司註冊資本的20%。

2. 有符合中國證監會要求的網路交易硬件設備和軟件系統。

3. 有10名以上計算機專業技術人員並能確保硬件設備和軟件系統安全、穩定運行。

4. 高級管理人員中至少有1名計算機專業技術人員。

綜合類證券公司應具備證券法規定之條件外，還應符合以下要求：

1. 有規範的業務分開管理制度，確保各類業務在人員、機構、信息和帳戶等方面有效隔離。

2. 具備相應證券從業資格的從業人員不少於50人，並有相應的會計、法律、計算機專業人員。

3. 有符合中國證監會規定的計算機信息系統、業務資料報送系統。

4. 中國證監會規定的其他條件。

證券公司除了設立時需滿足上述條件外，同時也必須遵守下列財務風險監管指標：

1. 綜合類證券公司的淨資本不得低於人民幣2億元,經紀類證券公司的淨資本不得低於人民幣2,000萬元。

2. 證券公司淨資本不得低於對外負債的8%。

3. 證券公司流動資產餘額不得低於流動負債餘額。

4. 綜合類證券公司的對外負債不得超過其淨資產額的9倍。

5. 經紀類證券公司的對外負債不得超過其淨資產額的3倍。

最後，如果綜合類證券公司要設立受託投資管理業務的子公司，或設立從事證券承銷、上市推薦、財務顧問等業務的投資銀行類子公司，則必須具備下列條件：

1. 註冊資本不少於人民幣5億元。

2. 具備相應類別或投資銀行類證券從業資格的從業人員不少於10人。

3. 符合綜合類證券公司的相關條件。

截至2000年6月底為止，中國大陸共有90家證券公司、203家兼營證券業務的信託投資公司、2,412個證券營業部和95家證券投資諮詢機構。以下謹附上數家大型證券公司之網址以供參考：

國泰君安：www.gtja.com.cn

申銀萬國：www.sw2000.com.cn

華夏證券：www.csc108.com

中國南方：www.cssc-china.com

廣發證券：www.gf.com.cn

海通證券：www.hai-tong.com

銀河證券：www.chinastock.com.cn

廣東證券：www.gds.com.cn

光大證券：www.ebsdg.com.cn

國通證券：www.newone.com.cn

四、中國證券業協會

中國證券業協會成立於1991年8月28日，是大陸證券商同業所組成的自律性社團組織，其宗旨為：加強證券機構自律管理，維護會員合法權益，發揮政府與證券機構之間的橋樑紐帶，促進證券業的開拓發展，維護證券市場的公開、公平、公正和有序運行，建立和完善具有中國特色的證券市場體系。協會訂有會員公約與證券從業人員行為守則，目前共有157家會員，其中證券公司89家，信託投資公司68家。

中國證券業協會之職能如下：

1. 依據自律規則監督、檢查會員的經營行為，對違反自律規則及協會章程者進行處分；

2. 維護會員的合法權益；

3. 調解會員之間、會員與非會員之間有關證券發行、交易及其相關活動的糾紛；

4. 根據中國證監會的授權，組織證券從業人員資格考試；

5. 蒐集、整理國內外證券行業的信息、資料、編輯出版有關刊物；

6. 為會員和有關單位提供證券法律、法規、規章等方面的諮詢服務；

7. 組織證券市場理論與實務問題的研究；

8. 總結交流會員管理經驗，指導會員的業務活動，促進會員間的業務交流；

9. 開展證券業的國際交流與合作；

10. 主管部門規定的其他職責。

中國證券業協會網址：www.s-a-c.org.cn

第七節　期貨相關機構

大陸期貨交易開始於1990年10月河南鄭州糧食批發市場的小麥遠期現貨試點交易，在1992年至1995年期間發展迅速，但1995年3月國債期貨事件後被大幅整頓，目前僅剩鄭州、大連及上海三個交易所，交易商品也只有綠豆、大豆、小麥、銅、鋁、橡膠等少數幾種，本節僅介紹期貨相關機構，有關大陸期貨市場交易，我們將在第六章中再詳細說明。

一、期貨交易所

(一)鄭州商品交易所

鄭州商品交易所是大陸第一家期貨試點市場，由小麥遠期現貨交易開始，並於1993年5月28日正式開業，推出標準化的合約商品，1998年8月被國務院確定為中國三家期貨交易所之一，隸屬於國務院中國證券監督管理委員會，是不以營利為目的，實行會員制的自律管理法人，目前共有會員200多家，分布於大陸27個省、市、自治區。

鄭州商品交易所在會員大會架構下設有理事會，理事會下設監察委員會、交易委員會、交割委員會、財務委員會、調解委員會及會員資格審查委員會；另外總經理以下則設有綜合部、交易部、交割部、結算部、稽查部、市場開發部、計算機工

程部和研究發展部。

　　鄭州商品交易所目前上市交易的商品為小麥及綠豆，採實物交割，小麥期貨每日漲跌幅為3%，交易保證金約佔合約值之5%；綠豆期貨每日漲跌為前一交易日結算價上下120元，保證金約為合約值的10%，2000年總成交量1,140萬張，成交金額1,602億元。

　　鄭州商品交易所網址：www.czce.com.cn

(二)大連商品交易所

　　大連商品交易所(簡稱大商所)是經國務院批准設立，直接隸屬中國證監會管理的三家期貨交易所之一，是大陸目前最大的期貨交易所，亦是全球第二大大豆交易所，2000年成交期貨合約3,496萬張，成交金額7,817億元人民幣，分別佔全國期貨市場總成交量和總成交額的64%和49%，目前交易的商品有大豆、豆粕和啤酒大麥，其中大豆是交易最活絡的品種。大商所現有會員162家，客戶總數2萬500個，糧食企業客戶佔客戶總數的53%。組織結構則與鄭州商品交易所類似。

　　大連商品交易所網址：www.dce.com.cn

(三)上海期貨交易所

　　上海期貨交易所是於1999年8月經國務院批准，合併原上海金屬交易所、上海商品交易所、上海糧油商品交易所三家交易所組建而成，為實施會員制的非營利機構，組織架構與鄭州、大連商品交易所類似，目前共有會員235家，其中經紀會員168家，自營會員67家，現階段交易的商品則有銅、鋁及天然橡膠三種，2000年成交量有825萬張，成交金額為6,663.9億元。

　　上海期貨交易所網址：www.shfe.com.cn

二、期貨公司與期貨業協會

　　目前大陸有將近200家期貨公司，根據中國期貨業協會之統計，2001年上半年期貨經紀公司代理額前十名分別為：(1)黑龍江北業期貨；(2)上海金鵬期貨；(3)中糧期貨；(4)建證期貨；(5)金鵬期貨；(6)魯能金穗期貨；(7)永安期貨；(8)渤海期貨；(9)中大期貨；(10)經易期貨。此外大陸期貨業亦另成立有同業自律組織──中國期貨業協會。

中國期貨業協會網址：www.cfachina.org

第八節　保險公司

改革開放後，大陸恢復保險業務，保險公司逐次設立，1995年《保險法》通過，商業保險之人身險與財產險分業經營，1998年11月中國保險監督管理委員會成立，接手了中國人民銀行對保險業的監理業務。

一、中國保險監督管理委員會

中國保險監督管理委員會(簡稱中國保監會)於1998年11月18日成立，為國務院直屬事業單位，依國務院授權，監督管理全中國保險市場。

中國保監會設有辦公室、政策法規部、財務會計部、財產保險監管部、人身保險監管部、保險中介監管部、國際部、人事教育部、機關黨委、紀委辦公室(監察室)十個部門，並在北京、上海、廣州、重慶、瀋陽、成都、濟南、哈爾濱、長春、貴陽、南京、福州、合肥十三地設有「保監辦」(派出辦公室或辦事處)。

中國保監會的主要職責如下：

1. 研究和擬定保險業的方針政策、發展戰略和行業規劃；起草保險業的法律、法規；制定保險業的規章。

2. 依法對全國保險市場實行集中統一的監督管理，對中國保險監督管理委員會的派出機構實行垂直領導。

3. 審批保險公司及其分支機構、中外合資保險公司、境外保險機構代表處的設立；審批保險代理人、保險經紀人、保險公估行等保險中介機構的設立；審批境內保險機構在境外設立機構；審批境內非保險機構在境外設立保險機構；審批保險機構的合約、分立、變更、接管、解散和指定接受；參與、組織保險公司、保險中介機構的破產、清算。

4. 審查、認定各類保險機構高級管理人員的任職資格；制定保險從業人員的基本資格標準。

5. 制定主要保險險種的基本條款和費率，對保險公司上報的其他保險條款和費率審核備案。

6. 按照國家統一規定的財務、會計制度，擬定商業保險公司的財務會計實施管理辦法並組織實施和監督；依法監管保險公司的償付能力和經營狀況；負責保險保障基金和保證金的管理。

7. 會同有關部門研究起草制定保險資金運用政策，制定有關規章制度，依法對保險公司的資金運用進行監管。

8. 依法對保險機構及其從業人員的違法、違規行為以及非保險機構經營保險業務或變相經營保險業務進行調查、處罰。

9. 依法監管再保險業務。

10. 依法對境內保險及非保險機構在境外設立的保險機構進行監管。

11. 建立保險風險評價、預警和監控體系，跟縱分析、監測、預測保險市場運行態勢，負責保險統計，發布保險信息。

12. 會同有關部門審核律師事務所、會計師事務所、審計師事務所及其他評估、鑑定、諮詢機構從事與保險相關業務的資格，並監管其有關業務活動。

13. 集中統一管理保險行業的對外交往和國際合作事務。

14. 受理有關保險業的信訪和投訴。

15. 歸口管理保險行業協會和保險學會等行業社團組織。

16. 承辦國務院交辦的其他事項。

中國保險監督管理委員會網址：www.circ.gov.cn

二、保險公司與同業公會

根據《保險法》規定，大陸商業保險的人身險與財產險必須分業經營，人身險的市場較財產險為大，其中原以中國人民保險(集團)公司規模最大，1996年後，該公司改組分設中國人壽保險公司、中國人民保險公司和中國再保險公司三家公司❻，截至2001年9月，大陸境內共有24家中外保險公司，其中包括14家本國保險公司，10

❻ 中國人壽保險公司、中國人民保險公司和中國再保險公司是於1999年3月分別由中保人壽保險公司、中保財產保險公司和中保再保險公司改名而來。

家外(港)資及合資保險公司,並有12家保險中介機構,臺灣亦有國壽、新壽、富邦產險、明台產險等數家保險公司獲准在大陸設立辦事處,此外北京、深圳亦分別設有保險業同業協(公)會。

有關大陸保險公司之相關資訊,讀者可上網至「圈內人」網站查閱,其網址:go1.163.com/xrbox;北京市保險行業協會網址:www.bia.org.cn,深圳市保險同業公會網址:www.szia.org.cn。

第六章　大陸金融市場㈠：股票、投資基金和期貨市場

　　大陸的金融市場起步較晚，在改革開放以後才逐漸出現，本章將先就股票、投資基金和期貨市場予以說明，後面各章中再陸續介紹其他的金融市場。

第一節　股票市場

　　大陸股票市場在中共建國初期曾經短暫存在過，1980年代開始試點，1990年代初上海、深圳兩交易所陸續成立，市場交易發展迅速。

一、大陸股票市場的建立與發展

　　大陸股票市場在中共建國初期曾經短暫的存在過，但從1952年7月開始，天津、北京等證券交易所先後停止營業，股票交易也告終止；經濟改革開放後，為了讓企業能夠向社會募集資金，股票交易才逐漸發展起來。1983年深圳市寶安縣聯合投資公司首次對外公開發行股票；1984年8月，中國人民銀行上海分行頒布《關於發行股票的暫行管理辦法》，正式開始股份制公司的試點工作。同年7月，北京天橋百貨公司註冊成立並向社會大眾募資300萬元，成為中國第一家註冊的股份制公司，11月上海飛樂音響公司成立，也於次年1月公開發行股票50萬元。自此以後，股份制公司在各主要城市迅速發展，但截至1986年以前，大陸的股票市場事實上只有發行市場，並無次級市場可供自由買賣和流通，一直到1986年9月，上海工商銀行信託投資公司靜安證券業務部開辦了櫃檯買賣業務，股票的二級(店頭)市場交易才告開始。同年9月，上海飛樂音響和延中實業公司透過靜安證券部上市，開啟了新中國股票交易的歷史；至於交易所的集中買賣，則是在1990年12月上海證券交易所和1991年7月深圳

證券交易所成立後才正式開始，中國的證券市場也開始了交易的新紀元。

在股票交易蓬勃發展的同時，各項政策法規也陸續出爐，1993年5月國務院頒布《股票發行與交易管理暫行條例》，其後各項法規包括《公司法》、《證券交易所管理辦法》等也先後制定。1998年12月人大通過了《證券法》，並從1999年7月1日開始實施，中國大陸的證券交易從此有了明確的法律依據。《證券法》規定，銀行、保險與證券必須分業經營，分業管理；國務院證券監督管理機構——中國證券監督管理委員會是證券市場的監管機構，證券業協會——中國證券業協會則是自律性組織。截至2001年6月底為止，中國大陸共有1,140家A、B股公司上市，市價總值53,630.58億元，股票市場開戶數達6,470萬戶。

二、大陸股票市場股本結構

大陸公司股票分為國有股、法人股(或企業股)、個人股(或社會公眾股)和外資股四類。國家股是由有權代表國家投資的政府部門或機構，以國有資產投入公司所形成的股份；法人股是指企業法人以其依法可支配的資產投入公司所形成的股份，或具有法人資格的事業單位和社會團體以國家允許用於經營的資產向公司投資形成的股份；個人股是指社會個人或公司內部職工以個人合法資產投入公司形成的股份(含轉配股)；外資股則是指境外(含港、澳、臺)投資者以購買人民幣特種股票形式向公司投資所形成的股份，包括在大陸境內上市供外國人及本國自然人投資的B股、在香港上市的H股、紐約上市的N股、新加坡上市的S股和日本上市的T股等❶。依照規定，國家股、法人股和內部職工股(含轉配股)不能上市流通，只能協議轉讓，個人股和外資股則可在市場流通交易❷，目前在上海與深圳交易所交易之流通股約只佔公司股份總數的37%左右。表6-1即為大陸股票市場股本結構統計表。

---

❶ B股市場原只限於外國投資人才可以交易，但中國證監會於2001年2月19日開放大陸境內自然人也可從事B股買賣；中國第一支B股——上海真空B股則是在1992年2月21日於上海證券交易所掛牌。

❷ 大陸進行股份試點初期，向內部員工募集之股份稱為內部職工股，1993年國務院宣布禁止內部職工股的審批與發行，原內部職工股則在公司股票上市3年後可上市流通。

表6-1　大陸股市股本結構統計表

2001年7月，單位：萬股

股份總數及比例	尚未流通股份						已流通股份					
	合計	發起人股份	募集法人股份	內部職工股	下櫃公司未流通股	其他(轉配股)	合計	境內上市人民幣普通股	境內上市外資股	境外上市外資股	下櫃公司已流通股	其他
4,163.43	2,618.79	2,349.43	237.92	22.19	0.12	8.82	1,544.64	1,244.83	158.15	141.66	0	0
比例(%)	62.90	56.43	5.71	0.53	0	0.21	37.10	29.90	3.79	3.40	0	0

資料來源：中國證券監督管理委員會。

表6-2則是上海證券交易所的上市公司股本結構統計表。

表6-2　上海證券交易所上市公司股本結構統計表

2001年8月

股份名稱	發行總股本(萬元)	比例(%)	市值總值(萬元)	比例(%)
1.發起人股份	20,846,430.91	62.441	186,341,595.44	62.720
國家擁有股份	17,568,234.43	52.622	145,503,271.57	48.975
境內法人持有股份	2,995,150.85	8.971	36,799,561.46	12.386
外資法人持有股份	283,045.63	0.848	4,038,762.41	1.359
其他	0	0.000	0	0.000
2.募集法人股	1,416,618.98	4.243	17,781,245.3	5.985
3.內部職工股	170,290.97	0.510	2,312,778.33	0.778
4.優先股或其他	3,168	0.009	55,281.6	0.019
5.基金配售	153,306.61	0.459	925,520.99	0.312
尚未流通股份合計	22,589,815.47	67.663	207,416,421.66	69.814
1.境內上市的人民幣普通股	7,121,906.14	21.332	83,854,476.9	28.224
2.境內上市外資股	869,749.89	2.605	5,828,835.23	1.962
3.境外上市外資股	2,804,351.6	8.400	0	0.000
4.其他	0	0.000	0	0.000
已流通股份合計	10,796,007.63	32.337	89,683,312.13	30.186
股份總數	33,385,823.1	100.00	297,099,733.79	100.000

資料來源：上海證券交易所。

除了上海、深圳的「主板市場」外，大陸當局現也正草擬「創業板市場」(或二

板市場)，提供中小型公司及新興產業籌集資金之管道。

三、公司上市條件、初次發行、暫停上市與終止上市

(一)公司上市條件

依據《公司法》、《證券法》及《股票發行與交易管理暫行條例》之相關規定，股份有限公司申請股票上市必須符合下列條件：

1. 股票經國務院證券管理部門批准已向社會公開發行。

2. 公司股本總額不少於人民幣5,000萬元。

3. 公司成立時間須在3年以上，最近3年連續盈利。原國有企業依法改組而設立的，或者在《公司法》實施後新組建成立的公司改組設立為股份有限公司的，其主要發起人為國有大中型企業的，成立時間可連續計算。

4. 持有股票面值達人民幣1,000元以上的股東人數不少於1,000人，向社會公開發行的股份不少於公司股份總數的25%，如果公司股本總額超過人民幣4億元的，其向社會公開發行股份的比例不少於15%。

5. 公司在最近3年內無重大違法行為，財務會計報告無虛假記載。

6. 國家法律、法規規章及交易所規定的其他條件。

此外，根據規定，上市公司每年必須對外公布中期報告與年度報告，以揭露公司營運信息，中期報告必須在會計年度中期結束後60日編製完成，年度報告則需在會計年度結束後120天內編製完成。

根據國務院1995年12月發布的《國務院關於股份有限公司境內上市外資股的規定》，公司發行B股，則應符合下列條件：

1. 所籌資金用途符合國家產業政策。

2. 符合國家有關固定資產投資項目的規定。

3. 符合國家有關利用外資的規定。

4. 發起人認購的股市總額不少於公司擬發行股本總額的35%。

5. 發起人出資總額不少於1.5億元人民幣。

6. 擬向社會發行的股份達公司股份總額的25%以上；發行的股份總額超過4億元人民幣的，其擬向社會發行股份的比例達15%以上。

7. 改組設立公司的原有企業或者作為公司主要發起人的國有企業，在最近3年內沒有重大違法行為。

8. 改組設立公司的原有企業或者作為公司主要發起人的國有企業，最近3年內連續盈利。

9. 國務院證券監督管理機構規定的其他條件。

另根據2001年5月對外經貿部發布的《關於外商投資股份公司有關問題的通知》，外資公司上市的條件為：

1. 現有外商投資公司申請上市發行A股或B股，應獲得對外經貿部書面同意，並符合下列條件：

(1)申請上市與上市後的外商投資股份公司應符合外商投資產業政策。

(2)申請上市與上市後的外商投資股份公司應為按規定和程序設立或改制的企業。

(3)上市後的外商投資股份公司的非上市外資股比例應不低於總股本25%。

(4)符合上市公司有關法規要求的其他條件。

2. 上市前屬於中外合資企業的B股公司，申請其非上市外資股上市流通，應按《關於境內上市外資股(B股)公司非上市外資股上市流通問題的通知》要求，在獲得外經貿部書面同意意見後，向中國證監會報送非上市外資股上市流通的申請方案，並應符合下列條件：

(1)轉發B股後，外商投資股份公司的非上市外資股佔總股本的比例不得低於25%。

(2)擬上市流通的非上市外資股存續超過一年。

(3)非上市外資股轉為流通股後，其承接人能履行公司章程規定的原非上市外資股持有人的義務、責任。

(4)符合上市公司有關法規的其他條件。

2001年11月，對外經貿部又新發出《關於上市公司涉及外商投資有關問題的若干意見》，對外商投資股份有限公司上市發行股票和外商投資企業進入股票市場的行為提出下列規範意見：

1. 外商投資股份有限公司在境內發行股票(A股與B股)必須符合外商投資產業政

策及上市發行股票的要求。

2.首次公開發行股票並上市的外商投資股份有限公司,除符合《公司法》等法律、法規及中國證監會的有關規定外,還應符合下列條件:

⑴申請上市前三年均已通過外商投資企業聯合年檢。

⑵經營範圍符合《指導外商投資方向暫行規定》與《外商投資產業指導目錄》的要求。

⑶上市發行後,其外資股佔總股本的比例不低於10%。

⑷按規定需由中方控股(包括相對控股)或對中方持股比例有特殊規定的外商投資股份有限公司,上市後應按有關規定的要求繼續保持中方控股地位或持股比例。

⑸符合發行上市股票有關法規要求的其他條件。

此外,如果外商投資股份有限公司境內上市發行股票後外資比例低於總股本的25%,應繳回外商投資企業批准證書,並按規定辦理有關變更手續。

同時依該意見,如果含有B股的外商投資股份有限公司,申請其非上市外資股在B股市場上流通,應在獲得外經貿部同意後,向中國證監會報送非上市外資股流通的申請方案,並符合下列條件:

1.擬上市流通的非上市外資股的持有人持有該非上市外資股的期限超過一年。

2.非上市外資股轉為流通股後,其原持有人繼續持有的期限須超過一年。

3.非上市外資股原持有人依照公司章程、股東協議及其他法律文件對公司的特殊承諾和法律、法規有關要求承擔特殊義務和責任的,按其承諾或義務執行。

4.符合發行上市股票有關法規要求的其他條件。

最後,有關創業板上市公司的規劃,依據2000年10月19日深圳證交所公布的《徵求意見稿》,創業板上市的條件如下:

1.應當為合法存續的有限公司。

2.股本總額達到人民幣2,000萬元。

3.企業有形資產達人民幣800萬元。

4.資本負債率不得高於70%。

5.最近兩個會計年度主要營業收入淨額合計達人民幣500萬元,最近一個會計年度

主營業務收入淨額達到人民幣300萬元。

6.在同一管理層下，持續經營二年以上。

7.首次公開發行新股後，持有股票面值達人民幣1,000元以上股東應達到200人，公開發行的股份達到公司股份總數的25%以上。

8.最近兩年無重大違法違規行為、財務會計文件無虛假記載。

9.上市公司董事會必須設立兩名以上的獨立董事。

　　未來創業板交易時間暫訂為週一至週五上午9:30-11:30，下午13:00-15:00，漲跌幅為20%。

(二)初次發行

上市公司股票初次發行，主要有下列數種方式：

1.上網定價發行：

上網定價發行是指主承銷商利用證券交易所的電腦交易系統，由主承銷商作為股票的惟一賣方，投資者在指定的時間內，按現行委託買賣股票的方式以發行價格進行股票申購，是目前大陸股票公開發行的主要方式。

2.全額預繳：

全額預繳方式是指投資者在規定申購時間內，將全額申購款存入主承銷商在收款銀行設立的專戶中，申購結束後凍結銀行專戶，再對到帳資金進行驗資和確定有效申購後，根據股票發行量和申購總量計算配售比例，進行股票配售，餘款返還投資者的發行方式。

3.與儲蓄存款掛鉤：

此種發行方式是指在規定期限內無限量出售專項定期定額存單，根據存單發售數量、批准發行股票數量及每張中籤存單可以認購股份數量的多少確定中籤率，通過公開搖號抽籤方式決定中籤者，中籤者按規定要求辦理繳款手續的發行方式。

4.認購證抽籤發行：

認購證抽籤發行乃指承銷人在招募期間向社會公眾投資者無限量公開發售股票認購證申請表，承銷人再於規定日期內對所有股票認購申請表進行公開抽籤，確定中籤號後並按規定程序公告，投資者持中籤之認購申請表在指定地點認股

繳款的發行方式。

(三)暫停上市與終止上市

根據中國證監會2001年2月公布的 《虧損上市公司暫停上市和終止上市實施辦法》,對上市公司暫停上市和終止上市的有關規定如下:

1. 上市公司最近二年連續虧損後, 董事會預計第三年度將連續虧損的, 應當及時作出風險提示公告, 並在披露年度報告前至少發布三次風險提示公告, 提醒投資者注意投資風險。

2. 上市公司出現連續三年虧損的情況, 自其公布第三年年度報告之日起(如公司未公布年度報告, 則自《證券法》規定的年度報告披露最近到期之日起), 證券交易所應對其股票實施停牌, 並在停牌後五個工作日內就該公司股票是否暫停上市作出決定, 並報中國證監會備案。

3. 公司暫停上市後,可以在45天內向證券交易所申請寬限以延長暫停上市的期限, 寬限期自暫停上市之日起為12個月。

4. 暫停上市的公司在寬限期內第一個會計年度繼續虧損的, 或者其財務報告被註冊會計師出具否定意見或拒絕表示意見審計報告的, 由中國證監會作出其股票終止上市的決定。

5. 公司有以下情形之一的, 中國證監會決定其股票終止上市:

   (1)公司決定不提出寬限期申請的;

   (2)自暫停上市之日起45日內未提出寬限期申請的或申請寬限期未獲證券交易所批准的;

   (3)前述(第4項)公司至寬限期截止日未公布年度報告的;

   (4)申請恢復上市未獲中國證監會核准的。

此外, 對被處以暫停上市的公司:

1. 證券交易所可以為投資者提供股票特別轉讓(Particular Transfer, 簡稱PT)服務。

2. 暫停上市公司在寬限期內第一個會計年度盈利的, 可以在年度報告公布後, 向中國證監會提出恢復上市的申請,中國證監會在受理申請後3個月內必須作出是否予以核准的決定。

2001年11月30日中國證監會又發布了《虧損上市公司暫停上市和終止上市實施

辦法(修訂)》的通知，對上市公司暫停上市和終止上市的規定重新修正，並從2002年1月實施：

1. 取消原先暫停上市寬限期之申請，公司連續虧損三年即暫停上市。
2. 暫停上市後第一個半年度仍未扭轉虧損，交易所將直接做出終止上市的決定；相反的，如果公司實現盈利，則可以按照規定程序申請恢復上市。
3. 取消PT(特別轉讓)制度，公司暫停上市後，股票即停止交易，交易所不提供轉讓服務。

四、交易規則與市場現況

㈠交易規則

根據2001年8月31日中國證監會批准、12月1日實施的《上海、深圳證券交易所交易規則》，大陸股市的主要交易規則如下表：

表6-3　大陸股市交易規則

	上海證券交易所	深圳證券交易所
交易時間	星期一至星期五 上午9:30-11:30 下午13:00-15:00	星期一至星期五 上午9:30-11:30 下午13:00-15:00
交易託管方式	全面指定交易(從事B股交易的境外投資者例外)	證券轉託管交易 ❸
委託方式	櫃檯委託、自助委託(電話、自助終端、互聯網) ❹	櫃檯委託、自助委託(電話、自助終端、互聯網)
交易委託	市價、限價	市價、限價
撮合方式	9:15-9:25　集合競價 其餘時間　連續競價（價格優先、時間優先）	9:15-9:25　集合競價 其餘時間　連續競價（價格優先、時間優先）
每日漲跌幅限制	10%，ST股5%，PT股漲停5%，無跌停限制 但股票、基金上市首日無漲跌幅限制 另外連續漲(跌)停三天，停牌半天	10%，ST股5%，PT股漲停5%，無跌停限制 但股票、基金上市首日無漲跌幅限制 另外連續漲(跌)停三天，停牌半天

---

❸　請參閱第五章第七節。

❹　交易所會員提供客戶自助委託者，應與客戶簽訂自助委託協議。

信用交易	禁止 ❺	禁止
交易單位	A、B股均為100股(手)	A、B股均為100股(手)
交易幣別	A股：人民幣；B股：美元	A股：人民幣；B股：港幣
最小變動單位	A股：0.01元人民幣 B股：0.001美元	A股：0.01元人民幣 B股：0.01港幣
交割方式及時間	餘額交割 A股：T+1日；B股：T+3日	餘額交割 A股：T+1日；B股：T+3日
交易費用(B股)	印花稅　　　　0.2% 經手費　　　　0.0255% 結算費　　　　0.05% 證券管理費　　0.0045% 佣金　　　　　0.43%	印花稅　　　　0.2% 經手費　　　　0.0341% 結算費　　　　0.05% ❻ 證券管理費　　0.0045% 佣金　　　　　0.43%

資料來源：上海證券交易所及深圳證券交易所與作者自行整理。

㈡市場現況

表6-4是2000年6月底大陸上市公司的行業分類表。

表6-4　大陸上市公司行業分類表

2000年12月

行業分類		公司數目
電子工業	上海	40
	深圳	41
電機工業	上海	14
	深圳	11
紡織工業	上海	49
	深圳	44
化學工業	上海	48
	深圳	48
機械工業	上海	61

---

❺ 在2001年12月1日以前，投資人當日買入之股票，可以在收盤前予以賣出，稱為「回轉交易」，惟自12月1日後，除債券交易外，禁止回轉交易。

❻ B股交易費用中，印花稅為稅務機構收取之費用，經手費為證交所向證券商之收費，結算費為結算公司向投資者的收費，證券管理費為證監機構向證券商收取之費用，佣金則是投資人付給券商之費用，本處部分資料來自鄭天成，〈中國大陸B股深度研究〉，《貨幣觀測與信用評等》，2001年5月。

	深圳	60
建材工業	上海	27
	深圳	0
冶金工業	上海	34
	深圳	33
輕工業	上海	33
	深圳	27
儀器儀表	上海	8
	深圳	6
商貿	上海	19
	深圳	12
商場	上海	48
	深圳	25
金融	上海	4
	深圳	3
地產	上海	19
	深圳	23
能源工業	上海	27
	深圳	35
運輸	上海	37
	深圳	21
旅遊	上海	13
	深圳	15
農林牧漁	上海	23
	深圳	19
綜合	上海	26
	深圳	11

資料來源：巨潮資訊網www.cninfo.com.cn。

表6-5　則是歷年來大陸股票市場統計概況。

表6-5　大陸股票市場概況統計表

年　度		1991	1992	1993	1994	1995	1996	1997	1998	1999	2000	2001（11月）
上市股票（支）	A股	14	57	177	287	311	514	720	825	921	1,058	1,123
	B股	0	18	41	58	70	85	101	106	108	114	110
	合計	14	75	218	345	381	599	821	931	1,029	1,172	1,233
流通市值（人民幣億元）	A股	40.72	166.67	683.03	813.88	790.94	2,514.01	4,856.08	5,550.02	7,937.46	15,433.20	14,079.86
	B股	0.00	51.23	178.59	155.01	147.28	353.01	348.34	195.57	276.49	558.81	1,062.76
	合計	40.72	217.90	861.62	968.89	938.22	2,867.02	5,204.42	5,745.59	8,213.95	15,992.01	15,142.62
市價總值（人民幣億元）	A股	109.19	978.08	3,327.66	3,516.03	3,310.58	9,448.55	17,154.19	19,299.29	26,167.62	47,455.74	44,145.62
	B股	0.00	70.06	213.85	174.57	163.70	393.82	375.04	206.34	303.54	635.19	1,212.39
	合計	109.19	1,048.14	3,541.51	3,690.60	3,474.28	9,842.37	17,529.23	19,505.63	26,471.16	48,090.93	45,358.01

資料來源：臺灣經濟新報社與巨潮資訊。

表6-6與6-7分別為上海與深圳兩地交易所歷年來的市場統計概況。

表6-6　上海股票市場概況統計表

年　度		1991	1992	1993	1994	1995	1996	1997	1998	1999	2000	2001（11月）
上市股票（支）	A股	8	33	101	169	184	287	372	425	471	559	629
	B股	0	9	22	34	36	42	50	52	54	55	54
	合計	8	42	123	203	220	329	422	477	525	614	683
流通市值（人民幣億元）	A股	3.05	9.41	294.40	470.37	495.05	1,247.06	2,327.86	2,846.92	4,109.94	8,121.38	8,118.54
	B股	0.00	37.85	129.54	116.59	91.94	161.67	185.60	100.53	139.75	333.15	632.27
	合計	3.05	47.26	423.94	586.96	586.99	1,408.73	2,513.46	2,947.45	4,249.69	8,454.53	8,750.81
市價總值（人民幣億元）	A股	29.43	520.55	2,076.65	2,483.54	2,433.71	5,316.13	9,032.45	10,525.38	14,440.72	26,596.31	27,829.13
	B股	0.00	37.85	129.54	116.59	91.95	161.68	185.61	100.53	139.75	334.54	632.27
	合計	29.43	558.40	2,206.19	2,600.13	2,525.66	5,477.81	9,218.06	10,625.91	14,580.47	26,930.85	28,461.40

資料來源：同表6-5。

表6-7　深圳股票市場概況統計表

年　度		1991	1992	1993	1994	1995	1996	1997	1998	1999	2000	2001（11月）
上市股票（支）	A股	6	24	76	118	127	227	348	400	450	499	494
	B股	0	9	19	24	34	43	51	54	54	59	56
	合計	6	33	95	142	161	270	399	454	504	558	550
流通市值（人民幣億元）	A股	37.67	157.26	388.63	343.51	295.89	1,266.95	2,528.22	2,703.10	3,827.52	7,311.82	5,961.32
	B股	0.00	13.38	49.05	38.42	55.34	191.34	162.74	95.04	136.74	225.66	430.59
	合計	37.67	170.64	437.68	381.93	351.23	1,458.29	2,690.96	2,798.14	3,964.26	7,537.48	6,391.81
市價總值（人民幣億元）	A股	79.76	457.53	1,251.01	1,032.49	876.87	4,132.42	8,121.74	8,773.91	11,726.90	20,859.43	16,316.49
	B股	0.00	32.21	84.31	57.98	71.75	232.14	189.43	105.81	163.79	300.65	580.12
	合計	79.76	489.74	1,335.32	1,090.47	948.62	4,364.56	8,311.17	8,879.72	11,890.69	21,160.08	16,896.61

資料來源：同表6-5。

表6-8為大陸股票市場按發行種類分類的上市公司統計表。

表6-8　大陸股票市場按發行種類分類之上市公司

2001年8月，單位：家數

境內上市公司數(A、B股)	境內上市外資股(B股)	境外上市公司數	僅發A股公司數	僅發B股公司數	僅發H股公司數	同時發A、B股公司數	同時發A、H股公司數
1,151	113	56	1,015	24	34	89	22

資料來源：同表6-1。

表6-9為大陸公司於境外上市情況統計表。

表6-9　大陸公司於境外上市情況

2001年8月，單位：家數

境外上市公司總數			僅在美國上市的公司	僅在新加坡上市的公司	僅在香港上市的公司	同時在香港、美國上市	同時在香港、倫敦上市
合計	僅發H股	同時發A、H股					
56	34	22	1	1	42	10	3

資料來源：同表6-1。

表6-10為歷年來上海與深圳股價指數統計表。

表6-10　歷年來上海與深圳股價指數統計表

時　間	上證A股指數	上證B股指數	深圳A股指數	深圳B股指數
1992年1月	313.24			
1992年2月	360.46	115.49		
1992年3月	383.09	104.23		
1992年4月	450.15	112.68		
1992年5月	1,303.25	125.35		
1992年6月	1,259.07	115.49		
1992年7月	1,120.39	88.08		
1992年8月	868.54	77.71		
1992年9月	747.15	62.39		

1992年10月	512.10	63.92	243.69	121.11
1992年11月	750.82	66.95	228.45	109.20
1992年12月	815.80	66.22	255.05	111.87
1993年1月	1,245.21	85.10	296.33	124.74
1993年2月	1,393.99	94.92	365.83	162.60
1993年3月	952.41	81.99	333.52	136.98
1993年4月	1,419.13	81.04	359.46	121.86
1993年5月	972.27	68.08	300.16	113.79
1993年6月	1,052.85	58.29	279.21	98.32
1993年7月	920.49	52.33	260.21	86.34
1993年8月	929.03	69.32	290.31	101.34
1993年9月	921.87	73.36	268.82	108.46
1993年10月	842.73	69.95	246.82	113.12
1993年11月	1,020.53	81.29	267.74	137.05
1993年12月	847.75	103.15	245.75	141.43
1994年1月	790.25	81.07	204.89	130.20
1994年2月	790.65	81.76	218.64	124.08
1994年3月	726.37	64.86	182.61	112.12
1994年4月	607.72	63.27	153.36	104.19
1994年5月	565.08	74.07	147.19	108.43
1994年6月	474.83	67.57	120.16	104.43
1994年7月	328.85	71.13	95.26	99.67
1994年8月	807.87	80.05	162.28	113.37
1994年9月	813.48	81.50	193.09	118.65
1994年10月	668.63	78.39	150.78	114.83
1994年11月	704.63	66.33	151.34	101.78
1994年12月	667.77	62.80	143.73	86.66
1995年1月	580.94	52.46	128.19	82.24
1995年2月	564.52	56.20	129.21	73.46
1995年3月	669.36	57.17	139.12	74.12
1995年4月	600.53	50.25	124.28	70.81
1995年5月	728.06	55.15	139.18	67.46
1995年6月	653.55	53.43	128.44	66.36
1995年7月	721.01	58.62	132.52	68.63
1995年8月	750.29	61.73	139.14	72.85
1995年9月	750.13	58.32	137.38	70.78

1995年10月	746.19	55.04	138.26	71.53
1995年11月	666.24	50.64	130.62	62.72
1995年12月	575.19	47.69	117.02	59.48
1996年1月	554.04	51.48	112.19	60.92
1996年2月	570.38	52.38	115.59	62.20
1996年3月	575.03	50.37	115.37	60.74
1996年4月	708.43	51.98	168.12	65.75
1996年5月	669.50	48.99	171.16	70.81
1996年6月	841.00	51.53	199.38	85.37
1996年7月	860.98	50.65	270.26	97.78
1996年8月	847.21	51.41	276.55	88.53
1996年9月	918.95	48.90	282.92	89.58
1996年10月	1,028.54	47.08	397.85	91.19
1996年11月	1,086.08	53.42	445.42	142.71
1996年12月	954.98	67.03	341.81	145.48
1997年1月	1,006.36	66.85	372.54	157.06
1997年2月	1,087.42	67.16	382.63	153.15
1997年3月	1,293.36	73.53	458.49	162.57
1997年4月	1,456.50	91.22	489.22	176.27
1997年5月	1,341.86	86.87	443.91	153.07
1997年6月	1,306.78	81.48	449.43	144.72
1997年7月	1,245.58	72.90	407.49	129.61
1997年8月	1,274.47	83.55	393.25	143.70
1997年9月	1,144.67	76.31	348.40	130.22
1997年10月	1,239.76	63.99	415.81	113.27
1997年11月	1,200.71	54.20	391.02	97.76
1997年12月	1,258.49	55.88	406.45	98.97
1998年1月	1,293.78	46.93	410.44	84.69
1998年2月	1,270.64	58.73	399.06	97.93
1998年3月	1,312.05	53.98	404.37	93.10
1998年4月	1,421.07	51.61	442.29	85.86
1998年5月	1,496.33	46.01	466.82	92.59
1998年6月	1,421.24	40.77	431.94	81.64
1998年7月	1,401.93	30.14	425.07	63.31
1998年8月	1,224.08	27.23	369.89	54.43
1998年9月	1,320.97	33.49	399.29	67.19

1998年10月	1,293.59	33.23	399.35	62.75
1998年11月	1,327.11	30.37	404.44	58.45
1998年12月	1,219.64	28.71	370.12	53.58
1999年1月	1,208.13	25.24	367.17	47.70
1999年2月	1,160.58	24.44	349.38	45.85
1999年3月	1,232.69	26.55	375.14	50.91
1999年4月	1,192.67	26.91	361.68	55.36
1999年5月	1,357.95	38.71	397.68	71.95
1999年6月	1,790.21	58.60	542.55	118.27
1999年7月	1,700.24	47.53	507.96	97.59
1999年8月	1,728.62	45.46	509.87	89.41
1999年9月	1,668.91	43.30	499.53	87.23
1999年10月	1,599.04	40.45	475.52	80.08
1999年11月	1,525.20	38.16	455.67	81.82
1999年12月	1,451.90	37.91	431.84	84.66
2000年1月	1,631.52	40.72	505.02	88.38
2000年2月	1,825.07	38.22	565.03	86.15
2000年3月	1,915.60	41.85	604.05	93.97
2000年4月	1,953.87	43.10	610.84	90.05
2000年5月	2,012.03	55.15	628.64	110.04
2000年6月	2,047.70	56.02	647.63	114.74
2000年7月	2,148.03	61.78	672.45	115.00
2000年8月	2,144.01	66.18	664.00	119.41
2000年9月	2,026.36	62.13	635.34	107.32
2000年10月	2,078.65	69.55	650.70	115.51
2000年11月	2,194.14	74.50	687.69	119.41
2000年12月	2,192.38	89.55	682.61	137.69
2001年1月	2,185.20	85.57	672.30	136.27
2001年2月	2,069.56	91.42	627.77	140.09
2001年3月	2,214.69	156.88	675.55	336.39
2001年4月	2,214.49	181.47	666.46	377.37
2001年5月	2,299.71	239.73	688.19	425.51
2001年6月	2,309.99	217.35	690.80	369.35
2001年7月	2,006.33	164.86	597.54	275.11
2001年8月	1,916.43	158.76	578.02	273.06
2001年9月	1,844.29	151.55	541.61	241.83

資料來源：臺灣經濟新報資料庫。

圖6-1至6-4為上海A股、B股與深圳A股、B股股價指數的歷年走勢圖。

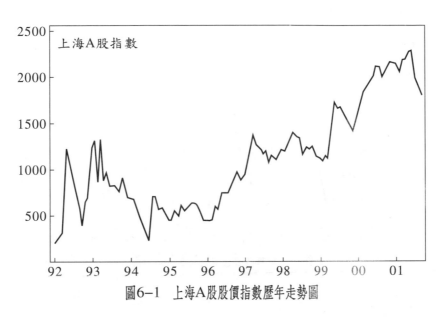

圖6-1　上海A股股價指數歷年走勢圖

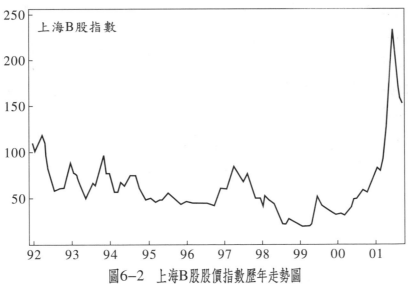

圖6-2　上海B股股價指數歷年走勢圖

大China
陸金融制度與市場

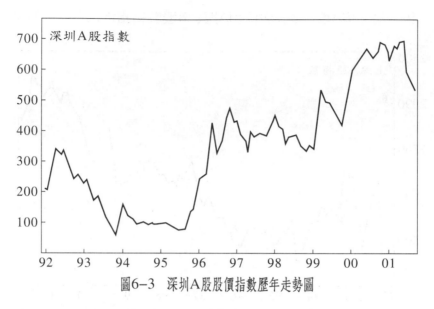

圖6-3　深圳A股股價指數歷年走勢圖

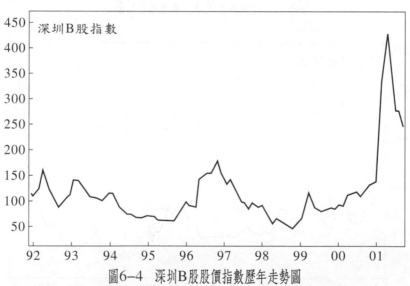

圖6-4　深圳B股股價指數歷年走勢圖

　　值得一提的是，大陸的B股市場原先只允許外國投資人交易，但2001年2月19日中國證監會宣布，開放B股市場予大陸境內自然人買賣，上海B股在2月26日股市重新開市後，大幅上漲，惟從6月開始，由於受到國有股減持(即釋股)與政策降溫之影

響，股市又下跌至原先起漲點 ❼ 。

五、大陸股票市場存在的問題

大陸股市交易已滿十年，市場漸趨成熟，相關法令也逐漸完善，但無可諱言的，現行大陸股票市場仍存在許多缺失，與先進國家市場相比，尚有相當距離，以下就摘錄2001年6月，國務院所公布《關於檢查證券法》實施情況的報告，供讀者參考❽：

大陸股票市場存在的問題如下：

㈠上市公司披露信息不實

檢查發現，信息披露不真實是上市公司招股、上市、配股和年報等工作中存在的一個比較普遍的問題：一是有些企業為了達到股票發行上市目的，高估資產，虛報盈利，虛假包裝；二是不少上市公司隨意改變募集資金投向，間接造成信息不實，募集資金的相當部分通過多種渠道回流股市參與股票炒作；三是少數上市公司有意披露不真實信息，有的公司為了迎合莊家炒作本公司股票，配合在不同階段發布一些誤導投資者的信息。

㈡少數上市公司受大股東控制，嚴重損害其他投資者利益

一些上市公司受大股東嚴密控制，有的甚至是一套機構兩塊牌子；也有一些上市公司與控股股東之間的人、財、物不分，使上市公司成為大股東或集團公司的「提款機」，有的上市公司籌資積極，分配消極，損害了投資者的利益，甚至有一些業績好的公司以發展生產急需資金等為由不分紅。

㈢證券機構存在違法經營

從總體上看，證券公司、證券投資服務機構執行證券法的情況是好的，但也確

---

❼ 在開放境內自然人投資B股到2001年6月1日期間，境內居民只允許使用在2月19日前已經存入境內商業銀行的現匯存款和外幣現鈔存款買賣B股，不得使用外幣現鈔和其他外匯資金；2001年6月1日以後，才允許境內居民使用在2001年2月19日後存入境內商業銀行的現匯存款和外幣現鈔存款以及從境外匯入的外匯資金從事B股交易，但仍不允許使用外幣現鈔，境內居民開立B股資金帳戶最低金額為1,000美元，但沒有上限限制。

❽ 該文件是由人大常委會證券法執法檢查組於2001年5月中旬至6月初，分別聽取中國證監會、國家經貿委、中國人民銀行、最高人民法院和最高人民檢查院之匯報，並赴上海、深圳、成都、武漢、北京、廣州、蘭州、哈爾濱及廈門等地檢查所做的報告。

有一些機構從事違法違規經營。《證券法》明令禁止操縱市場，但操縱行為仍時有發生。有的證券公司、證券投資諮詢服務機構違規參與做莊、操縱股價，嚴重擾亂交易秩序，也有部分券商存在對客戶透支、挪用客戶保證金等問題，有的證券諮詢服務機構打著為客戶提供諮詢的幌子，代客戶操盤或以他人名義直接買賣股票。

㈣仲介服務機構違背職業道德

《證券法》要求會計師事務所、律師事務所、資產評估事務所等中介服務機構要依法為證券發行上市等提供相關服務，但有些機構為了牟取私利，違背職業道德，為企業做假帳，提供虛假證明，有的甚至迎合上市公司的違法或無理要求，要做什麼帳就做什麼帳，要求出什麼報告就出什麼報告，為其虛假包裝上市大開方便之門。

㈤證券監管力度不夠

中國證監會作為法定的證券監督管理機構，其監管力度與法律的要求和人民的期望還有較大差距。一些上市公司虛假包裝上市，造成惡劣影響，至今未作出處理。此外，一些配套措施跟不上，也在一定程度上削弱了監管力度。

㈥法律法規不夠配套，執法協調機制不夠完善

《證券法》中有些內容比較原則，需要證券監管部門制定配套的法規和相關實施辦法。這兩年，已經出檯的實施辦法還不能適應證券市場發展的需要，如上市公司治理結構規範、證券公司違規處理辦法、B股交易等有關管理辦法等還未出檯，使有關作法與《證券法》的規定不配套，一些法律之間也缺乏必要的協調。一是《證券法》規定因發行人發布虛假信息導致投資者在證券交易中遭受損失的，發行人及其董事、監事、經理應承擔連帶賠償責任。由於沒有具體辦法，投資者難以提起訴訟，而且許多案件由控方舉證難度很大，法院也認為這一規定不具體難以受理；二是工商、公安、檢察院、法院等執法部門對證券違法犯罪案件的立案標準認識不一致影響到一些案件的查處；三是《證券法》與《民事訴訟法》等法律某些內容的關係不明確，致使有的執法單位能輕易到交易所強制執行證券公司的客戶保證金，甚至抓人，影響證券交易程序。

產生上述問題的原因，一是法制觀念比較淡薄，執法主體、監管對象和投資者都不同程度地存在證券法律意識淡薄的問題；二是中國證券市場發展歷史不長，全國集中統一的監管體制建立不久，監管隊伍人員的數量、質量和技術手段難以適應

證券市場迅速發展的需要。同時由於執法權限和手段不足等原因，一些案件調查取證困難，有的違法違規證據難以保全，處罰決定執行力度不足；三是有些上市公司、證券公司及中介機構等法人治理結構不完善，受利益驅使，相互串通，操縱價格，擾亂市場秩序；四是中國經濟體制正處於轉軌時期，與市場經濟體制相適應的法律體系和司法制度尚不健全，實施《證券法》的法制和社會環境有待進一步完善。

第二節　投資基金

投資基金是集合投資人資金，以「共享收益、共擔風險、組合投資、專家運作」的方式，投入金融工資的操作。按募集方式區分，投資基金可分為公募與私募兩類。公募基金是向社會大眾公開招募資金，並公布信息，一般之證券投資基金屬之；私募基金則是指向特定對象募集資金及發布信息，產業投資基金和創業投資基金大多是私募基金。

一、證券投資基金

證券投資基金是一種利益共享、風險共擔的集合證券投資方式，亦即通過發行基金單位，集合投資者資金，由基金託管人託管，基金管理人管理和運用資金，從事股票、債券等金融工具之投資。中國大陸目前之證券投資基金大都是經由基金管理人、基金託管人和投資人三方通過基金契約設立的「契約型」基金。

(一)大陸證券投資基金的發展

1991年7月成立的「珠信基金」是大陸最早的證券投資基金，其後隨著股市交易的熱絡，基金市場也迅速發展，在1992年至1994年短短的數年間先後共有75支基金成立❾，惟在此時期，因為市場缺乏規範，造成這些「老基金」亂集資，違規經營投資，因此政府從1994年後停止批准新的基金設立，並對原有之基金進行整頓清理。1997年11月中國證監會發布了《證券投資基金管理暫行辦法》，對「新基金」的發行、

---

❾　75支基金都是在1992年至1994年成立，1995到1997年期間沒有新的基金成立，而在75支基金中，有73支是「契約型基金」，只有兩支為「公司型基金」。

經營與運作有了明確的規範，基金市場才逐漸朝向正面發展，惟截至2001年8月底為止，中國大陸所成立的基金皆是封閉型基金，這與較成熟國家之基金市場多以開放型為主大不相同，中國證監會乃於2000年10月公布了《開放式證券投資基金試點辦法》，大陸的第一支開放型基金——華安創新投資基金也於2001年9月順利募集成立。

大陸基金正式規範發展，只有短短四年，與西方國家相比，仍處起步階段，因此市場仍有不足之處：

1. 基金規模仍小：

以2000年底資料而言，單筆基金規模最大的安順基金資產也不過47.82億元人民幣，許多基金資產規模則只有5億元左右；不僅如此，就整體規模而言，大陸證券投資基金的總資產為847.35億元，這相對於當年深、滬股票總市值48,090.94億元，也只佔1.76%，顯然基金扮演機構投資者的角色仍然十分有限。

2. 基金品種單調：

現有基金投資標的僅限於股票與債券，這與西方國家琳瑯滿目的各類型基金相比，仍難滿足投資人需求；此外，目前的基金都為封閉式的基金，開放式基金才正開始試點。

3. 法令規範仍不夠完整：

目前規範證券投資基金的法令為《證券投資基金管理暫行辦法》，屬於行政法規，法律效力低，且內容主要針對封閉式契約型證券投資基金，雖然現在亦有《開放式證券投資基金試點辦法》出爐，但截至2001年底，完整的《投資基金法》仍在草擬中，尚有待更快加緊腳步，完成立法。

㈡證券投資基金的設立、交易與其他規範

依據1997年11月國務院發布的《證券投資基金管理暫行辦法》，申請設立基金，應當具備下列條件：

1. 主要發起人為按照國家有關規定設立的證券公司、信託投資公司、基金管理公司。

2. 每個發起人的實收資本不少於3億元，主要發起人有3年以上從事證券投資經驗、連續盈利的紀錄，但是基金管理公司除外。

3. 發起人、基金託管人、基金管理人有健全的組織機構和管理制度，財務狀況良

好，經營行為規範。

4. 基金託管人、基金管理人有符合要求的營業場所、安全防範設施和與業務有關的其他措施。

5. 中國證監會規定的其他條件。

此外，依規定，封閉式基金的存續期間不得少於5年，最低募集金額不得少於2億元；而如果基金滿足下列條件，可以向中國證監會申請擴募或續期：

1. 年收益率高於全國基金平均收益率。

2. 基金託管人、基金管理人最近3年內無重大違法、違規事件。

3. 基金持有人大會和基金託管人同意擴募或者續期。

4. 中國證監會規定的其他條件。

至於基金管理公司，則需符合下列要求：

1. 主要發起人為按照國家有關規定設立的證券公司、信託投資公司。

2. 主要發起人經營狀況良好，最近3年連續盈利。

3. 每個發起人實收資本不少於3億元。

4. 擬設立的基金管理公司的最低實收資本為1,000萬元。

5. 有明確可行的基金管理計劃。

6. 有合格的基金管理人才。

7. 中國證監會規定的其他條件。

基金的投資組合，則必須符合下列規定：

1. 1個基金投資於股票、債券的比例，不得低於該基金資產總值的80%。

2. 1個基金持有1家上市公司的股票，不得超過該基金資產淨值的10%。

3. 同一基金管理人管理的全部基金持有1家公司發行的證券，不得超過該證券的10%。

4. 1個基金投資於國家債券的比例，不得低於該基金資產淨值的20%。

5. 中國證監會規定的其他比例限制。

開放式基金方面，根據2001年10月中國證監會公布的《開放式證券投資基金試點辦法》，則有下列之規定：

1. 開放式基金之設立，必須經由中國證監會審查批准，並由基金管理人設立。

2.開放式基金應具備下列條件：

　⑴有明確、合法、合理的投資方向。

　⑵有明確的基金組織形式和運作方式。

　⑶基金託管人、基金管理人近年內無重大違法、違規行為。

3.開放式基金設立的募集期限不得超過3個月，並且符合下列兩條件方可成立：

　⑴設立募集期限內，淨銷售額超過2億元。

　⑵設立募集期限內，最低認購戶數達到100人。

4.開放式基金每週至少有一天應為基金的開放日，辦理基金投資人申購、贖回、
　變更登記、基金之間轉換等業務。

5.基金的投資方向應當符合基金契約及招募說明書的規定；基金名稱顯示投資方
　向的，基金的非現金資產應當至少有80%屬於該基金名稱所顯示的投資內容。

㈢證券投資基金市場現況

表6-11為2000年底大陸證券投資基金的發行情況。

表6-11　大陸證券投資基金發行情況

2000年12月底

序號	基金名稱	基金類型	成立日期	上市地	上市日期	基金單位（億份）	單位淨值（元）	基金資產規模（億元）	存續期（年）
1	開元	封閉式、契約型	1998.3.27	深圳	1998.4.7	20	1.8814	37.63	15
2	金泰	封閉式、契約型	1998.3.27	上海	1998.4.7	20	1.6712	33.42	15
3	興華	封閉式、契約型	1998.4.23	上海	1998.5.8	20	1.5260	30.52	15
4	安信	封閉式、契約型	1998.6.22	上海	1998.6.26	20	1.9682	39.36	15
5	裕陽	封閉式、契約型	1998.7.25	上海	1998.7.30	20	1.7825	35.65	15
6	普惠	封閉式、契約型	1999.1.6	深圳	1999.1.27	20	1.6638	33.28	15
7	景博	封閉式、契約型	1992.6.1	深圳	1999.10.22	10	1.4120	14.12	15
8	景陽	封閉式、契約型	1992.5.1	上海	1999.10.22	10	1.4389	14.39	15
9	裕元	封閉式、契約型	1992.6.1	上海	1999.10.28	15	1.5593	23.39	15
10	同盛	封閉式、契約型	1999.11.5	深圳	1999.11.26	30	1.4197	42.59	15
11	金鑫	封閉式、契約型	1999.10.21	上海	1999.11.26	30	1.4790	44.37	15
12	泰和	封閉式、契約型	1999.4.8	上海	1999.4.20	20	1.4202	28.40	15
13	同益	封閉式、契約型	1999.4.8	深圳	1999.4.21	20	1.8101	36.20	15
14	景宏	封閉式、契約型	1999.5.5	深圳	1999.5.18	20	1.4649	29.30	15
15	漢盛	封閉式、契約型	1999.5.10	上海	1999.5.18	20	1.5882	31.76	15
16	安順	封閉式、契約型	1999.6.15	上海	1999.6.22	30	1.5940	47.82	15
17	裕隆	封閉式、契約型	1999.6.15	深圳	1999.6.24	30	1.5492	46.48	15

18	興和	封閉式、契約型	1999.7.14	上海	1999.7.30	30	1.4183	42.55	15
19	普豐	封閉式、契約型	1999.7.14	深圳	1999.7.30	30	1.4698	44.09	15
20	天元	封閉式、契約型	1999.8.26	深圳	1999.9.20	30	1.5851	47.55	15
21	景福	封閉式、契約型	1999.12.30	深圳	2000.1.10	30	1.3531	40.59	15
22	漢興	封閉式、契約型	1999.12.30	上海	2000.1.10	30	1.3858	41.57	15
23	漢博	封閉式、契約型	1992.5.30	上海	2000.10.17	5	1.0571	5.29	15
24	隆元	封閉式、契約型	1992.12.29	深圳	2000.10.18	5	1.0086	5.04	15
25	裕華	封閉式、契約型	1992.12.31	深圳	2000.2.24	5	1.1997	6	15
26	同智	封閉式、契約型	1992.3.13	深圳	2000.5.15	5	1.1692	5.85	15
27	裕澤	封閉式、契約型	1996.5.31	深圳	2000.5.17	5	1.1957	5.98	15
28	金盛	封閉式、契約型	1994.12.1	深圳	2000.6.30	5	1.1588	5.79	15
29	金元	封閉式、契約型	1992.5.28	上海	2000.7.11	5	1.0802	5.4	15
30	興科	封閉式、契約型	1992.5.31	深圳	2000.7.18	5	1.1112	5.56	15
31	漢鼎	封閉式、契約型	1994.1.1	上海	2000.8.17	5	1.0412	5.21	15
32	金鼎	封閉式、契約型	1992.5.31	上海	2000.8.4	5	1.1003	5.5	15
33	興安	封閉式、契約型	1992.12.29	深圳	2000.9.20	5	1.0660	5.33	15
34	安久	封閉式、契約型	1992.8.31	--	--	2	0.6815	1.36	10
合　計				--	562	--	847.35	--

資料來源：中國證監會。

表6-12則是證券投資基金在上海與深圳上市交易情況統計。

表6-12　證券投資基金交易情況

單位：億人民幣

	上海證交所	深圳證交所	合計
1994	117.34	240.16	357.50
1995	305.67	204.52	510.19
1996	497.38	1,069.12	1,566.50
1997	219.53	588.38	807.91
1998	605.28	411.61	1,016.89
1999	1,365.82	1,119.66	2,485.48
2000	1,159.02	1,306.77	2,465.79
2001(11月底)	1,288.84	1,158.01	2,446.85

資料來源：中國證監會及《中國證券期貨統計年鑑》。

二、私募資金

私募資金是向特定對象募集的資金，並未對外公開發行，所募集之資金除投資

於上市公司股票外，更多是投資於未上市公司的股權，包括處於創業階段的企業以及發育成熟、前景看好的企業，風險較一般證券投資基金為高。

大陸的私募資金有產業投資基金與創業投資基金(亦稱風險基金)兩類，全部規模據估計在3,000億元至6,000億元之間,惟因目前尚沒有合法地位,故無確切之統計。

1999年5月，全國人大財經委成立了《投資基金法》起草小組，目前仍尚未完成立法工作，惟根據2001年9月人大經濟法主任、投資基金法起草小組副組長朱少平指出，起草小組對私募基金已形成下列共識：

1.私募基金必須由機構發起設立，私人要募集基金必須先設立公司。

2.私募基金的募集資金範圍，個人資金的下限是20萬元、機構資金的下限是100萬元，投資人數2人以上、200人以下。

3.私募基金組織形式分為契約型、公司型、有限合夥型三種，基金名稱則有證券基金、產業基金和風險基金三類。

4.私募基金審批包括基金公司的設立和基金的設立兩環節。

5.私募基金投資於基金名稱指定對象的資金不得低於其資本金的80%。

6.私募基金籌集資金時不能做廣告，要定期向投資者披露信息，並保證投資者利益。

此外，《關於設立外商投資創業投資企業的暫行規定》也已於2001年9月1日開始實施，根據該規定，想要在大陸從事創業投資的外國投資者應具備下列條件：

1.至少有一個外國投資者應當具備下列條件：

⑴以創業投資為主營業務；

⑵申請前三年其管理的資本累計不低於1億美元；

⑶申請前三年其管理的資本中，已投資金額累計不低於5,000萬美元；

⑷擁有具有三年以創業投資從業經驗的專業管理人員；

⑸具有風險承受能力；

⑹有正當的資金來源；

⑺對外商投資創業投資企業的出資不少於投資者出資總額的3%；

⑻未受過所在國和中國司法機關和其他相關機構的重大處罰。

2.至少有一個外國投資者應當具備下列條件：

⑴申請前一年其資產總額不低於1億美元；

⑵具有風險承受能力；

⑶有正當的資金來源；

⑷對外商投資創業投資企業的出資不少於2,000萬美元。

3.其他外國投資者應當具備下列條件：

⑴具有風險承受能力；

⑵有正當的資金來源；

⑶對外商投資創業投資企業的出資不少於1,000萬美元。

如果只有一個外國投資者，則該外國投資者必須同時符合條第一款和第二款規定的條件。

4.投資者對外商投資創業投資企業的出資中，外國投資者所佔比例不得低於25%。

如果是中外合資、中外合作或不具有法人資格的中外合作企業形式設立的外商投資創業投資企業，中國投資者則應具備下列條件：

1.至少有一個中國投資者應當具備下列條件：

⑴以創業投資為主營業務；

⑵申請前三年其管理的資本累計不低於1億元人民幣，或申請前一年其淨資產總額不低於1億元人民幣；

⑶其已投資金額累計不低於3,000萬元人民幣；

⑷擁有具有創業投資從業經驗的專業管理人員；

⑸具有風險承受能力；

⑹有正當的資金來源；

⑺對外商投資創業投資企業的出資不少於500萬美元；

⑻未受過所在國和中國司法機關和其他相關機構的重大處罰。

2.其他中國投資者應當具備下列條件：

⑴具有風險承受能力；

⑵有正當的資金來源；

⑶對外商投資創業投資企業的出資不少於500萬美元。

外商投資創業投資企業可以經營的業務則包括:

1. 在國家鼓勵和允許外商投資的高新技術領域及國家批准的其他領域以全部自有資金進行投資。

2. 提供創業投資諮詢。

3. 為所投資企業提供管理諮詢。

4. 審批機構批准的其他業務。

至於外商創投所擔心的市場退出機制,在該辦法中亦有規定(第二十條): 外商投資創業投資企業從所投資企業獲得利潤分紅,並可以根據經營需要依法選擇適用的退出機制,包括:

1. 將其持有的所投資企業的部分股權或全部股權轉讓給其他企業或個人;

2. 經所投資企業同意,簽訂股權回購協定,由所投資企業在一定條件下回購其所持有的股權;

3. 所投資企業在符合法律、法規規定的上市條件時可以申請到境內外股票市場上市。外商投資創業投資企業可以依法通過股票市場轉讓其擁有的所投資企業的股份;

4. 中國法律、法規允許的其他方式。

臺灣創投機構在過去數年間,亦已陸續赴大陸投資,據估計目前金額應已超過新臺幣百億元以上,且仍在繼續增加中。惟在目前臺灣的法令限制以及大陸市場退出機制尚未完全開放下,創投業者在臺灣募集資金後,多將創投公司設籍於海外,並協助大陸的科技公司於大陸境外成立控股公司,再間接將所募集的資金投資於該科技公司的境外控股公司,以方便資金進出。表6-13為臺灣三大創投業者赴大陸投資統計表。

表6-13　臺灣三大創投業者赴大陸投資統計表

國內創投業者	大陸市場投資總額	投資的大陸公司
中經合創投集團	3,000至4,000萬美元(折合新臺幣約9.6億至12.8億元)	包括博庫科技、科途軟件、太維資訊、信威通信、世界商訊、PRECOM、WPHONE等高科技業者,其中多數均有大陸官方強力支援設立。
漢鼎亞太創投集團	1.7億美元(折合新臺幣	包括已上市的海南航空,以及百京燕莎百貨、科

| | 約54.4億元) | 興生物科技、輪胎、生物科技等產業。 |
| 華登國際創投集團 | 1.5億美元(折合新臺幣約48億元) | 新浪網、實途集團、創維數碼、科龍電器，以及通訊、半導體、生物科技等產業。 |

資料來源：《經濟日報》，2001年5月23日。

第三節　期貨市場

大陸期貨市場交易開始於1990年10月河南鄭州糧食批發市場的小麥遠期現貨試點，在隨後幾年間迅速發展，經過1994年到1998年的治理整頓，目前市場已逐漸恢復。

一、大陸期貨市場的發展

在中共建立政權以前，舊中國便有了期貨交易。北洋政府時期曾頒布過《物品交易條例》，1920-1921年間，先後有上海證券物品交易所、上海華商棉紗交易所、上海金業交易所、中國機製麵粉交易所從事期貨交易；國民政府也曾於1929年和1930年頒布了《交易所法》和《交易所法施行細則》，上海、寧波等城市除了證券以外，亦建有紗布、麵粉、棉花等期貨交易所；此外，1945年上海交易所推出的股票延期交割交易——「便交」以及抗戰勝利後的「遞交」，也都是變相的期貨交易，惟這些期貨交易在中共建立政權後隨即被禁止。

改革開放後，經濟生活中的指令性計劃控制範圍越來越小，市場調節的部分則越來越多，一些重要商品和原料如糧食、生豬、鋼材、煤炭等供求時緊時鬆，價格暴漲暴跌，因此便有了恢復期貨交易的建議。1988年國務院成立期貨研究小組，同年7月國務院批示，同意期貨交易的試點，中國期貨市場乃進入了理論醞釀期。

1990年10月，鄭州糧食批發市場開業，該市場以現貨交易為起步，逐漸引入期貨交易機制，第一筆小麥遠期合同交易則是由湖南省的冷水灘麵粉廠與河南省滑縣

糧油議購議銷公司簽訂的10個月的遠期白小麥交易❿。其後，黑龍江省糧油批發市場、安徽蕪湖大米批發市場、江西九江糧食等批發市場也陸續建立。1991年6月，深圳有色金屬期貨交易所成立，是為大陸第一家以期貨交易所形式進行期貨交易的交易所，同年9月，中國第一個商品期貨標準合約——特級鋁期貨合約正式推出，並陸續推出銅、鉛、鋅、錫、鎳、鎂、銻等金屬期貨；1992年上海金屬交易所成立，交易合同包括銅、鉛、鋁、鋅、錫、鎳、生鐵等，同年6月上海外匯調劑中心開辦美元對人民幣的外匯期貨，9月海南期貨交易所、10月秦皇島煤炭交易市場、12月上海煤炭交易所先後成立；1993年2月上海農業生產資料交易所、3月南京交易所和上海石油交易所以及5月以原先糧食批發市場為基礎發展出來的鄭州商品交易所……等，也紛紛設立，期貨交易蔚為風潮，交易所最多時曾達56家之多。

在1990年至1993年期間，期貨交易由於缺乏法令規範，市場炒作違規，亂象頻生，因此國務院乃於1993年11月發出《關於制止期貨市場盲目發展的通知》，開始整頓市場；1994年4月，暫停鋼材、食糖和煤炭期貨交易，9月暫停粳米、菜籽油期貨，同年5月國務院辦公廳批准國務院證券委《關於堅決制止期貨市場盲目發展若干意見的請示》，開始對期貨交易所全面審核，嚴格控制國有企業單位參與期貨交易，並對各種非法期貨經紀活動嚴格查處；10月，中國證監會批准11家期貨試點交易所，1995年1月天津、長春兩家聯合試點交易所誕生，4月上海商品交易所成為第14家試點交易所；1995年5月，上海國債期貨因為「327事件」被暫停交易❶，同年9月，中國證監會要求各期貨交易所進行會員制改造；1998年8月，國務院發布《關於進一步整頓和規範期貨市場的通知》，再次對期貨市場進行整頓，對期貨交易所、期貨經紀公司進行了數量和質量的調整，並將原來14家期貨交易所合併為大連、鄭州和上海三家期貨交易所；同年11月，中國證監會批准重新修訂後的大豆、小麥、綠豆、銅、鋁、天然橡膠六個合約交易。

1999年6月，國務院頒布了《期貨交易管理暫行條例》，配套的《期貨交易所管

❿ 依據當時鄭州糧食批發市場的《交易管理暫行條例》，交割期限在6個月內的交易稱為現貨交易，6個月以上、1年以下則稱為遠期合同。

❶ 1995年2月23日，上海證券交易所由於多空雙方於「327」國債期貨激烈炒作交戰，空方於尾盤時大舉摜壓行情，造成市場危機，稱為「327國債期貨風波」。

理辦法》、《期貨經紀公司管理辦法》、《期貨經紀公司高級管理人員任職資格管理辦法》和《期貨業從業人員資格管理辦法》相繼頒布實施，大陸期貨市場進入了法制化的試點新階段；2001年3月，人大第九屆第四次會議將「穩步發展期貨市場」寫入「十五」計劃綱要。此外中國期貨業協會也在2000年12月成立，成為期貨行業的自律性管理組織；目前股價指數期貨交易也在規劃當中。

二、大陸期貨市場現況

　　經過治理整頓後，大陸目前僅剩鄭州、上海和大連三家商品交易所，本書已在第五章第七節中向讀者說明三家交易所的現況，　此外證券暨期貨市場的監管機關──中國證監會也已於前面介紹過，此處僅就三個交易所交易的合約以及市場統計加以說明。

㈠市場交易合約

　　鄭州商品交易所目前經核准交易的合約有小麥與綠豆兩種，兩個商品合約之交易單位均為噸／手，交割月份皆為1、3、5、7、9、11月，最後交易日為交割月份倒數第7個營業日，同採實物交割，交易時間為上午9:00-11:30，下午13:30-15:00；小麥期貨交易保證金為合約值的5%，每日價格波動限制為上一交易日結算價的±3%，綠豆期貨交易保證金為合約值的10%，　每日價格波動限制為上一交易日結算價格±120元。

　　大連商品交易所目前經核准交易的合約為大豆與豆粕，兩個合約的交易單位均為10噸／手，交割月份為1、3、5、7、9、11月，最後交易日為交割月份第10個交易日，交易時間亦為週一至週五上午9:00-11:30，下午13:30-15:00，每日漲跌停幅度為上一交易日之±3%，均採實物交割，大豆期貨交易保證金為合約值的5%，豆粕期貨保證金則是合約值的7%。

　　上海期貨交易所目前經核准交易的商品有銅、鋁和橡膠，三個商品的交易單位均為5噸／手，銅、鋁的交割月份為1-12月，橡膠則是1、3、4、5、6、7、8、9、10、11月，　最後交易日為交割月份第15日(遇法定假日順延)，　銅、　鋁的交易時間為上午9:00-11:30，下午13:30-15:00，橡膠交易時間為上午9:00-10:15，10:30-11:30，下午13:30-14:10，14:20-15:00，交易保證金皆為合約值的5%，漲跌停限制為前日結算價

±3%，採實物交割。

(二)交易統計

表6-14為2000年大陸三個期貨交易所的交易統計。

表6-14　大陸期貨交易統計

2000年

鄭州商品交易所		大連商品交易所		上海商品交易所	
成交量(萬張)	成交金額(億元)	成交量(萬張)	成交金額(億元)	成交量(萬張)	成交金額(億元)
1,139.67	1,601.65	3,495.73	7,817.18	825.27	6,663.90

資料來源：同表6-1。

表6-15則為2000年大陸各類期貨商品交易統計。

表6-15　大陸各類期貨商品交易統計

2000年

綠豆		大豆		小麥		銅		鋁		其他	
成交量(萬噸)	成交金額(億元)	成交量(萬噸)	成交金額(億元)	成交量(萬噸)	成交金額(億元)	成交量(萬噸)	成交金額(億元)	成交量(萬噸)	成交金額(億元)	成交量(萬噸)	成交金額(億元)
120.88	41.04	33,812.71	7,607.21	11,275.22	1,560.61	2,673.37	5,037.98	455.10	731.99	2,139.8	1,103

資料來源：同表6-1。

第七章　大陸金融市場㈡：貨幣市場、債券市場與保險市場

除了證券、投資基金與期貨市場外，大陸金融市場尚有貨幣市場、債券市場與保險市場，本章就分別說明之。

第一節　貨幣市場

相對於資本市場而言，貨幣市場是指一年以下的短期資金融通市場，包括同業拆借市場、銀行間債券市場和票據市場等，雖然大陸貨幣市場的發展已近二十年，但在規模上仍然相當有限，作為金融機構間調節短期資金或中央銀行貨幣操作市場的功能尚有待加強。

一、同業拆借市場

改革初期專業銀行間的同業拆借市場首先得到發展。1984年中國人民銀行允許銀行間拆借資金，調劑頭寸，1986年中國人民銀行下發《關於推進金融機構同業拆借有關問題的通知》，並在武漢設立區域性的拆借組織，同業拆借市場乃正式啟動，中國人民銀行各地分行紛紛成立資金拆借中心，通過這些中心進行銀行同業拆借，當年拆借金額300多億元；1990年中國人民銀行公布了《同業拆款管理試行辦法》；1992年開始，由於股票和房地產逐漸升溫，拆借市場出現亂拆借的現象，中國人民銀行遂從次(1993)年6月開始清理整頓拆借市場，市場也慢慢恢復了正常秩序；1995年中國人民銀行廢除了商業銀行組建的同業拆借中介機構，成立由各地中國人民銀行牽頭的融資中心；1996年1月中國人民銀行建立了全國統一的同業拆借市場，同年

6月開放了同業拆借的利率管制，拆借利率完全由拆借雙方自行議定，當時的拆借市場於是分為通過全國銀行間同業拆借中心交易系統進行拆借的「一級網」以及通過各地融資中心進行拆借的「二級網」。一級網成員規模較大，包括商業銀行、幾家大型城市合作銀行和數十家融資中心；二級網則連接了2,000多家中小型金融機構，包括城市和農村信用社、證券公司、信託投資公司、保險公司、租賃公司和財務公司等。1997年下半年，中國人民銀行對融資中心清理，停止了融資中心的自營拆借業務，融資中心只為金融機構作中介代理，融資中心於是逐漸淡出貨幣市場；1998年初，中國人民銀行批准商業銀行可以授權分行加入全國同業拆借市場，同年5月，經營人民幣業務的外資銀行獲准加入全國同業拆借市場，6月融資中心被撤銷；1999年10月保險公司也加入了全國同業拆借市場，拆借市場規模不斷的擴大。

目前大陸的拆借市場分為兩個層次，第一個層次是全國銀行間同業拆借市場，市場成員普遍規模較大；第二個層次則是非全國銀行間同業市場成員的金融機構，拆借前需要在當地中國人民銀行分支行備案。 全國銀行間同業市場成員已超過200家，至於非全國銀行間同業市場成員的金融機構則可以與任何有拆借資格的金融機構進行同業拆借交易，對金融機構的頭寸調劑助益極大。同業拆借市場是大陸貨幣市場中較為成熟的市場，現已成為商業銀行及金融機構資金管理的重要手段，同業拆借利率(CHIBOR)也是中國人民銀行貨幣政策關注的重要指標。

二、銀行間債券市場

在1997年6月以前， 銀行是證券交易所債券交易(尤其是回購交易)的主要參與者，但由於不少銀行在股市熱潮時透過債券回購市場違規融通資金給券商，且由於銀行在證交所進行交易時，中國人民銀行無法即時監控，場內國債回購交易也不適於中國人民銀行的公開市場操作，因此國務院在1997年6月16日指示，商業銀行全部退出交易所債券交易，另外組建銀行間同業債券市場。

目前銀行間債券市場組成份子包括中資商業銀行、城市商業銀行、外資銀行、保險公司、農村信用社、證券公司和證券投資基金等金融機構，2000年12月底共有659家成員；交易標的物則有國債、中央銀行融資券、政策性金融債券，交易時使用全國銀行間同業拆借中心的電子報價系統，但與同業拆借市場並非同一市場，債券

全為記帳式，由中央國債登記結算公司託管❶。

銀行間債券市場在政府的扶持下快速發展，其中債券回購利率因為信用風險極小，更反應了金融機構的流動性情況，債券回購利率也已成為央行貨幣政策的重要指標，1998年5月26日，中國人民銀行更恢復了在銀行間債券市場的債券公開市場操作，通過債券回購和現券交易，調節貨幣市場利率，惟目前操作金額仍然有限。

三、票據市場

票據市場是商業票據承兌、貼現和再貼現的市場。1981年2月中國人民銀行上海分行首先試辦票據貼現業務；1984年12月《商業匯票承兌、貼現暫行辦法》公布，各銀行正式開辦了票據承兌業務，票據承兌市場逐漸形成；1986年中國人民銀行允許開展票據再貼現業務；1995年10月《票據法》通過，並自1996年1月1日實施，為票據市場的發展提供了法律依據；1998年中國人民銀行規定再貼現率作為一種基準利率，與同期再貸款利率脫鉤，並規定貼現率由再貼現率加點生成，和同期貸款利率脫鉤，並擴大浮動幅度；1999年11月中國工商銀行票據營業部在上海成立，成為大陸首家專業化的票券經營機構，標誌著商業銀行票據邁向專業化的新階段。

目前大陸的票據市場並沒有形成全國的統一市場，而是在上海、重慶、天津等中心城市形成區域性的市場，交易標的以銀行承兌匯票為主，商業承兌匯票數量並不多，此外商業銀行辦理的票據貼現與中國人民銀行辦理的再貼現業務，則仍有待積極擴展；2000年大陸商業匯票累計發生額7,445億元，商業銀行累計辦理貼現6,447億元，中央銀行再貼現2,667億元，相對於同年同業拆借市場和銀行間債券交易市場23,190億元的交易量，票據市場的未來發展，仍有成長空間。

四、貨幣市場的其他工具

除了上述三個市場之外，大陸貨幣市場還有其他的短期金融工具，惟數量均不太大。首先是大額可轉讓定期存單(NCD)，但因該存單最高面額僅為一萬元，又只有發行市場，並無二級市場可流通，因此規模極小；另外財政部亦曾在1996年發行

---

❶　惟銀行間債券市場遲至1999年下半年才有南京商業銀行、北京商業銀行、淄博商業銀行、濟南商業銀行進行雙邊報價的「做市者」(market-maker)試點。

過4期記帳式的短期國債，作為中國人民銀行公開市場操作的標的，惟自1997年後，短期國債又停止發行；而一般企業為融通短期資金需求所發行期限在9個月內的企業短期融資債券在1990年代初雖然流行一時，但由於發行浮濫，甚至不少發債企業於債券到期時未能兌現，使得市場成長受到影響；最後企業依照法律規定程序向內部職工籌資發行的企業內部債券，因為期限不得超過一年，也算是貨幣市場的一種工具，惟此種債券僅限在企業內部轉讓，無法公開上市流通，這幾年已甚少發行。

第二節　債券市場

　　大陸債券市場以國債市場為主，是在1981年以後才重新發行，目前品種與期限已逐漸多樣化，此外，債券市場中還有小部分的企業債券(公司債)，仍處於初步發展階段❷。

一、大陸國債市場

㈠大陸國債市場的發展過程

　　中共建國後，首次於1950年1月發行五年期的「人民勝利折實公債」，其募集與還本均以實物計算，1953年計劃經濟開始，為解決建設資金之需求，遂在1953–1958年間每年發行一期，共35.44億元的國家經濟建設公債，連同原先3億元的人民勝利折實公債，1958年以前共發行了38.44億元的公債，對當時的財政困窘，發揮了彌補作用；1958年「大躍進」開始，國債發行被停止，一直到1981年才恢復發行，原有的兩種國債也於1968年前陸續還清，在此期間，公債也未上市流通。

　　隨著改革開放，為支應經濟建設，1981年1月《國庫券條例》通過，國債發行開始恢復，1981–1987年間，共發行了416.59億元的國債，每年發行日均為1月1日，而

---

❷　必須提醒讀者的是，大陸所謂的債券定義(含國債與企業債券)與西方國家習稱一年以上之債券不同，大陸的國債與企業債券包括一年期以上的中長期債券和一年期以下的短期債券；此外大陸所稱的國庫券，亦非西方國家所指的一年期以下政府債券，而是泛稱一般的政府公債。

除了1987年發行過3年期的重點建設債券外，其他各年期的債券皆為5-9年期，在此期間，國債發行採取行政攤派方式，也不存在所謂的一級或二級市場。

1988年，61個城市的國債流通轉讓試點交易開始，國債二級市場初步形成，是為國債的場外交易；1990年底，上海、深圳交易所陸續成立，國債也開始在交易所交易，是為場內交易市場；1991年財政部進行了國債發行的承購包銷，將市場機制引入國債一級市場，當年約四分之一的國債即由70家證券中介機構承銷，國債發行市場初步建立，此後1992年，財政部將全部的國債發行額分配到全國各地，由各地財政部門和當地證券機構簽訂承購包銷合同，使承銷方式更得以確認發展。

1993-1995年，國債市場開始全方位改革。首先是1993年國債市場推出了一級自營商制度，19家信譽良好、資金雄厚的金融機構獲准成為國債一級自營商，由其扮演國債承銷、分銷與零售的角色；同年10月上海證交所推出國債期貨，12月推出國債回購交易；1994年半年期與一年期的短期國債首次發行，並發行面向個人的儲蓄債券；1995年5月，國債期貨因炒作事件被停止交易。

1996年開始，國債市場發展有了重大突破：首先是財政部將以往國債的集中發行改為按月滾動發行，穩定增加了市場額度；另外國債品種也走向多樣化，相繼推出貼現國債、附息國債，也開始發行無紙化、記帳式的3個月和6個月短期國債以及7年、9年、10年期的長期國債，上海證券交易所並推出了3天期的回購交易；在承購包銷上則採取了價格(收益率)標的發行方式，包括「荷蘭標」與「多種價格標」；1996年4月，中國人民銀行首次向14家商業銀行總行買進2.9億元面值的國債，正式開啟了公開市場的業務操作，中央國債登記結算公司也於同月成立，將逐步建立全國性的國債登記託管系統。1997年6月，銀行間債券市場開始運行，1998年國債發行額突破6,000億元人民幣，可以預見的隨著國債規模的不斷擴大，未來國債市場的重要性將不斷提高。

(二)大陸國債市場概況

1. 國債的種類：

近年來，大陸發行的國債種類包括記帳式國債、無記名國債、憑證式國債和特種定向國債：

⑴記帳式國債：

記帳式國債的發行不採用實物債券，而是藉由記帳方式進行結算交割，成本低且效率高，免除了傳統實體國債發行和流通之不便。

⑵無記名國債：

無記名國債是不記名的實物國債，歷年發行的面值有1、5、10、20、50、100、500、1,000、5,000、10,000元等，可上市流通，投資人可在承銷機構櫃檯買賣，但不可掛失。

⑶憑證式國債：

此種國債不印刷實物國債債面,而是利用國債收款憑單的形式作為債權證明，故不可上市流通，但投資人可以提前兌取，並按實際持有時間計付利息，廣受一般投資人歡迎，為國債中發行量最大者。

⑷特種定向債券：

此種債券為面向職工養老金和待業保險金管理機構定向發行的特種國債。

2.國債的期限：

1981年大陸國債開始發行時，期限為10年，1985年調整為5年，後又縮短為3年，1994年發行了半年期的國債，1996年再發行記帳式的3個月和6個月期短期國債與7年和10年期的中期國債，但基本上，大陸國債仍以3-5年的中期國債為主，國債期限結構分布不平衡，不僅造成國債償還期集中，增大政府還本付息的負擔，無法適應國家發展基礎建設的長期資金需求，也不能完全符合投資人的選擇，因此未來的國債期限結構，應有進一步改善的必要。

3.國債的交易方式：

大陸國債交易方式有三種:第一種是在上海和深圳交易所的場內集中交易市場，也是目前交易比重最高的方式，交易所的國債交易又包括現貨與回購交易，國債回購交易量比現貨高出許多❸；第二種方式則是1997年6月開始的銀行間債券市場，參加成員包括中資商業銀行、城市商業銀行、外資銀行、保險公司、農村信用社、證券公司和證券投資基金，使用全國銀行間同業拆借中心所提供的電子報價系統進行交易；第三種交易方式則是在證券商櫃檯交易的場外市場，

---

❸　國債期貨已在1995年5月被禁止交易。

投資人可以在此進行國債的買賣。根據統計，個人投資者是大陸國債的主要持有者，持有的比例在60%以上，鼓勵更多的機構投資者投入市場，是未來國債市場發展的方向之一。

(三)國債市場交易統計

表7-1為近十年來大陸國債發行情況。從表中我們可以看出，大陸國債發行規模不斷增加，國債餘額佔GDP的比重也不斷上升，國債發行額在1995年後，甚至已超過中央財政收入的50%以上，可見國債的重要性。

表7-1　大陸國債發行情況

單位：億元人民幣、%

年度	國債發行額	國債餘額	國債餘額佔GDP	國債發行額佔中央財政收入
1991	281.25	1,059.99	4.90	18.53
1992	460.78	1,282.72	4.82	25.35
1993	381.31	1,540.74	4.45	19.48
1994	1,137.55	2,286.40	4.89	47.00
1995	1,510.86	3,300.30	5.64	52.98
1996	1,847.77	4,361.43	6.36	53.74
1997	2,411.79	5,508.88	7.32	58.74
1998	3,808.79	7,765.70	8.12	77.86
1999	4,015.00	10,542.0	12.85	68.64
2000	4,657.00	13,050.0	14.60	–

資料來源：依《中國金融年鑑》、《中國統計年鑑》和《中國證券期貨統計年鑑》資料計算而得。

表7-2是歷年來大陸國債發行金額與股票籌資額、企業債券籌資額之比較。從表中可以明顯的看出，國債發行額已有股票籌資額的10倍之多。

表7-2　大陸國債發行金額、股票籌資和企業債券籌資之比較

單位：億元人民幣

年度	國債發行額	境內股票籌資額	企業債券發行額
1993	381.81	276.41	235.84
1994	1,137.55	99.78	161.75
1995	1,510.86	85.81	300.80
1996	1,847.77	294.34	268.92
1997	2,411.79	853.06	255.23
1998	3,808.77	716.97	147.89
1999	4,015.00	944.33	200.00
2000	4,657.00	2,103.03	－

資料來源：《中國證券期貨統計年鑑》。

　　表7-3則是上海與深圳證券交易所國債交易情況。資料顯示，上海證交所的國債交易規模最大，其中國債回購交易又比現貨交易高出3.5倍左右。

表7-3　上海、深圳證券交易所國債交易情況

年度	成交金額(億元)				成交量(萬手)			
	現貨		回購		現貨		回購	
	上海	深圳	上海	深圳	上海	深圳	上海	深圳
1994	713.55	11.10	88.90	12.63	6,269.5	104.0	844.1	126.3
1995	764.44	28.20	1,171.59	76.92	6,004.6	100.97	11,716.0	2,784.67
1996	4,962.37	66.85	12,439.16	569.47	43,537.7	637.05	124,391.6	5,694.82
1997	3,468.41	114.35	11,912.16	963.91	31,518.0	1,097.20	119,121.58	9,639.06
1998	6,046.67	13.25	15,188.54	352.29	45,857.0	116.57	151,887.99	3,523.00
1999	5,276.77	24.10	12,124.11	766.33	37,987.2	219.10	121,241.17	7,664.11
2000	3,657.05	500.43	13,147.21	1,586.45	33,074.8	－	131,472.17	－

資料來源：同表7-2及上海、深圳證券交易所。

二、企業債券

企業債券即西方國家所稱的公司債券，是公司企業為籌募資金所發行的債券，大陸企業債券分為國家投資公司債券和企業債券兩類。

(一)國家投資公司債

國家投資公司債包括重點企業債券和基本建設債券，前者是指在1987年國家專業投資公司(能源、原材料、交通、機電輕紡投資公司)成立前，由電力、冶金、有色金屬和石油化工等重點企業所發行的債券，1988年後則改由國家專業投資公司發行，從1987年到1992年共發行了6期；基本建設債券則是由國家專業投資公司為籌集基本建設基金所發行的債券，在1988年、1989年和1991年各發行一期。由於重點企業債券和基本建設債券是採行政派購方式發行，發行單位又是國家專業投資機構，因此並非一般真正的企業債券，而有準國家債券的性質。1992年重點企業債券和基本建設債券合併改為國家投資公司債券。表7-4為國家投資公司債的發行情形。

表7-4　國家投資公司債券發行情形

單位：億元人民幣

年度	發行額	期末餘額
1987	30.00	30.00
1988	90.00	120.00
1989	22.53	142.53
1990	6.15	148.68
1991	2.29	150.14
1992	8.01	156.11
1993	–	153.73
1994	–	151.81
1995	–	119.11

1996	–	119.11
1997	–	–
1998	–	–
1999	–	–

資料來源: 同表7–2。

㈡企業債券

　　大陸企業債券即西方國家所稱的公司債，包括一般企業債券、企業內部債券和企業短期融資債券，事實上企業內部債券和企業短期融資債券的期限都少於1年，故嚴格來說應是屬於貨幣市場的金融工具，我們已在上一節中予以說明。

　　一般企業債券之發行始於1980年代中期，是各地企業為籌集地方重點建設或企業的流動資金所發行的債券。依照1993年8月國務院發布的《企業債券管理條例》，地方企業的年度發債額度不能逾越國務院所定的規模，中央企業發行企業債券，必須由中國人民銀行會同國務院國家計劃委員會審批，地方企業發行企業債券，則由中國人民銀行各地分行會同計劃主管部門審批。企業債券發行後可以轉讓、抵押，但二級市場的交易並不活絡，在大陸經濟日益市場化的同時，未來企業債券應有相當大的成長空間❹。

　　表7–5是歷年來企業債券的發行情形。

表7–5　大陸企業債券發行統計

單位: 億元人民幣

		1986	1987	1988	1989	1990	1991	1992	1993	1994	1995	1996	1997	1998	1999
企業債券	發行額	100.00	30.00	75.41	75.26	126.37	249.96	683.71	235.84	161.75	300.80	268.92	255.23	147.89	200.00
	期末金額	83.77	86.35	115.04	146.36	195.44	331.09	822.04	802.40	682.11	646.61	597.73	521.02	676.93	876.93
中央企業債券	發行額							74.10			77.50	86.15	86.15	–	–
	期末金額							74.10	74.10	74.10	151.60	237.75	237.75	–	–

---

❹　在90年代中期，企業債券的償債信用仍令人不放心，根據估計，當時企業債券到期未能及時償還的比例高達10%以上。

地方企業債券	發行額	100.00	30.00	30.00	14.83	49.33	115.25	258.77	20.06	38.43	52.50	62.15	99.66	–	–
	期末金額	83.77	86.35	69.63	69.14	96.42	186.33	407.84	348.45	295.69	195.69	214.43	213.61	–	–
地方投資公司債券	發行額						4.37						–	–	--
	期末金額						4.37	4.37	4.37	0	–	–	–	–	

資料來源：同表7-2。

表7-6則是上海與深圳兩證券交易所企業債券交易情況。從表中我們可以發現，相對於前表中的發行總額而言，企業債券的二級市場成交量仍顯偏低。

表7-6　上海、深圳證券交易所企業債券交易統計

年度	年末上市數目		成交數量		成交金額(百萬元)	
	上海	深圳	上海	深圳	上海	深圳
1992	15	–	108,100	–	12.27	–
1993	12	8	11,100	31,550	7.82	3.20
1994	18	6	1,500	330	1.83	0.03
1995	12	2	55,100	709,288,400	61.06	699.89
1996	5	1	97,600	282,420	116.12	29.97
1997	5	2	1,280,000	2,281,200	1,550.32	257.78
1998	5	3	1,700,000	16,098,400	3,131.84	2,966.90
1999	9	5	3,000,000	33,042,200	4,584.47	4,688.30

資料來源：同表7-2。

第三節　保險市場

保險市場是中國金融的重要組成部分，與其他金融市場相比，大陸保險市場仍處於起步階段，業務種類和管理水平與發達國家仍有相當距離，在大陸加入WTO之

後，勢必將會受到更大的競爭威脅。

一、大陸保險市場的沿革與發展

　　大陸保險市場的發展，可以分為四個階段：第一階段是1949年到1952年的市場調整時期；第二階段是從1953年到1978年的業務停辦時期；第三階段是從1979年經濟改革後到1994年間的市場恢復與體系初步形成時期；第四階段則是1995年10月《保險法》通過後迄今的市場規範發展時期。

㈠保險市場調整時期(1949－1952年)

　　1949年10月，中國人民保險公司成立，成為中共政權下的第一家全國性大型綜合國有保險公司，此外，以原先國民政府時期舊保險公司為基礎，另成立了專門從事外幣業務和國外保險業務的中國保險公司。在此同時，人民政府亦開始整頓改造其他的私營保險公司，營運較差者任其淘汰，基礎較好者則進行改造，並陸續將之納入中國人民保險公司領導，私營保險公司遂逐漸退出了保險市場❺。1950年1月，《中國人民保險公司組織條例》正式公布，在當年5月，全國保險公司保費收入中，國營公司已佔有70%，私營華商公司僅佔8%，外商公司則佔有22%；1951年2月，國務院作出《關於實行國家機關、國營企業、合作社財產強制保險及旅客強制保險的決定》，指定中國人民保險公司為辦理強制保險機關；在將民營保險公司逐漸收歸國營的同時，人民政府也對外資保險公司進行限制，除取消其外匯自由匯出外，並要求依規定繳納保證金，對違法、違規者則予處罰直至勒令停業為止，外資保險公司業務越來越少，1952年1月，外資保險公司完全退出中國保險市場。

㈡保險業務停辦時期(1953－1978年)

　　1953年3月，全國保險會議在北京舉行，決定整頓城市保險業務，停辦農村保險及調整保險機構；1955年又停辦鐵路郵電、水利交通、地稅、糧食等系統的保險業務，1958年全國財政會議正式決定全面停辦國內保險業，只保留涉外保險業務繼續經營，1959年起，中國人民保險公司由財政部劃歸中國人民銀行國外業務局領導，人員大幅縮編至數十人，文革時中國人民保險公司甚至一度停辦國外保險和再保險

---

❺　1956年8月，在太平、新豐兩家保險公司通過公司合營後，私營保險公司乃退出了中國保險市場。

業務，只象徵性的保留出口貨運保險業務❻。

(三)保險市場恢復與體系初步形成時期(1979－1994年)

1979年2月，中國人民銀行行長會議在北京召開，做出恢復國內保險業務的決定，同年4月，中國人民銀行發出《關於恢復國內保險業務和加強保險機構的通知》，決定恢復國內保險業務，重新設立保險公司，同年11月，中國保險學會成立。至1980年底，除了西藏以外的28個省、自治區、直轄市都漸次恢復了人民保險公司分支機構。

1981年4月，中國人民保險公司行政建制改為專業公司，實行獨立核算，下放業務經營自主權，各級保險公司受同級中國人民銀行和總公司雙重領導；1984年9月國務院頒布了大陸第一部財產保險合同之規範性法規《財產保險合同條例》，1985年3月，又頒布《保險企業管理暫行條例》，是為大陸第一部保險業的法律條件，為獨立法人地位保險公司的設立提供了法律依據；1988年4月，中國人民銀行批准深圳平安保險公司設立，成為大陸第一家股份制保險公司；1991年4月，交通銀行在其保險業務部的基礎上組建了中國太平洋保險公司，其後幾年，天安保險公司、大眾保險公司等股份制保險公司紛紛成立；1992年10月，美國國際集團獲准在上海經營壽險及非壽險業務，是改革開放後第一家進入保險市場的外資保險企業，之後外資保險公司與中外合資保險公司陸續返回中國市場，大陸的保險市場也進入了多元競爭的時代。

(四)保險市場規範發展時期(1995年迄今)

1995年6月，人民代表大會通過了《保險法》，並於10月1日開始實施，大陸的保險市場正式開始法制規範的發展時期。《保險法》共分8章，152條條文，內容除總則外，對保險合同、保險公司、保險經營原則、保險業的監督管理、保險代理人和經紀人以及法律責任等，皆有明確的規範。

《保險法》的主要內容如下：

1. 財產保險與人身保險必須分業經營，財產保險包括財產損失保險、責任保險、信用保險；人身保險包括人壽保險、健康保險、意外傷害保險。

---

❻ 在1966年文革以前，雖然中國人民保險公司停辦了國內保險業務，但上海、天津、廣東、哈爾濱等地仍按自願原則，繼續辦理國內保險業務，直至文革開始才停止。

2.保險公司應採股份有限公司或國有獨資公司二類形式。

3.設立保險公司，應具備下列條件：

　⑴有符合保險法和公司法規定的章程。

　⑵有符合保險法規定的註冊資本最低限額(人民幣兩億元，且應為實繳貨幣資本)。

　⑶有具備任職專業知識和業務工作經驗的高級管理人員。

　⑷有健全組織機構和管理制度。

　⑸有符合要求的營業場所和與業務有關的其他設施。

4.保險公司成立後必須按照其註冊資本總額的20%提取保證金，存入金融監督管理部門指定的銀行，除保險公司清算時用於清償債務外，不得動用。

5.保險公司的資金運用必須穩健，遵循安全性原則，並保證資產的保值增值。保險公司的資金運用，限於在銀行存款、買賣政府債券、金融債券和國務院規定的其他資金運用形式，不得用於設立證券經營機構和向企業投資。

1996年7月，中國人民銀行頒布《保險管理暫行規定》；1997年9月，13家全國性、區域性中資保險公司共同簽署中國第一個《全國保險行業公約》，並於10月1日起實施；同年11月中國保險信息網面向公眾開通運行，提供保險專業信息；1998年10月，中國人民銀行批准保險公司加入全國同業拆借市場，從事債券買賣業務，11月中國保險監督管理委員會成立，接管了原中國人民銀行的保險監管職能。

此外，《保險法》實施後，中國人民保險公司於1995年10月改組為中國人民保險(集團)公司(簡稱中保集團)，下設中保財產保險公司、中保人壽保險公司、中保再保險有限公司三個子公司，1998年3月，三公司再改為獨立的中國人民保險公司、中國人壽保險公司和中國再保險公司，原中國人民保險(集團)公司則相應取消。外資保險公司在1980年以後，也陸續回到大陸設立聯絡處，至於分公司的設立，則是從前述1992年9月美國國際保險集團在上海成立分公司開始，1994年7月，日本東京火災海上保險公司也在上海成立分公司，其後瑞士豐泰、加拿大宏利、德國安聯等保險公司也陸續以分公司或合資公司的形式進入中國保險市場。外國保險公司的經營模式、保險產品給大陸保險市場帶來威脅，卻也引注了市場的新活力。截至2001年9月底為止，大陸境內共有24家中外保險公司，其中包括14家本國保險公司、10家外(港)資

及合資保險公司與12家保險中介機構，臺灣的國壽、新壽、富邦產險、明台產險四家公司亦已獲准在大陸設立辦事處。

2001年12月22日，國務院公布《外資保險公司管理條例》，對外資在大陸設立保險公司有下列主要規定：

1. 設立外資保險公司，應經中國保監會核准。
2. 合資及獨資保險公司最低註冊資本額為人民幣2億元，註冊資本最低限額必須為實繳貨幣資本；外國保險公司分公司應當由總公司無償撥給不少於人民幣2億元等值的自由兌換貨幣營運資金。
3. 在大陸設立保險公司的外國保險公司經營保險業務需在三十年以上，提出設立申請前一年年末總資產不少於50億美元。
4. 在大陸境內已設立代表辦事處二年以上。
5. 申請者所在國家或者地區有完善的監督管理制度。

二、大陸保險市場的管理與現況

㈠保險市場的管理

1998年11月18日成立的中國保險監督管理委員會(簡稱中國保監會)是目前大陸商業保險的監管部門，有關中國保監會的介紹，我們已在第五章第八節向讀者說明，請自行參閱。除此之外，上海與深圳的保險公司亦已組設同業公(協)會，實行行業自律。

㈡大陸保險市場現況

表7-7為2000年大陸保險業的經營情況。 在保費收入方面， 人身險較財產險為多，人身險保費中，85%來自壽險，其次是意外險和健康險；至於保險給付則是以財產險為多，人身險的給付，則是以壽險為主。在資金運用方面，銀行存款與投資約為各半，投資中又以國債居多，約佔投資金額的九成，其餘投資則是購買證券投資基金。

表7-7 大陸保險業經營狀況

2000年12月 單位: 萬元

保費收入	15,958,577
1.財產險	5,983,900
2.人身險	9,974,677
(1)人身意外傷害	808,154
(2)健康險	654,806
(3)壽險	8,511,717
賠款、給付	5,273,572
1.財產險	3,058,896
2.人身險	2,214,676
(1)人身意外傷害	323,606
(2)健康險	129,166
(3)壽險	1,761,904
營業費用	2,166,086
銀行存款	12,353,827
投資	13,032,248
其中: 國債	9,559,535
證券投資基金	1,335,396
資產總額	33,738,948

資料來源: 中國保險監督管理委員會。

　　表7-8為1999年大陸保險公司業務經營情況。就財產保險而言，保險金額以企業財產險為主，其次為機動車輛險、貨物運輸險……等，保費收入是以機動車輛險最高，其次為企業財產險、貨物運輸險，賠款及給付金額則依序為機動車輛險、企業財產險與貨物運輸險等；在人身保險方面，保險金額以人身意外傷害險最高，其次是壽險、健康險，保費支出是以壽險為大宗，接著是人身意外傷害險和健康險，賠款及給付金額則依序為壽險、人身意外傷害險和健康險。

表7-8　大陸保險公司業務經濟技術指標(1999年)

項　　目	保險金額 (億元)	保　費 (萬元)	賠款及給付 (萬元)
合計	666,427	14,061,712	5,080,178
財產保險公司	138,683	5,272,181	2,796,987
企業財產險	64,769	1,129,757	507,834
家庭財產險	4,252	122,571	45,105
機動車輛險	24,357	3,064,240	1,709,542
船舶險	12,404	110,600	100,037
貨物運輸險	14,877	352,787	137,002
衛星及核能險	848	15,320	17,139
建築、安裝工程保險及責任保險	2,890	56,654	22,364
責任險	6,528	168,197	86,170
保證保險	448	14,126	9,709
出口信用險	256	23,906	18,109
農業險	749	63,228	48,556
其他險	6,305	150,795	95,420
人壽保險公司	527,744	8,789,531	2,283,191
壽險	46,670	7,701,407	1,904,917
健康險	31,396	414,665	109,971
人身意外傷害險	449,678	673,459	268,303

資料來源：國家統計局。

表7-9則是大陸保險機構與人員統計表。

表7-9　保險系統機構、人員數

1999年12月

項　　目	機構數(個)	職工人數(人)
總計	8,717	171,865
一、機構部門按行政區劃分		
總公司	3	974
省級分公司	81	9,701
計劃單列市	10	1,557
地市級分公司	987	38,009
地市營業部	72	2,181
縣級支公司	4,076	65,827
縣級營業部	885	9,422
辦事處或營業部	1,873	3,509
保險院校	4	470
其他	34	598
二、機構分布按經濟區劃分		
總公司	25	4,668
一級分公司	82	19,966
二級分公司	34	3,896
支公司	354	9,462
辦事處或營業部	188	1,575
其他	9	50

資料來源: 同表7-8。

第八章　大陸外匯市場

改革開放以前，大陸實行高度集中的計劃經濟體制，當時外匯資源短缺，實行嚴格的外匯管制；1979年以後，外匯管理隨著市場經濟的發展逐漸鬆綁，先後實行外匯留成制度、發展調劑市場、匯率併軌及實現人民幣經常帳項目下的可自由兌換，建立了統一、規範化的外匯市場。

第一節　外匯市場的沿革與發展

大陸外匯市場的發展可以分為四個階段：第一階段為1949年至1952年的國民經濟恢復時期，第二階段是1953年到1978年的計劃經濟管制時期，第三階段是1979年到1993年的經濟轉型時期，第四階段則是1994年至今的社會主義市場經濟時期，以下我們就分別說明之。

一、國民經濟恢復時期（1949-1952年）

大陸政權成立初期，進出口停頓，外匯短缺，國家實施外匯集中管理與經營。1949年1月，中國人民銀行以天津口岸匯價為基準，正式對外公布人民幣匯率，1美元折合人民幣80元；初期由於各城市成立人民政府的時間不一，物價也不相同，當地中國人民銀行乃在中央統一政策和管理之下，以天津匯率為基準，公布各自的匯率，之後隨著經濟的恢復和財經的統一，各地區物價漸趨一致，中國人民銀行乃在1950年7月實行全國統一的人民幣匯率，匯率則由中國人民銀行公布。

除了統一人民幣匯率之外，在此時期，政府也採行了多項管理外匯的重點工作，包括：

㈠建立外匯管理制度

1949年9月，人民政治協商會議通過《共同綱領》，其中第三十九條規定：「禁止外幣在國內流通。外匯、外幣和金銀的買賣，應由國家經營管理」，並指定中國人民銀行是國家外匯的管理機關；1950年10月政務院頒布《外匯分配使用暫行辦法》，1951年3月公布《禁止國家貨幣出入國境辦法》，此外，中國人民銀行也同時發布《僑匯業管理暫時辦法》，1951年8月發布《個人申請結購及支領攜帶外匯管理暫行辦法》，1952年10月發布《禁止國家貨幣票據及證券出入國境暫行辦法》等，逐漸建立外匯管理制度。

㈡實行供匯與結匯制度

根據《外匯分配使用暫行辦法》規定，全國各地的出口外匯及僑匯收入一律應賣給或存入國家指定銀行，並由中央財政經濟委員會(簡稱中財委)統一掌握，分配使用❶；外匯分配的原則是：先中央後地方、先工業後商業、先公後私，對申請進口所需外匯者，依據國家政策，國家能生產、調撥，有代用品和庫存的不批；個人欲使用外匯者由中央財政經濟委員會授權中國銀行核批，購匯標準也極為嚴格。

㈢實施進出口許可證制度

建政初期，中國進出口貿易主要仍由民商經營，為加強對私營進出口貿易收支的監督和管理，乃全面實行進出口許可證制度和銀行簽證制度。依據1950年政務院頒布的《對外貿易管理暫行條例》及其《實施細則》，進出口商進口或出口商品，必須經過對外貿易管理局的核准，取得進出口許可證，再經銀行簽證後，才得以辦理買匯或報關出口，銀行透過簽證掌握進出口外匯收支，監督私商即時收匯及合理用匯。

㈣鼓勵僑匯和扶植出口

為積極創匯，國家鼓勵僑匯和出口。1949年期間，人民幣持續貶值，政府為鼓勵出口創匯，允許出口商延期結匯，1950年人民幣止跌回升，則允許出口商預先將外匯賣給指定銀行(預結外匯)；而為照顧僑匯，對於華僑匯款，儘量給予方便，包括給予最高外匯牌價結匯及實行人民幣僑匯價等。

經過國民經濟恢復時期的整頓與規範，中共建立了外匯管理的基本制度，肅清

---

❶　當時核准了53家銀行為外匯指定銀行，含本國銀行35家、僑資銀行3家、外商銀行15家。

外幣在境內流通，鼓勵僑匯和扶植出口，對外貿易逐步發展，國際收支也獲得改善。

二、計劃經濟管制時期（1953-1978年）

1953年起，中共進入社會主義建設時期，全面實行計劃經濟體制，對外貿易由國營對外貿易公司專管，外匯業務由中國銀行統一經營，逐步形成了高度集中、計劃控制的外匯管理體制。

㈠外匯統一經營

在此時期，對外貿易部、財政部和中國人民銀行共同負責外匯管理制度。國家的外貿進出口由對外貿易部管理，並由對外貿易部所屬的國營外貿專業公司統一經營；中央部門所屬單位的非貿易外匯收支由財政部管理，地方機關、企業和私人的外匯收支由中國人民銀行管理；外匯業務則收回由中國銀行統一經營。

㈡外匯收支指令性計劃管理

所有進出口計劃、中央部門非貿易外匯收支計劃、地方機關、企業私人外匯收支計劃分別由對外貿易部門、財政部和中國人民銀行彙總編製，送由國家計劃委員會綜合平衡和統一分配使用，實行「統收統支」、「以收定支、以出定進」的國際收支平衡政策，一切外匯收入必須售給國家，由國家按計劃分配和批給需要用匯單位，依照指令性計劃行事。同時為鼓勵創匯，1958年至1968年間一度實行出口、僑匯和其他非貿易外匯收入中央與地方分成辦法，但在文革開始予以取消。

㈢對貿易外匯的管理

1953年以後，對外貿易實行國家控制，由外貿部所屬的國營外貿進出口公司統一經營，進出口完全按照國家批准的指令性計劃進行，出口實行收購制，進口實行調撥制，盈虧由國家負責。在對外貿易管理上取消了進出口許可證和銀行簽證制度，改由進出口報關單取代，中國人民銀行與外貿部簽訂了代理收付外匯合同，代理國營對外貿易單位的收匯付匯；中國人民銀行按照國家核定的進出口外匯收支計劃、對外簽定的支付計劃以及外貿部門訂立的結匯合同，監管外匯收付，促進開源節流，保證外匯收支計劃的實現。

㈣對非貿易外匯的審批

1954年4月中財委頒布《關於非貿易外匯節約使用及增加收入的通知》，責成財

政部、中國人民銀行等管理部門確實建立健全的審核計劃、檢查使用及用後報銷等制度；1966年5月國務院頒發了《關於加強非貿易外匯管理的規定》，1972年9月，國家計劃委員會與財政部聯合頒布《關於試行非貿易外匯管理辦法》，加強對非貿易外匯的管理工作。

在此期間，非貿易外匯管理的內容包括：

1. 各單位持有的外匯都必須申報，除業務上必須保留的周轉金之外，應悉數賣給中國銀行。

2. 各單位應把經常性的非貿易外匯收支按照規定編製年度計劃，由財政部彙總，送國家計劃委員會綜合平衡後報國務院批准，各單位必須嚴格按照國家批准的計劃和規定的開支標準執行，年終節餘外匯必須及時上繳，不得跨越年度使用。

3. 有關對外業務的外匯收支，由中國人民銀行各相關企業簽訂業務聯繫合同，掌握情況，並加強監督和服務。

㈤人民幣匯率政策

計劃經濟時期人民幣匯價的特點是，除對個別國家通貨外，人民幣匯率基本上保持穩定。

1. 人民幣匯率釘住英鎊時期：

1950年韓戰爆發，美國對中共進行經濟制裁，雙方貿易逐漸萎縮，貿易清算改為記帳易貨方式，1952年1月中國人民銀行宣布停止美元匯率掛牌，從次年起人民幣改採釘住英鎊，匯率固定在1英鎊兌換6.893元人民幣，從1953年至1972年間，除了1967年因英鎊在國際間大幅貶值時曾經將匯率調整至1英鎊兌換5.908人民幣外，人民幣匯率並沒有變動過。至於人民幣與其他社會主義國家貨幣匯率，則是以政府協定方式制定，先制定人民幣與蘇聯盧布的匯價，其他國家的匯率再透過與蘇聯盧布的比價來決定，以作為中共與這些國家易貨貿易的結算基礎，惟1970年後，中共與蘇聯和其他社會主義國家協議，以瑞士法郎作為計價結算基礎，直至1978年中共退出布拉格協議後，才改用西方自由外匯交易結算。此外，1971年開始，中國銀行對外開辦人民幣遠期買賣交易，外國企業可藉由人民幣遠期買賣，將匯率風險轉嫁給銀行。

2. 「一籃子貨幣」加權平均定價時期：

1973年國際間固定匯率制度瓦解，取而代之的是浮動匯率制度，各國匯率波動劇烈，官方公布的匯率無法及時反應實際情況，因此中共乃決定將人民幣匯價在原固定匯率時期的匯率水平基礎上，以「一籃子貨幣」的計算方法，依實際情況，多次予以加權調整。

㈥獨立自主、自力更生

50年代中共雖向蘇聯大量借貸，從事基礎農工建設，但後來中蘇關係惡化，中共乃於1964年提前還清所有外債，以後相當的時間，沒有向外國借款，也不允許外國來華投資，實行獨立自主、自力更生的政策。

綜上所述，在1953年到1978年的20餘年間，由於與國外經濟阻絕，外匯收支金額不大，再加上政府實行高度集中的外匯管理制度，人民幣匯率基本上是作為計劃核算的工具，與實際進出口貿易逐漸脫離，貿易收支相抵後，也略有節餘。

三、經濟轉型時期（1979-1993年）

1979年改革開放後，大陸外匯體制有了重大變革，先後實施了外匯留成制度與開辦外匯調劑業務，在1994年匯率併軌以前，也陸續多次進行匯率制度的改革。

㈠外匯留成制度

所謂「外匯留成」制度，是出口企業將出口收入的外匯賣給國家後，國家按規定的比例給予企業和地方外匯留成額度，日後企業如有用匯需求，不必再向外匯管理部門申請外匯，可在留成額度內使用人民幣，按官方外匯牌價購買外匯。外匯留成分為額度留成與現匯留成兩種，前種留成需與人民幣合併使用結匯，後者則是國家予以核撥現匯，持有現匯單位可在法令規範內自由使用，1990年代以前的留成制度，除了少數特定地區與行業外，多以額度留成為主。

外匯留成是各承包單位每月出口收匯後，按規定完成上繳中央外匯的任務，剩餘部分再辦理留成外匯的分配。1988年以前，一般貿易商品留成比例為25%，地方與生產企業各得12.5%，非貿易留成比例則介於30%-40%之間，依據各地經濟情勢和收入外匯之性質有所不同；1991年以後，企業留成比例增加，同時按商品大類劃分實行全國統一的外匯留成比例。表8-1為當時的外匯留成比例分配表。

表8-1　中國大陸外匯留成比例分配表

種　類	上繳中央	有無補償	地方留成	企業留成
國家統一安排石油	96%	無	2.7%	1.30%
煤代油	95%	無		5%
超產石油	30%	有		70%
機電和特定科技產品	30%	有	5%	65%
	20%（外貿出口企業） 10%（出口供貨企業）			
一般商品	50%		10%	40%
	20%	無	6%（國家直屬企業上繳主管部門）	
	30%	有	4%（直供企業上繳主管部門）	
	20%（外貿出口企業） 10%（出口供貨企業）			
來料加工	10%	無	10%	80%
				45%（外貿出口企業）
				35%（加工裝配企業）
西藏自治區及軍品			100%	

註：所謂補償指國家按照外匯調劑市場價格與國家公布的外匯牌價之價差，由國家補足。

資料來源：劉向東主編，《中國對外經濟貿易政策指南》，北京：經濟管理出版社，1992年11月，頁479。

(二)外匯調劑市場

外匯留成制度實施後，有些創匯單位擁有留成額度，但本身可能並無使用外匯之需要；相對的，有些企業需要用匯而國家計劃未能安排，為互通有無，中國銀行乃於1980年10月在北京、上海等12個城市開辦外匯調劑業務，然後逐步發展成外匯調劑市場。

外匯調劑業務初期僅允許現匯交易，如為外匯額度，則企業須先向中國銀行買成現匯後才可以進行交易；隨著時間的發展，外匯額度的有償交易逐步被允許。

1985年11月，深圳外匯調劑中心成立，隨後各經濟特區也相繼成立外匯調劑中心，便利外匯留成額度的買賣；1986年2月，中國人民銀行制定《關於辦理留成外匯調劑的幾項規定》，外匯調劑業務的審批與監督責任由中國銀行移交給國家外匯管理局，現匯交易由中國銀行或其他金融機構監督交易，外匯額度成交後則由國家外匯管理局監督雙方交割和過戶；此外經國務院批准，外匯調劑價格提高，現匯價格為

每美元4.2元人民幣，外匯額度價格則是1美元額度為1元人民幣，經濟特區的調劑價格則可以自由議價；同年10月，國務院公布了《關於鼓勵外商投資的規定》，允許外商投資企業在外匯管理部門的監管下，相互調劑外匯餘缺，自行議價，但除經濟特區外，外商投資企業不能與國營、集體企事單位進行外匯調劑買賣。

　　1988年3月開始，各省、自治區、直轄市、經濟特區和沿海主要城市紛紛設立外匯調劑中心，負責辦理當地企業、部門、地方國有和集體事業單位以及外商投資企業間的外匯現匯和留成額度調劑業務；北京則成立全國外匯調劑中心，負責辦理中央部門所屬企、事業單位間的調劑業務。此外，原先外匯調劑價格之限制也於3月同時取消，外匯調劑價格改由市場供需決定，促進了外匯交易的合理發展。

　　1988年9月，上海成立第一家外匯調劑公開市場，實行會員制、競價成交和集中交易，此後廈門、深圳、青島等18個城市也相繼建立了外匯調劑公開市場；1989年擴大外匯調劑範圍，開放華僑、港澳捐贈外匯及地方政府的留成外匯參加調劑，1991年11月起，更允許個人所有的外匯參與外匯調劑公開市場。

　　外匯調劑階段，市場有兩種類型：一是外匯調劑公開市場，另一類是櫃檯交易形式的外匯調劑市場。全國18個城市所設的外匯調劑中心屬於公開市場，採行會員制，實施競價成交、集中交割清算，透明度較高；櫃檯交易形式則是經由外匯調劑中心安排，按照買賣外匯單位登記的時間、金額、外匯來源或用途，由雙方直接議價或是由調劑中心先代客買、賣斷，再與客戶進行交易。

　　外匯調劑市場的建立，代表著外匯交易朝向市場化的起步，但因交易標的僅為現匯及額度的即期交易，與國際間的外匯市場仍有相當大的距離；而且調劑市場是按行政區設置，難免受到區域發展和地方行政干預之影響，造成資金流通不暢，各地匯率不統一的情形；1991年4月開始，官方匯率的調整由以往一次性、大幅度的調整方式改為逐步緩慢調整方式，但外匯調劑市場匯率則開放讓其隨市場供需變動，造成官方匯率與外匯調劑匯率存在相當大的差距❷。

---

❷　例如在1993年底官方匯率為1美元合5.22元人民幣，但1993年5月，外匯調劑市場匯率卻為1美元合11.2元人民幣，但後來在政府干預下，外匯調劑市場匯率回到1美元合8.70元人民幣左右，並一直維持到年底。

㈢人民幣匯率制度的改革

　　除了實行外匯留成與建立調劑市場外，從1981年起人民幣匯率也進行了一系列的改革：

1.實行貿易內部結算和對外公布匯率的雙重匯率制度：

計劃經濟時期，人民幣匯率僅作為核算工具，並未反應實際國際收支情況，由於幣值長期維持穩定，人民幣匯率逐步高估，造成出口虧損、進口賺錢的不合理現象。為了擴大出口，人民幣需要貶值，但貶值又不利於非貿易外匯收入，因此乃決定實施雙重匯率。1981年大陸制定了一個貿易外匯內部結算價，按當時全國出口商品平均換匯成本加10%利潤計算，定為1美元合2.8元人民幣，適用於進出口貿易的結算，同時繼續保留官方匯率，1美元合1.5元人民幣，並沿用原「一籃子貨幣」計算和調整，用於非貿易外匯的結算；雙重匯率雖然對鼓勵出口和照顧非貿易利益發揮了作用，但在使用範圍上出現了混亂，給外匯核算和外匯管理帶來不少問題，隨著國際市場美元匯率的上升，中國人民銀行逐步調降官方匯率，1984年底官方匯率已接近貿易外匯內部結算價，1985年1月1日，內部結算價取消，重新實行單一匯率，1美元合2.8元人民幣。

2.根據國內外物價變化，調整官方匯率：

改革開放後，物價進行改革，逐步放寬，物價上漲，為使人民幣匯率同物價變化相適應，起到調節國際收支的作用，從1985年到1990年，人民幣匯率多次調整，1985年1美元兌換2.8元人民幣，1990年11月，1美元則可兌換5.22元人民幣。這幾年間人民幣之貶值，主要是依據全國出口平均換匯成本上升的變化而調整，匯率的下調落後於物價的上漲。

3.允許多種金融機構經營外匯業務：

1979年前，大陸外匯業務由中國銀行統一經營。為適應改革開放以後的新形勢，在外匯業務領域中引入競爭機制，改革外匯業務經營，允許國家專業銀行業務交叉，並批准設立了多家商業銀行和一批非銀行金融機構經營外匯業務；同時允許外資金融機構設立營業機構，經營外匯業務，形成了多種金融機構參與外匯業務的格局。

4.建立對資本輸出入的外匯管理制度：

⑴對外商投資企業的外匯管理：

為鼓勵外商投資，對外商投資企業外匯收支採取寬鬆政策，允許外商在銀行開立外匯帳戶，保留外匯收入，以其擁有的外匯支付日常經營所需外匯，貫徹自行平衡，政府則透過登記和年度檢查制度進行監管。

⑵對外債的管理：

1986年4月，國務院責成國家外匯管理局統一管理全國外債，企業借用外債必須與創匯掛鉤，創匯多的地方、企業可以多借一些，創匯較少或缺少創匯能力的，則從嚴控制；對外借款和在境外發行債券也必須經由國家外匯局審批，外債借用納入國家計劃，對中長期外債實行年度指標控制，短期外債實行餘額管理，此外並實施外債登記制度，建立全國外債統計監測系統。

5. 放寬對境內居民的外匯管理：

個人存放在國內的外匯，准許持有和存入銀行，但不准私自買賣和私自攜帶出境。對個人收入的外匯，視不同情況，允許按一定比例或全額留存外匯。從1985年起，對境外匯給國內居民的匯款或從境外攜入的外匯，准許全部保留，在銀行開立存款帳戶。1991年11月起允許個人所有的外匯參與外匯調劑。個人出國探親、移居出境、外國留學、贍養國外親屬需用外匯，可以憑出境證件和有關證明向國家外匯管理局申請。

6. 外匯兌換券的發行和管理：

為了便利旅客，防止外幣在國內流通和套匯、套購物資，1980年4月1日起中國銀行發行外匯兌換券，外匯券以人民幣為面額。外國人、華僑、港澳臺同胞、外國使領館、代表團人員可以用外匯按銀行外匯牌價兌換成外匯券在旅館、飯店、指定的商店、飛機場購買商品和支付勞務、服務費用。未用完的外匯券可以攜帶出境，也可以在不超過原兌換數額的50%以內兌回外匯。收取外匯券的單位須經外匯局批准，可以開立外匯帳戶，把外匯券兌換給銀行的，可以按規定給予外匯留成。

四、社會主義市場經濟時期(1994年迄今)

1992年10月中共第十四屆三中全會作出了建立社會主義市場經濟的決定，1993

年12月國務院通過《關於金融體制改革的決定》，明確指出：「改革外匯管理體制，建立以市場供求為基礎的、有管理的浮動匯率制度和統一規範的外匯市場，逐步使人民幣成為可兌換貨幣」，12月28日中國人民銀行發布了《關於進一步改革我國的外匯管理體制的公告》，決定自1994年1月1日起，大幅改革外匯管理體制。

㈠實現匯率併軌，統一全國匯率

1994年1月1日，人民幣官方匯率與外匯調劑市場匯率併軌，並以1993年12月31日各地外匯調劑市場的加權平均匯率1美元合8.70元人民幣為全國統一的人民幣匯率。

㈡實行以市場供求為基礎的管理浮動匯率制度

匯率併軌後，人民幣匯率由市場供求形成，中國人民銀行每天根據前一營業日銀行間外匯市場形成的加權平均價，公布美元、日圓和港幣的基準匯率，外匯指定銀行之間的外匯買賣可以在基準匯率上下0.3%範圍內浮動，對客戶的外匯買賣則可以在基準匯率上下0.25%幅度內對外掛牌❸。

㈢實行銀行結售匯制度，取消外匯收支的指令性計劃

1.取消外匯收支指令性計劃，對中資企業實行銀行結售匯制度：

1994年1月1日開始，取消外匯上繳、留成以及境內機構經常項目外匯收支的指令性計劃和審批，對境內機構經常項目下的外匯收支實行銀行結售匯制度，除有進口額度管理和特定進口管理的商品外，其他符合國家進口管理的貨物用匯、貿易從屬費用、非貿易經營性對外支付用匯，持相關證明文件即可到外匯指定銀行辦理兌付。

2.將外商投資企業外匯收支納入銀行結匯體系：

1994年在對境內機構實行銀行結售匯制度時，對外商投資企業的外匯收支仍維持原來辦法，准許保留外匯，外商投資企業的外匯買賣仍須委託外匯指定銀行通過當地外匯調劑中心辦理，統一按照銀行間外匯市場的匯率結算。1996年7月1日起，外商投資企業外匯買賣納入銀行結售匯體系，同時外商投資企業的外匯帳戶區分為用於經常項目的外匯結算帳戶和用於資本項目的外匯專用帳戶。外

❸ 1996年7月1日起，外匯指定銀行間的外匯買賣擴大為基準匯率的上下1%，1997年7月1日起，銀行對客戶日圓、港幣的上下浮動範圍也擴大為1%。

匯局核定外匯結算帳戶的最高金額，外商投資企業在核定的限額內保留經常項下的外匯收入，超過部分必須結匯。外商投資企業經常項目下的對外支付，憑規定的有效憑證可直接到外匯指定銀行辦理，同時，繼續保留外匯調劑中心為外商投資企業外匯買賣服務。1998年12月1日外匯調劑中心關閉以後，外商投資企業外匯買賣全部在銀行結售匯體系進行。

㈣**建立銀行間外匯市場**

1994年1月1日起，中資企業退出外匯調劑中心，外匯指定銀行成為外匯交易的主體。1994年4月1日，上海成立了全國統一的中國外匯交易中心，形成了統一的外匯市場——銀行間外匯市場，並在將近40個城市設立分中心，4月4日起中國外匯交易中心系統正式營運，實行會員制、分別報價、集中交易和外匯交易市場清算的制度。中國人民銀行則根據宏觀經濟政策目標，對外匯市場進行必要的干預，調節市場供求。

銀行間外匯市場分為兩個層次：一是外匯指定銀行和企業間的交易市場，也稱為零售市場；二是外匯指定銀行之間以及外匯指定銀行和中國人民銀行之間的外匯交易，交易時間為週一至週五上午9:00-11:00，會員可採交易中心的現場交易或利用計算機網路進行遠程交易；至於交割則採T+1日結算，人民幣實行二級結算，亦即各分中心負責與當地會員之清算，總中心負責各分中心的差額清算；外匯資金則實行一級結算，即總中心直接負責各會員之間的清算。

㈤**取消外匯券**

外匯券的發行原本有其正面的意義，但隨著時間的變化，也逐漸出現不少問題。某些地區外匯券與人民幣同時在市面流通，且由於以外匯券表示的商品價格與人民幣表示的商品價格相差極大，造成物價的混亂。1994年起，外匯券停止發行，1995年1月1日起不准在市面流通，並限期於同年6月30日前兌回。

㈥**實現人民幣經常項目的完全可兌換**

除了上述1996年將外商投資企業外匯買賣納入銀行結售匯體系外，同年7月一般居民因私兌換外匯的標準也大幅提高，此外並取消了出入境展覽、招商等非貿易、非經營性用匯的限制，允許駐華機構及來華人員在境內購買的自用物品、設備、用具等出售後所得之人民幣款項可以兌換外匯匯出；1996年12月1日，中國政府正式宣

布接受國際貨幣基金(IMF)協定第八條款要求，實現了人民幣經常項目的完全可兌換。

第二節　外匯市場的現況

　　大陸外匯市場的管理，是由中國人民銀行、國家外匯管理局、中國外匯交易中心三單位協力合作，各負其責，外匯市場管制未來將進一步放寬，朝向資本帳下的人民幣完全可兌換努力。

一、大陸外匯市場的管理架構

　　大陸目前對外匯市場的管理，是由中國人民銀行、國家外匯管理局、中國外匯交易中心三單位共同負責，中國人民銀行掌理外匯市場的宏觀調控，國家外匯管理局負責市場監管，中國外匯交易中心則是專司市場運行，各職能部門各司其職，各負其責。本書第四章中已介紹過中國人民銀行，以下僅就國家外匯管理局職能再加以說明。

　　國家外匯管理局是國務院部委管理國家局之一，目前由中國人民銀行代管，機構設置方面設有綜合(人事)司、國際收支司、管理檢查司、資本項目管理司、儲備管理司，另有中央外匯業務中心、信息中心、中國外匯交易中心北京分中心、機關服務中心和「中國外匯管理」雜誌社等事業單位，除在北京與重慶設有管理部外，在各大城市亦設有管理局分局及支局，各地分局地方中國人民銀行分行合署辦公，如圖8-1。

　　國家外匯管理局的主要職能如下：

1. 設計、推行符合國際慣例的國際收支統計體系，擬定並組織實施國際收支統計申報制度，負責國際收支統計數據的採集，編製國際收支平衡表。

2. 分析研究外匯收支和國際收支狀況，提出維護國際收支平衡的政策建議，研究人民幣在資本項目下的可兌換。

3. 擬定外匯市場的管理辦法，監督管理外匯市場的運作秩序，培育和發展外匯市場；分析和預測外匯市場的供需形勢，向中國人民銀行提供制訂匯率政策的建

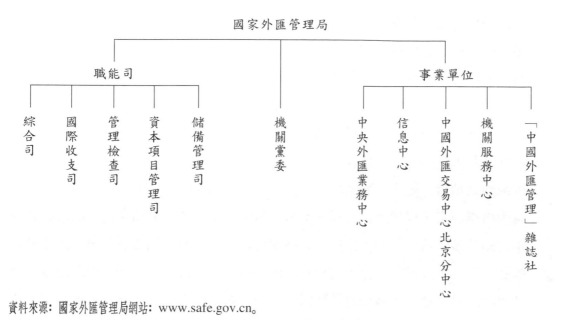

資料來源：國家外匯管理局網站：www.safe.gov.cn。

圖8-1　國家外匯管理局組織架構圖

議和依據。

4. 制訂經常項目匯兌管理辦法，依法監督經常項目的匯兌行為；規範境內外外匯帳戶管理。

5. 依法監督管理資本項目下的交易和外匯的匯入、匯出及兌付。

6. 按規定經營管理國家外匯儲備。

7. 起草外匯行政管理規章，依法檢查境內機構執行外匯管理法規的情況、處罰違法違規行為。

8. 參與有關國際金融活動。

9. 承辦國務院和中國人民銀行交辦的其他事項。

二、大陸外匯市場管理現況❹

㈠人民幣經常項目可兌換

1. 經常項目外匯收入實行銀行結匯制度：

---

❹　以下內容主要出自於國家外匯管理局網站：www.safe.gov.cn。

境內機構經常項目下的外匯收入，除國家規定准許保留的外匯可以在外匯指定銀行開立外匯帳戶外，都須及時調回境內，按市場匯率賣給外匯指定銀行。所有外商投資企業均可以開立外匯結算帳戶，在核定的最高金額內保留經常項目外匯收入。符合一定條件的部分中資企業也可以保留一定限額的經常性外匯收入，在外匯指定銀行開立經常項目的外匯結算帳戶。另外，中資機構部分非貿易外匯收入也可以保留外匯，開立外匯帳戶。

2.取消經常項目外匯支付限制：

境內機構經常項目用匯，可以按照市場匯率憑相應的有效憑證用人民幣向外匯指定銀行購匯或從其外匯帳戶上對外支付。預付貨款、傭金等超過一定比例或數額，經外匯局進行真實性審核後，可以在銀行辦理兌付。個人因私用匯，標準以內的可以憑有效憑證直接到銀行辦理，超過標準的可以持有效憑證到外匯局進行真實性審核後到銀行購匯。

3.實行進出口收付匯核銷制度：

1991年1月1日，中國開始實行出口收匯核銷制度；1994年8月1日開始，又實行了進口付匯核銷制度。出口收匯核銷是指貨物出口後，由外匯局對相應的出口收匯進行核銷；進口付匯核銷是指，進口貨款支付後，由外匯局對相應的到貨進行核銷。出口收匯核銷和進口付匯核銷制度，成為監督進出口外匯資金流動，進行經常項目下銀行結售匯真實性審核，防範外匯資源流失和違規資本流動衝擊的重要手段。1999年5月1日起實行出口收匯考核辦法，以出口收匯率和交單率為主要考核指標，對出口企業收匯情況分等級進行評定，並對不同等級的企業採取相應的獎懲措施，扶優限劣，支持出口，並督促企業足額、及時收匯。

4.通過進出口報關單聯網核查系統進行貿易真實性審核：

1999年1月1日，海關、外匯指定銀行和外匯局之間的進出口報關單聯網核查系統正式啟動，便利了企業進出口項下結、售、付匯的真實性審核，提高了工作效率。

㈡資本項目外匯嚴格管理

目前中國對於資本項目外匯進行管理的原則是：一是除國務院另有規定外，資本項目外匯收入均需調回境內；二是境內機構(包括外商投資企業)的資本項目下外

匯收入均應在銀行開立外匯專用帳戶，經外匯管理部門批准後才能賣給外匯指定銀行；三是資本項目下的購匯和對外支付，均需經過外匯管理部門的核准，持核准件方可在銀行辦理售付匯。

1. 對外債和對外擔保的管理：

對外債實行計劃管理，中資金融機構和中資企業借用外債需納入國家計委制定的利用外資計劃，國家外匯管理局對實行中長期外債餘額管理的國有商業銀行以外的其他中資金融機構和中資企業借用中長期國際商業貸款的金融條件進行逐筆審批。中國人民銀行確定全國短期國際商業貸款餘額總規模，在總規模內國家外匯管理局分別給有關省市金融機構或企業下達餘額控制指標。有短貸指標的機構可以在餘額範圍內借用短期國際商業貸款，期限不超過一年，可以在餘額範圍內周轉使用。外商投資企業借用國際商業貸款不需事先批准。所有的境內機構(包括外商投資企業)借用外債後，均需及時到外匯局定期或者逐筆辦理外債登記。所有外債的還本付息都需經外匯局核准(銀行除外)。

對外發債(包括對外發行的外幣可轉換債券、大額可轉換債券、大額可轉讓存單、商業票據)實行資格審核批准制。除財政部外，境內機構對外發債的資格，由國家計委會同中國人民銀行等部門每兩年評審一次，報國務院批准。如具備了該資格的機構發債，經國家計委審核並會簽國家外匯管理局後報國務院審批。經批准的發債的市場選擇、入市時機等有關發債條件報國家外匯管理局審批。地方政府不得對外舉債。境內機構發行商業票據由國家外匯管理局審批，並佔用其短貸指標。已上市的外資股公司對外發行可轉換債券，不實行資格審批制，在年度發行規模內，按境內機構對外發債的審批程序辦理。

對外擔保比照外債管理，僅限於經批准有權經營對外擔保業務的金融機構(不含外資金融機構)和具有代位清償債務能力的非金融企業法人可以提供。除經國務院批准使用外國政府貸款或者國際金融組織貸款進行轉貸外，國家機關和事業單位不得對外出具擔保。境內機構出具對外擔保需經外匯局逐筆審批。對外擔保也須向外匯局登記，履行對外擔保義務時需經外匯局核准。

2. 對外商直接投資的管理：

為鼓勵外商直接投資，中國對外商投資企業資本項目下的外匯收支活動採取比

較靈活的管理辦法：(1)外商投資企業外方投資資本金可以開立外匯帳戶保留外匯，經外匯局批准後可以結匯；(2)外商投資企業可以直接向境內外銀行借款，自借自還，事先不需報批，事後須向外匯局登記，但中長期對外借款餘額不得超過外商投資企業總投資與註冊資本的差額；(3)外商投資企業中外國投資者依法停業後分得的外匯資金，經批准後可以從其外匯帳戶中匯出或者到銀行兌付；(4)為進行監督和管理，對外商投資企業實行外匯登記和年檢制度；(5)允許外商投資企業用人民幣利潤進行再投資，享受外匯投資待遇。

3.對境外投資的管理：

中國是個資本不足的國家，對資本輸出進行嚴格管理。目前負責境外投資項目審批的主管部門是國家計委和外經貿部及其授權部門，國家外匯管理局是境外投資的外匯管理機關，境內機構向主管部門提出境外投資的立項申請前，必須經外匯局審查。外匯局主要對以下內容進行審查：(1)境內投資者的資格審查；(2)對境外投資的外匯風險審查；(3)對境外投資外匯資金來源的審查。境外投資企業依法宣告停業或解散後，其境內投資者應將清盤後的資產負債表、財產目錄、財產估價等資料報外匯局備案，並將中方應得外匯資產在清算結束後30天內調回境內，未經外匯局批准，不得擅自挪用或存放境外。

㈢不斷改進的人民幣匯率形成機制

1994年1月1日匯率併軌後，中國開始實行以市場供求為基礎的、單一的、有管理的浮動匯率制。中國人民銀行按照前一營業日銀行間外匯市場形成的加權平均匯率，公布人民幣對美元、港幣、日圓三種貨幣的基準匯率。銀行間外匯市場人民幣對美元買賣價可以在基準匯率上下0.3%的幅度內浮動，對港幣和日圓的買賣可以在基準匯率上下1%的幅度內浮動。外匯指定銀行在規定的浮動範圍內確定掛牌匯率，對客戶買賣外匯。各銀行掛牌的美元買賣匯率不得超過基準匯率上下0.15%，港幣、日圓買賣匯率不得超過基準匯率的1%。三種貨幣以外的其他外幣匯率，則按美元基準匯率，參照國際市場外匯行市套算中間匯率，買賣匯率不得超過中間匯率的0.5%。對超過100萬美元的交易，銀行與客戶可以在規定的幅度內議價成交。

㈣不斷完善的國際收支宏觀管理體系

大陸從1980年開始試編國際收支平衡表，1982年開始對外公布，1996年開始實

行新的《國際收支統計申報辦法》。在1996年推出通過金融機構間接申報國際收支的基礎上，1997年又推出了直接投資、證券投資、金融機構對外資產及損益、匯兌等四項直接申報工作。國際收支統計申報和分析預測在中國宏觀經濟調控體系中發揮了重要的作用。

㈤加強對金融機構外匯業務的監督和管理

建立銀行間外匯市場和實現經常項目可兌換後，經常項目的外匯收支基本上直接到外匯指定銀行辦理；資本項目的外匯收支經外匯管理部門批准或核准後，也在外匯指定銀行辦理。銀行在辦理結售匯業務中，必須嚴格按照規定審核有關憑證，防止資本項目下的外匯收支混入經常項目結售匯，防止不法分子通過結售匯渠道騙購外匯。1994年以來，加強了對金融機構外匯業務經營中執行外匯管理政策的監管、檢查和處罰，並建立了相應的管理制度和辦法。

㈥逐步建立外匯管理法規體系

1980年12月，大陸頒布了《外匯管理暫行條例》，此後又公布了一系列外匯管理法規及辦法。1994年改革後，對《暫行條例》進行了修改，1996年2月頒布了《外匯管理條例》；1996年底實現人民幣經常項目下可兌換後，又對該《條例》進行了修訂。近年來，陸續對各項外匯管理法規進行了全面清理和修訂，以充實、完善外匯管理法規。

第三節　外匯市場相關統計

一、匯率走勢

圖8-2為歷年來人民幣合美元的匯率。在1970年以前，官方匯率高估且極少調整，隨著改革開放，官方匯率逐漸向調劑市場匯率靠攏，1994年1月1日，官方匯率與調劑市場匯率併軌，官方匯率大幅調升，之後人民幣匯率在「管理式的浮動匯率」制度下，維持了相當的穩定。

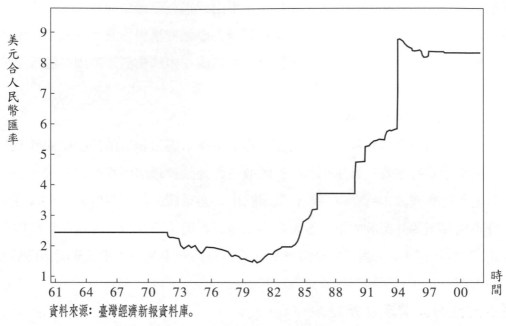

資料來源: 臺灣經濟新報資料庫。

圖8-2　歷年來美元兌人民幣的匯率

二、外債統計

表8-2則是1985年到2000年底大陸的外債統計表。從表中可以發現，近年來中共外債的金額與佔GDP比率不斷上升，但外債主要是以中長期外債為主，在2000年底佔所有外債的91%。

表8-2　大陸外債統計

年度	外債餘額 (億美元)	中長期外債		短期外債		國內生產總值(億元人民幣)	負債例(%)
		餘額(億美元)	佔總餘額的比例(%)	餘額(億美元)	佔總額的比例(%)		
1985	158.3	94.1	59.4	64.2	40.6	8,964.4	5.2
1986	214.8	167.1	77.8	47.7	22.2	10,202.2	7.3
1987	302.0	244.8	81.1	57.2	18.9	11,962.5	9.4
1988	400.0	326.9	81.7	73.1	18.3	14,928.5	10.0
1989	413.0	370.3	89.7	42.7	10.3	16,909.2	9.2

1990	525.5	457.8	87.1	67.7	12.9	18,547.9	13.5
1991	605.6	502.6	83.0	103.0	17.0	21,617.8	14.9
1992	693.2	584.7	84.4	108.5	15.6	26,638.1	14.4
1993	835.7	700.2	83.8	135.5	16.2	34,634.4	13.9
1994	928.1	823.9	88.8	104.2	11.2	46,759.4	17.1
1995	1,065.9	946.8	88.8	119.1	11.2	58,478.1	15.2
1996	1,162.8	1,021.7	87.9	141.1	12.1	67,884.6	14.2
1997	1,309.7	1,128.2	86.1	181.4	13.9	74,772.4	14.5
1998	1,460.4	1,287.0	88.1	173.4	11.9	79,553.0	15.2
1999	1,518.3	1,366.5	90.0	151.8	10.0	82,054.0	15.3
2000	1,457.3	1,326.5	91.0	130.8	9.0	89,404.0	13.5

資料來源：國家外匯管理局與陸委會網站。

三、外匯準備

表8-3為大陸歷年來的外匯儲備金額，截至2001年6月底止，中共外匯準備已達1,808.38億美元。

表8-3　大陸外匯準備

單位：億美元

年份 (Year)	儲備 (Reserves)	年份 (Year)	儲備 (Reserves)	年份 (Year)	儲備 (Reserves)
1950	1.57	1968	2.46	1986	20.72
1951	0.45	1969	4.83	1987	29.23
1952	1.08	1970	0.88	1988	33.72
1953	0.90	1971	0.37	1989	55.50
1954	0.88	1972	2.36	1990	110.93
1955	1.80	1973	−0.81	1991	217.12
1956	1.17	1974	0	1992	194.43
1957	1.23	1975	1.83	1993	211.99
1958	0.70	1976	5.81	1994	516.20
1959	1.05	1977	9.52	1995	735.97
1960	0.46	1978	1.67	1996	1,050.29
1961	0.89	1979	8.40	1997	1,398.90
1962	0.81	1980	−12.96	1998	1,449.59

1963	1.19	1981	27.08	1999	1,546.75
1964	1.66	1982	69.86	2000	1,655.74
1965	1.05	1983	89.01	2001年6月	1,808.38
1966	2.11	1984	82.20		
1967	2.15	1985	26.44		

資料來源: 同表8-2。

四、國際收支

表8-4則是2000年大陸國際收支平衡表簡表，當年度不管是經常帳或資本帳，大陸皆為順差，統計資料顯示，該年經常帳順差為205.2億美元左右，資本淨流入則有19.2多億美元。

表8-4 2000年度大陸國際收支平衡表簡表

單位: 千美元

項　目	差　額	貸　方	借　方
一、經常帳戶	20,519,248	298,972,814	278,453,565
A.貨物和服務	28,873,485	279,561,125	250,687,640
a.貨物	34,473,606	249,130,638	214,657,032
b.服務	−5,600,122	30,430,487	36,030,608
1.運輸	−6,725,148	3,670,967	10,396,115
2.旅遊	3,117,313	16,231,000	13,113,687
3.通訊服務	1,103,482	1,345,452	241,970
4.建築服務	−392,131	602,313	994,444
5.保險服務	−2,363,620	107,802	2,471,422
6.金融服務	−19,637	77,804	97,441
7.計算機和信息服務	90,934	355,947	265,013
8.專有權利使用費和特許費	−1,200,624	80,348	1,280,972
9.諮詢	−284,016	355,716	639,732
10.廣告、宣傳	21,018	223,436	202,418
11.電影、音像	−26,122	11,302	37,424
12.其他商業服務	966,651	7,083,865	6,117,214
13.別處未提及的政府服務	111,778	284,535	172,757
B.收益	−14,665,541	12,550,854	27,216,395
1.職工報酬	−477,490	201,871	679,361

2.投資收益	−14,188,051	12,348,983	26,537,034
C.經常轉移	6,311,305	6,860,835	549,530
1.各級政府	53,573	147,418	93,845
2.其他部門	6,257,732	6,713,417	455,685
二、資本和金融帳戶	1,922,224	91,986,392	90,064,168
A. 資本帳戶	−35,283	0	35,283
B. 金融帳戶	1,957,507	91,986,392	90,028,885
1. 直接投資	37,482,887	42,095,575	4,612,688
1.1 我國在外直接投資	−915,777	1,323,575	2,239,352
1.2 外國在華直接投資	38,398,664	40,772,000	2,373,336
2. 證券投資	−3,990,732	7,814,483	11,805,215
2.1 資產	−11,307,470	54,915	11,362,385
2.2 負債	7,316,738	7,759,568	442,830
3. 其他投資	−31,534,648	42,076,334	73,610,982
3.1 資產	−43,863,491	4,643,518	48,507,009
3.1.1 貿易信貸	−12,959,875	0	12,959,875
3.1.2 貸款	−18,429,647	91,075	18,520,722
3.1.3 貨幣和存款	−6,048,944	1,428,243	7,477,187
3.1.4 其他資產	−6,425,024	3,124,200	9,549,224
3.2 負債	12,328,843	37,432,816	25,103,973
3.2.1 貿易信貸	18,232,379	18,232,379	0
3.2.2 貸款	−2,391,224	12,200,369	14,591,593
3.2.3 貨幣和存款	−53,564	8,782	62,347
3.2.4 其他負債	−3,458,748	6,991,286	10,450,033
三、儲備資產	- 10,548,400	407,000	10,955,400
3.1 貨幣黃金	0	0	0
3.2 特別提款權	−57,000	0	57,000
3.3 在基金組織的儲備頭寸	407,000	407,000	0
3.4 外匯	−10,898,400	0	10,898,400
3.5 其他債權	0	0	0
四、總計	11,893,073	391,366,206	379,473,133
五、淨誤差與遺漏	- 11,893,073		11,893,073

資料來源：同表8-2。

第九章　WTO與兩岸金融的未來發展

　　在歷經十多年的努力之後，兩岸終於在2001年11月10日與11日分別通過世界貿易組織(WTO)的採認，並於12月11日與2002年1月1日加入WTO，成為第143和第144個會員國。由於入會後市場大幅開放，不僅對各自的經濟將產生重大的影響，同時兩岸之間的互動關係也會有新的調整。本章將介紹兩岸加入WTO時對金融市場的承諾事項，各自市場受到之影響，以及對未來兩岸金融可能之互動發展加以說明。

第一節　臺灣加入WTO對金融市場的承諾事項與可能之影響

　　臺灣金融市場在過去幾年已對外大幅開放，因此對於加入WTO，一般認為對市場的直接衝擊應不會太大，但長期而言將會有深遠的影響。

一、臺灣加入WTO對金融市場的承諾事項

表9-1是臺灣加入WTO對保險、銀行和證券市場的承諾事項。

表9-1　臺灣加入WTO金融業承諾事項

保險服務業	1.直接保險： (1)開放跨國提供海運船舶及航空機體之保險，包括其所運載之貨物及衍生之責任，以及國際轉運之貨物； (2)開放個人純壽險之國外消費，但國外業者不得在國內進行促銷及推廣等活動； (3)開放外人投資經營壽險、非壽險業務，但其組織型態限於分公司、子公司、合資或辦事處；外國相互保險公司淨值達新臺幣

	20億元者，始得來臺設立分公司；
	(4)已經其他金融機構申請核准之保險商品，除非財政部收到完整備查文件後15日內駁回，否則即可出單；新保險商品則為90日。
	2.再保險及轉再保險服務(無限制)。
	3.中介服務(包括保險代理人、經紀人、公證人及保險業務員)：
	(1)開放跨國提供海運船舶及航空機體保險，包括其所運載之貨物及衍生之責任，以及國際轉運貨物保險之中介服務；
	(2)開放外人設立商業據點從事保險代理人、經紀人、公證人及保險業務員業務，但除海事公證人外，應至少聘用一位領有本地同類執業證書之人員。
	4.保險附屬服務（包括核保、理賠、精算等服務）
銀行服務業	銀行及其他金融服務(保險業、證券業及期貨業除外)所列所有服務：
	1.開放國外消費，但非臺灣境內之金融業者不得在臺灣境內從事招攬及促銷活動，且以該國法律授權或取得執照之機構所提供之服務為限；
	2.自2000年1月1日起，允許外國銀行在臺分行得應客戶要求，提供關於開設海外存款帳戶業務及移轉資金至此等帳戶開戶相關資料；(註：以談判當時之認知，臺灣於西元2000年1月1日前應已加入WTO，爰此承諾係以加入WTO為生效之前提要件)
	3.允許外人投資或設立商業銀行、外國銀行分行、銀行國際金融業務分行、外匯經紀商、信用卡機構、票券金融公司及信託投資公司。但有下述限制：
	◎設立組織方面：
	(1)金融機構或外國金融機構之分支機構，須符合最低資本額或最低匯入營運資金之要求；
	(2)銀行、票券金融公司及外匯經紀商之組織型態，以股份有限公司為限；
	(3)單一個人及關係人持有一商業銀行之股份，分別有不得超過5%及15%之限制；
	(4)資產或資本列全球銀行五百大以內，或前三年與本地銀行或大企業往來達一定金額之外國銀行，始得在臺灣設立分行；
	(5)銀行國際金融業務分行不得辦理外幣與新臺幣間之交易與匯兌業務，亦不得直接投資於公司股票及不動產，且其客戶限於境外人民與境內許可辦理外匯業務之銀行。
	(6)信託投資公司禁止新設；
	(7)境內或境外單一金融機構（非金融機構）投資持有一外匯經紀商之股份，不得超過10%（20%）；但經中央銀行核准由外國貨幣經紀商投資者，不受上述比例之限制。
	◎經營業務方面：
	(1)收受存款及其他可付還資金：
	a.禁止收受外幣支票存款，以及發行外幣可轉讓定期存單；
	b.國際金融業務分行不得收受外匯現金存款，且不得將外匯存款以新臺幣提取。

	(2)所有形式之貸款：
	a.外國銀行對單一客戶外幣授信總額，不得逾其總行淨值之25%；對單一客戶新臺幣授信總額，不得逾其新臺幣授信總額之10%或新臺幣10億元（以較高者為準）；
	b.外幣融資以有交易基礎者為限；
	c.外幣貸款對象以境內企業及個人為限，且外幣放款不得兌換為新臺幣。
	(3)融資租賃：無限制。
	(4)支付及貨幣傳送服務：無限制。
	(5)保證及承兌：
	a.外國銀行對單一客戶外幣授信總額，不得逾其總行淨值之25%；對單一客戶新臺幣授信總額，不得逾其新臺幣授信總額之10%或新臺幣10億元（以較高者為準）；
	b.外幣保證業務對象以境內企業及個人為限。
	(6)為本身或顧客帳戶交易：從事包括貨幣市場工具、外匯、金銀條塊，以及未在交易市場交易且不受期貨交易法規範之衍生性產品等之交易，除遠期外匯業務需有交易基礎，商業銀行分行禁止為自己交易公司股票外，其餘無限制。
	(7)參與短期票券發行：無限制。
	(8)貨幣經紀：除外匯經紀商不得經營新臺幣貨幣市場之經紀業務外，其餘無限制。
	(9)信託服務：除銀行不得收受保本保息之信託資金外，其餘無限制。
	(10)金融資訊之提供、傳輸及處理，以及由其他金融業者提供之相關軟體：無限制。
證券及期貨	1.透過集中交易市場、櫃檯交易或其他方式，為自己或客戶從事期貨交易法規範之衍生性商品及可轉讓證券之交易：除不許跨國提供服務外，其餘無限制。
	2.參與各種有價證券之發行（短期票券除外），含承銷及募集之代理業務，以及提供與該發行相關之服務：證券業務僅包括經紀、承銷及自營業務。
	3.資產管理（如現金或資產組合管理、各種型態之共同投資管理、退休金管理、保管、存託及信託業務）：且在證券投資信託事業有下列限制：
	(1)除符合《證券投資信託事業管理規則》第五條所定條件者外，單一股東及其關係人持有個別公司之股份比例不得超過25%；
	(2)個別公司至少20%之股權，應由符合《證券投資信託事業管理規則》第五條所定條件之發起人持有。
	4.金融資產（包括有價證券、衍生性商品及其他可流通金融工具）之清算服務
	(1)除境內證券發行人可透過Euroclear、CEDAL或DTC（集保信託公司）為清算外，不得進行跨國提供服務；
	(2)僅證券交易所或其所委託之集保公司可提供清算服務；

> (3)每一集中交易市場僅得設立一家集保事業。
> 5.金融資訊之提供、傳輸及處理，以及由其他金融業者提供之相關軟體: 無限制。
> 6.證券投資之顧問、仲介及其他附屬業務: 除不許跨國提供服務外，其餘無限制。

資料來源: 行政院網站: www.ey.gov.tw

此外，由於臺灣並非國際貨幣基金(IMF)之成員，因此與WTO簽訂了特別匯兌協定，主要內容如下:

1.與WTO會員維持有秩序之匯兌安排; 避免競爭性之匯率調整措施。

2.避免對經常帳交易之收支設限及採行複式匯率。

3.避免為因應國際收支及總體經濟之目標，而實施資本管制，若制訂新資本管制措施或緊縮現行之資本管制措施，應於事後立即與WTO進行諮商。

4.臺灣若依協定對收支與移轉實施限制措施，以因應國際收支及總體經濟穩定之目的，則應:

　(1)主動與WTO針對基本經濟問題所採行之調整措施展開諮商; 以及

　(2)採行或維持與諮商結果相符之經濟政策。

5.臺灣應提供WTO，為執行其在WTO協定下之執掌，而得要求有關《國際貨幣基金協定》第八條第五項規定範圍內之資料。

二、臺灣加入WTO之後，金融業可能受到之影響

茲將臺灣加入WTO之後，金融業可能受到之影響分別說明如下 ❶:

(一)保險業

1.商機方面:

　(1)就長期及整體面而言，開放市場後，可提昇專業服務技能，增進國際競爭能力，消費者或業者均受益。

　(2)可引進保險業優良管理方法，提昇保險公司經營績效。

　(3)帶動新種保單，刺激創新，使保險商品更加多樣化，提供消費者更多選擇機

---

❶　本處內容部分取材自經濟部國貿局網站: www.trade.gov.tw。

會，同時可提高保險業服務品質，改進大眾對保險業之形象。

(4)可引進優良的行銷方法，提昇保險從業人員之專業素養，有助大眾對保險實際內容之正確認識和瞭解。

(5)引進專業保險經紀人制度，促進保險輔助人制度更趨健全。

(6)開放外國核保、理賠及精算等專業保險附屬服務業者來臺，除保險業可將部分業務委外，以降低其經營成本外，亦可提昇臺灣保險專業技術水準。

(7)有助臺灣保險業向海外發展，加速臺灣保險業國際化。

2.可能受到之影響：

(1)保險業將面臨競爭壓力，若經營不善，長期以往將引起不良的後遺症。

(2)外國保險業在開業初始，為延攬人才，恐對本地保險業進行挖角，因而影響市場紀律，而被挖角之保險業務員為增加業績，可能對其原有保戶解除既有保單，因而影響保戶的權益。

㈡銀行業

1.商機方面：

(1)由於WTO各會員國均須依據服務貿易總協定(GATS)規範逐步撤除其服務業貿易障礙，開放其國內金融市場，在臺灣加入WTO後，銀行業者將享有廣大的海外市場及國民待遇，將有助於銀行業在海外之經營及企業之國際化。

(2)長期而言，　加入WTO有助於提昇臺灣銀行業者之金融服務品質及國際競爭力。

2.可能受到之影響：

(1)加入WTO之後，外國金融機構可能加速進入臺灣，將對本地業者造成更多的競爭壓力。

(2)銀行合併及跨業經營將蔚為潮流。

(3)兩岸金融往來面臨調整。

㈢證券業

1.商機方面：

(1)WTO提供安全穩定的國際經貿金融環境，讓臺灣業者能以更公平、合理、安全的條件進入國外市場，分享外國開放市場的經濟利益。

(2)加入WTO可提昇臺灣經濟自由化與國際化程度，並促使經濟資源作更有效的
利用。

2.可能受到之影響：

(1)市場與國外市場連動性提高，股價將呈較大幅度的波動。

(2)市場開放，資金自由進出，市場規模將擴大，有利企業籌資。

(3)外資及各類機構法人投資市場比例將提高，有助於市場健全發展。

(4)證券業將進行合併與大型化，小型證券商可能沒有發展空間。

(5)跨業經營或與銀行、保險聯盟可能成為趨勢。

(6)證券業將走向國際化。

㈣外匯市場

目前臺灣在外匯市場方面，除了資本帳的一些管制之外，基本上市場已相當開
放，加入WTO之後，匯市可能會因資金的進出較為頻繁而增加波動性外，應不致於
會有太大的影響。

第二節　大陸加入WTO對金融市場的承諾事項與可能之影響

大陸金融市場雖然在過去幾年已逐步開放，但與其他國家市場相比，仍有相當
大的距離，加入WTO將會對其市場產生重大之衝擊，但長期而言，對大陸金融市場
的發展，應是有正面的影響。

一、大陸加入WTO對金融市場的承諾事項

表9-2是大陸加入WTO對銀行、保險和證券市場的承諾事項。

表9-2　大陸加入WTO金融業承諾事項

銀行服務業	1. 銀行業務之承諾包括一般大眾存款及其他可付還資金(a)、所有形式之貸款(b)、融資租賃(c)、支付及貨幣傳送服務(d)、保證及承諾(e)、為自己或客戶交易外匯(f)、非銀行之金融機構提供汽車融資服務。另承諾之其他金融服務包括由其他金融服務提供者提供與傳送之金融資訊、金融資料處理及相關軟體(k)，a到k各項服務之諮詢、仲介及其他相關服務(l：包括信用查詢及分析，投資及投資組合分析及顧問，購併、重整及經營策略顧問等服務)。 2. 僅k及l兩項其他金融服務開放跨國提供服務。 3. 商業據點之地域限制： 　(1)入會時，外匯業務無地域限制。 　(2)人民幣業務： 　　‧入會時，開放上海、深圳、天津、大連； 　　‧入會後1年內開放廣州、珠海、青島、南京、武漢； 　　‧入會後2年內開放濟南、福州、成都及重慶； 　　‧入會後3年內開放昆明、北京、和廈門； 　　‧入會後4年內開放汕頭、寧波、瀋陽和西安； 　　‧入會後5年內取消地域限制。 4. 商業據點之客戶限制： 　(1)入會時，外國金融機構在大陸經營外幣業務，無客戶限制。 　(2)入會後2年內，外國金融機構可對大陸企業提供人民幣業務服務；入會後5年內外國金融機構可在大陸境內，對所有客戶提供人民幣業務服務。 　(3)獲准在某地經營人民幣業務之外國金融機構，可隨各地開放情形對已開放地區之客戶提供服務。 5. 商業據點之營業執照： 　(1)核准在中國大陸經營金融服務之條件僅基於審慎原則要求，不包含經濟需求測試或執照數量限制；入會後5年內任何現有對外國金融機構股權、營運及設立型態等非必要之限制將予以取消。 　(2)允許申請前1年底總資產超過100億美元之外國金融機構可在大陸境內設立子公司；申請前1年底總資產超過200億美元之外國金融機構可在大陸境內設立外國銀行之分行；在申請前1年底總資產超過100億美元之外國金融機構可設立中外合資銀行或合資財務公司。 　(3)外國金融機構於中國大陸經營業務達3年，且連續2年獲利者，可申請經營人民幣業務。 6. 商業據點之國民待遇：除人民幣業務之地域限制及客戶限制外，外國金融機構與外國投資企業、非中國大陸籍之自然人、中國大陸籍自然人及中國大陸企業之業務往來無限制，也無須逐案申請批准。 7. 外國非銀行金融機構可於大陸境內提供汽車貸款服務。 8. 外國金融機構可跨境於大陸境內提供前述k及l類之其他金融服

	務，也可於大陸境內設立分支機構提供服務，營業執照之核准條件僅基於審慎原則，不須經濟需求測試也沒有數量限制。
保險服務業	1. 外國保險機構可跨境提供再保險，國際海運、航空及運輸保險，及高商業風險、國際海運、航空及運輸保險、再保險之經紀業務等各項服務。 2. 經紀業務不允許國外消費，其他無限制。 3. 商業據點之設立型態： 　(1)外國非壽險公司可設立辦事處，或以持有股份51%方式設立合資公司；入會後2年內，可設立獨資子公司，即無設立型態之限制。 　(2)入會時，外國壽險公司可以持有股份50%，與自行選擇之對象設立合資企業。合資企業對象，依此承諾表中之範圍內，可逕行約定業務事項。 　(3)在高商業風險保險，再保險、國際海運、航空及運輸保險之經紀業務方面：入會時，外資可以不超過50%股份之形式，設立合資公司；入會後3年內，外資股權可增至51%；入會後5年內，外資可設立獨資之子公司。 　(4)其他經紀業務則無限制。 　(5)依地域限制逐步取消之時程，保險公司可設立內地分支機構。 4. 商業據點之地域限制： 　(1)入會時，外國壽險及非壽險公司及保險經紀人，可在上海、廣州、大連、深圳及佛山提供服務。 　(2)入會後2年內，可在北京、成都、重慶、福州、蘇州、廈門、寧波、瀋陽、武漢及天津提供服務。 　(3)入會後3年內，取消地域限制。 5. 商業據點經營業務範圍： 　(1)入會時，外國非壽險公司可提供統括保單及高商業風險保險，無地域限制。基於國民待遇原則，外國保險經紀人可與本國經紀人同時被允許提供「統括保單」保單服務。 　(2)入會時，外國非壽險公司僅可對在中國大陸投資之外國投資企業提供產險、相關之責任保險及信用保險服務；入會後2年內，外國非壽險公司可對外國及本地客戶提供所有非壽險服務。 　(3)外國保險公司可對外國人及中國大陸人民提供個人(非團體)保險；入會後3年內，可對外國人及中國大陸人民提供健康險、團體保險及退休／年金保險服務。 　(4)入會時，外國保險公司可以分公司、合資企業或獨資子公司的組織型態，提供壽險及非壽險之再保險服務；有關執照之核發上，無地域或數量的限制。 6. 商業據點執照： 　(1)入會時，執照的核發將不受經濟需求測試或數量之限制。 　(2)申請設立外國保險機構的資格如下： 　　‧投資者須在WTO會員國內，擁有成立外國保險公司30年以上之經驗。

	・須連續2年在中國大陸設有辦事處。 ・在提出申請前1年年底，除了保險經紀人外，其資產總額不得低於50億美元。 ・保險經紀人資產總額不得低於5億美元；入會後1年內，總資產不得低於4億美元；入會後2年內，不得低於3億美元；入會後4年內，不得低於2億美元。 7.外國保險公司不得經營法定保險業務。 8.入會後，對於承保非壽險、個人意外險及健康險的公司必須再向中國大陸指定的再保險公司轉投保20%。入會後1年，須轉投保15%；2年後，須轉投保10%；3年後，須轉投保5%；4年後則不再強制轉投保。
證券服務業	1.外國證券機構無須透過中國大陸仲介機構，可跨境直接從事B股業務。 2.入會時，在中國大陸設有辦事處之外國證券機構可成為中國大陸所有股票交易所之特別成員。 3.入會時，外國服務提供者可設立持有股份低於33%之合資企業，從事境內證券投資基金業務，入會後3年，外資股權可增至49%。 4.入會後3年內，外國證券機構無須透過中國大陸仲介機構，可設立股份不超過1/3的合資企業，直接從事承銷A股，及承銷與交易B股及H股、政府公債與公司債、發行基金等相關業務。 5.核准經營金融業務之條件僅依審慎原則而定，執照的發給無須經濟需求測試或數量限制。

資料來源：經濟部國貿局網站：www.trade.gov.tw

二、大陸加入WTO之後，金融業可能受到之影響

㈠保險業

1.商機方面：

⑴市場開放有助於民眾觀念之改變，保險商機將大幅增長。

⑵有助於引進國外先進的保險產品和經營管理。

⑶長期而言，加入WTO有助於市場競爭機制，強迫保險業加速成長。

2.可能受到之影響：

⑴剛處於初步發展階段之保險業，將遭逢外國保險業的強大競爭壓力。

⑵對外國保險機構之業務種類及地域限制將逐步取消，可能威脅本地原先業者之經營。

(二)銀行業

　1.商機方面:

　　⑴有助於引進國外先進的金融產品、服務技術、管理方法和人才培育。

　　⑵機構網點廣再加上與外資銀行合作,將有助於業務之擴大。

　　⑶長期而言,加入WTO有助於市場競爭機制,加速銀行業改革。

　　⑷可以加強國際交流與合作,順利與國際慣例接軌。

　2.可能受到之影響:

　　⑴加入WTO之後,外資銀行挾其雄厚資金與先進經營管理技術,將對本地銀行
　　　造成強大競爭壓力。

　　⑵由於歷史包袱,本地銀行資產品質不佳,自有資本擴充有限,將限制業務之
　　　發展。

　　⑶面對跨國金融機構「百貨銀行」業務的交叉經營,「分業經營」的本國銀行將
　　　有更多的競爭壓力。

　　⑷優秀人才與客戶將可能流失。

(三)證券業

　1.商機方面:

　　⑴市場開放,證券市場將更為活絡,商機龐大。

　　⑵外國證券機構可直接從事B股交易,並陸續開放A、B股承銷業務,股票初級
　　　市場將可擴大,提高直接金融比例。

　　⑶基金市場具開發潛力。

　　⑷新金融商品與業務之開發,機會無窮。

　2.可能受到之影響:

　　⑴外國證券機構經營限制大幅放寬,市場競爭增加。

　　⑵證券市場規模擴大,有利企業籌資與國企改革,A、B股也終將併軌。

　　⑶市場與國外市場連動性提高,股價將呈較大幅度的波動。

　　⑷監理機制將逐漸與國際接軌,有助於證券市場的健全發展。

第三節　兩岸金融的未來發展

　　臺灣在經發會後，對大陸經貿政策大幅鬆綁，原先「戒急用忍」改為「積極開放，有效管理」，放寬了對大陸投資項目的限制，擴大境外航運中心之功能，鼓勵資金回流，並開放大陸人士來臺觀光，兩岸經濟交流必將比以往更為密切❷。

　　此外，這幾年當中，臺灣經濟本身正面臨轉型的時刻，由於生產成本不斷提高，傳統產業在臺灣已不再具有優勢，除了積極提高附加價值、爭取產品升級外，另一條出路即是將生產基地移往海外，尤其是中國大陸；而高科技產業近年來受到大陸生產環境改善、甚至研發人才素質提高的吸引，也紛紛轉赴大陸設廠，這股大陸熱潮在可見的未來，是無法避免的趨勢；兩岸加入WTO，大陸市場對外大幅開放，更為臺商提供了無限商機，在有形經貿活動的帶動下，兩岸金融的進一步發展，是可以預期的，以下我們僅就兩岸金融的可能未來，再加以闡明之。

一、兩岸經貿交流，將帶動金融往來的更進一步發展

　　隨著大陸加入世貿組織，其國內市場可能的龐大商機，將會吸引更多臺商進駐市場，而大陸入會後，商品出口可以得到更多的機會與保障，這對在大陸投資的臺商，也具有正面的效果，再加上兩岸生產垂直分工的趨勢愈來愈明顯，可見的未來，臺商在大陸活動將比以往更為踴躍，兩岸的經貿活動也必然更密切，從而衍生的金融互動與需求自然會更加強烈❸。

　　臺灣目前雖然已政策開放銀行之境外金融分行(OBU)與外匯指定銀行(DBU)與大陸金融機構直接往來，但截至2002年4月為止，DBU與大陸銀行之直接通匯仍未開辦，而在大陸的臺商除了規模較大的公司，可以在大陸取得當地銀行的融資外，其他中小型臺商要在當地得到融資，仍然有相當大的困難；此外即便未來大陸放寬外

---

❷　有關臺灣對大陸經貿政策之詳細調整內容，請參閱第二章第二節。

❸　大陸加入WTO之後，對大陸臺商也有種種不利的影響，比如原先優惠的取消、外來競爭壓力增加……等等，使得臺商經營將比以前困難。

(臺)資企業上市的要求條件，能夠上市的臺商也寥寥可數，造成目前大陸臺商資金大多還是來自臺灣，也是臺灣資金外流的主因，正因為如此，臺商多期盼臺灣方面能夠開放銀行至大陸設立分(子)行。但由於擔心資金加速外流、經營風險和金融監理等因素，目前臺灣方面只允許銀行赴大陸設立辦事處，即便日後開放銀行至大陸設立分(子)行，由辦事處升格至可辦理人民幣業務的分行，仍需3到5年的時間。而由於政治因素的考量，雖然臺灣政府已經放寬對大陸投資之資金限制，試圖營造「資金回流機制」，但許多臺商仍然擔心政策的穩定性，多數資金調度仍然在海外進行，這種地下金融活動，又反過頭來造成政策決定的猶豫；此外兩岸目前由於政治上的歧見，雙方沒有簽訂投資保障及租稅互惠等協定，也是目前兩岸金融進一步往來的障礙。至於大陸資金來臺之部分，除了將陸資視同外資，可投資臺灣不動產外，有關陸資進入臺灣股市或者大陸金融機構到臺灣設立分支據點等，可能必須在WTO架構與政治條件雙方面考量之下，才會有進一步的結果。但不管如何，誠如前面所言，未來的兩岸經貿互動，必然會比以往更為密切，金融往來的鬆綁，也將只是時間的問題而已。

二、兩岸金融的未來發展

首先，由於兩岸金融活動大幅增長，臺商融資需求也日益迫切，因此臺灣已經允許境內銀行與大陸銀行直接通匯與來往，但臺灣的銀行赴大陸設立分(子)行，因為牽涉到金融監理的問題，需要進行官方協商，可能必須再等待一段時間，在這過程當中，直接藉由辦事處的設立，對從臺灣借款、大陸經營的客戶，可以收就近監督與協助之便。而為考慮現階段的服務需要以及未來商機的掌握，臺灣的銀行有必要積極和大陸的銀行建立合作關係，如此不僅有助現行業務的拓展，並可經由與大陸銀行的合作，逐漸瞭解市場，以為未來直接登陸從事商業經營預作準備。必須強調的是，大陸加入WTO之後，各國金融業在大陸市場的競爭勢必更加激烈，外資銀行原本資產規模、產品創新和經營管理都比臺灣之銀行高於一籌，再加上在大陸布局已久，起跑點上佔盡優勢，臺灣金融業除了與大陸是同文同種，以及眾多臺商為支撐外，起步實已落後，如果再躊躇不前，機會將不復存在。

在證券方面，目前大陸已經開放境內居民購買B股，隨著經濟的持續發展與市場

的開放，民眾理財觀念將更加進步，此外不管是民間企業的資金需求或是國有企業改革之支撐，都有待股票市場的進一步發展，大陸證券市場的未來，將是龐大的商機。大陸入會之後，外國證券機構可以在證券交易所取得特別會員資格，也無須再透過大陸仲介機構，可以直接從事B股交易，B股市場可望逐步擴大，並與A股併軌，目前臺灣禁止民眾從事大陸股票交易之禁令，在現實情況與WTO環境下，可能必須重新檢討。而大陸在入會後，允許外國證券機構設立股份不超過33%的合資企業，直接從事A股承銷，B股、H股、政府公債和公司債的承銷和交易，與基金管理等業務，入會三年後，基金管理機構的股權可再增加到49%，相信也會吸引許多外國證券機構進入大陸市場。此外臺灣未來亦擬允許證券業赴大陸設立子公司，在符合大陸規範下，也將引起證券業西進的熱潮，但同樣的，相對於其他國家而言，臺灣起步較遲，資本規模和產品與西方外資機構也有相當差距；臺灣佔優勢的則是，大陸股票市場發展過程與臺灣非常類似，投資人結構也跟臺灣相同，過去業者在臺灣市場累積的經驗，正可以作為在大陸開疆闢土的最大本錢，未來臺灣業者如果能夠與大陸本地證券機構合作，尤其是在投資諮詢與共同基金項目上，應該會有不錯的機會，惟大陸在2001年12月12日公布的《中外合營證券公司審批規則》徵求意見稿中，要求合營公司的外方合營者之所在國證券監管機構，必須與中國證監會簽訂證券監管合作備忘錄，此項規定可能會延誤臺灣證券公司登陸的時機。

　　保險市場是大陸開發較遲的市場，未來保險產品和投保比例都有大幅成長的空間，不過由於大陸對保險市場的開放顯得較為保守，因此短期間商機可能仍然有限，但長期而言，將深具發展潛力。大陸在入會後，對於外國保險公司進入市場沒有數量限制，但要求公司需有30年以上之經驗，資產總額50億美元，並在大陸設立辦事處至少連續2年，這些必要門檻對臺灣業者顯得較為偏高；此外入會後，外國壽險公司可以自行選擇合資對象並持股50%，非壽險公司可設立辦事處或設立持股51%的合資公司，兩年後則可設立獨資子公司；入會後外資保險機構之經營地域限制將逐步放寬，3年後完全取消；業務上外國保險公司則在入會時可提供個人保險，3年內提供健康險、團體保險及退休／年金保險服務，外國非壽險公司在入會時可提供主企約保單和高商業風險保險，以及對在大陸投資之外資企業提供產險、責任險和信用保險，2年內可對外國及本地客戶提供所有非壽險服務。但根據大陸2001年12月22

日公布的《外資保險公司管理條例》，臺灣業者現階段要進入大陸市場，仍有相當大的困難，目前只有先行在大陸申設辦事處，並與外國保險機構結盟，借助其經營條件，同時和大陸當地業者建立合作關係，利用其廣泛據點與人脈，打入當地市場，相信在深耕市場後，未來將會有可觀的收穫❹。

---

❹ 有關《外資保險公司管理條例》的內容，請參閱本書第七章第三節。

附錄一　大陸金融相關網站

一、臺灣方面

1.行政院大陸委員會：www.mac.gov.tw

2.行政院主計處：www.dgbas.gov.tw

3.經濟部：www.moea.gov.tw

4.大陸台商經貿網：www.chinabiz.org.tw

二、大陸方面

1.政府網站

(1)政府上網工程：www.gov.cn

(2)國家統計局：www.stats.gov.cn

(3)國家稅務總局：www.chinatax.gov.cn

(4)對外貿易經濟合作部：www.moftec.gov.cn

(5)國家發展計劃委員會：www.sdpc.gov.cn

(6)國家經濟貿易委員會：www.setc.gov.cn

(7)國家郵政局：www.chinapost.gov.cn

2.銀行相關網站

(1)中國人民銀行：www.pbc.gov.cn

(2)中國銀行：www.bank-of-china.com

(3)中國農業銀行：www.abocn.com

(4)中國建設銀行：www.ccb.com.cn

(5)中國工商銀行：www.icbc.com.cn

(6)國家開發銀行：www.cdb.com.cn

(7)中國進出口銀行：www.eximbank.gov.cn

(8)交通銀行：www.bankcomm.com

(9)中信實業銀行：www.citicib.com.cn

(10)中華光大銀行：www.cebbank.com

(11)華夏銀行：www.hua-xiabank.com

(12)中國民生銀行：www.cmbc.com.cn

(13)招商銀行：www.cmbchina.com

(14)深圳發展銀行：www.sdb.com.cn

(15)福建興業銀行：www.viewchina.org/fjxyyh

(16)廣東發展銀行：www.gdb.com.cn

(17)上海浦東發展銀行：www.spdb.com.cn

3. 證券相關網站

(1)中國證券監督管理委員會：www.csrc.gov.cn

(2)上海證券交易所：www.sse.com.cn

(3)深圳證券交易所：www.sse.org.cn或www.cninfo.com.cn

(4)中國證券業協會：www.s-a-c.org.cn

(5)鄭州商品交易所：www.czce.com.cn

(6)大連商品交易所：www.dce.com.cn

(7)上海期貨交易所：www.shfe.com.cn

(8)中國期貨業協會：www.cfachina.org

4. 保險相關網站

(1)中國保險監督管理委員會：www.circ.gov.cn

(2)北京市保險行業協會：www.bia.org.cn

(3)深圳市保險同業公會：www.szia.org.cn

5. 外匯相關網站

國家外匯管理局：www.safe.gov.cn

附錄二　大陸重要金融法規

㈠中國人民銀行法

（1995年3月18日通過施行）

第一章　總　則

第一條

　　為了確立中國人民銀行的地位和職責，保證國家貨幣政策的正確制定和執行，建立和完善中

央銀行宏觀調控體系，加強對金融業的監督管理，制定本法。

第二條

　　中國人民銀行是中華人民共和國的中央銀行。

　　中國人民銀行在國務院領導下，制定和實施貨幣政策，對金融業實施監督管理。

第三條

　　貨幣政策目標是保持貨幣幣值的穩定，並以此促進經濟增長。

第四條

　　中國人民銀行履行下列職責：

　　㈠依法制定和執行貨幣政策；

　　㈡發行人民幣，管理人民幣流通；

　　㈢按照規定審批、監督管理金融機構；

　　㈣按照規定監督管理金融市場；

　　㈤發布有關金融監督管理和業務的命令和規章；

　　㈥持有、管理、經營國家外匯儲備、黃金儲備；

　　㈦經理國庫；

　　㈧維護支付、清算系統的正常運行；

　　㈨負責金融業的統計、調查、分析和預測；

　　㈩作為國家的中央銀行，從事有關的國際金融活動；

（士）國務院規定的其他職責。

中國人民銀行為執行貨幣政策，可以依照本法第四章的有關規定從事金融業務活動。

第五條

中國人民銀行就年度貨幣供應量、利率、匯率和國務院規定的其他重要事項作出的決定，報國務院批准後執行。

中國人民銀行就前款規定以外的其他有關貨幣政策事項作出決定後，即予執行，並報國務院備案。

第六條

中國人民銀行應當向全國人民代表大會常務委員會提出有關貨幣政策情況和金融監督管理情況的工作報告。

第七條

中國人民銀行在國務院領導下依法獨立執行貨幣政策，履行職責，開展業務，不受地方政府、各級政府部門、社會團體和個人的干涉。

第八條

中國人民銀行的全部資本由國家出資，屬於國家所有。

第二章　組織機構

第九條

中國人民銀行設行長一人，副行長若干人。

中國人民銀行行長的人選，根據國務院總理的提名，由全國人民代表大會決定；全國人民代表大會閉會期間，由全國人民代表大會常務委員會決定，由中華人民共和國主席任免。中國人民銀行副行長由國務院總理任免。

第十條

中國人民銀行實行行長負責制。行長領導中國人民銀行的工作，副行長協助行長工作。

第十一條

中國人民銀行設立貨幣政策委員會。貨幣政策委員會的職責、組成和工作程式，由國務院規定，報全國人民代表大會常務委員會備案。

第十二條

中國人民銀行根據履行職責的需要設立分支機構，作為中國人民銀行的派出機構。中國人民

銀行對分支機構實行集中統一領導和管理。

中國人民銀行的分支機構根據中國人民銀行的授權，負責本轄區的金融監督管理，承辦有關業務。

第十三條

中國人民銀行的行長、副行長及其他工作人員應當恪盡職守，不得濫用職權、徇私舞弊，不得在任何金融機構、企業、基金會兼職。

第十四條

中國人民銀行的行長、副行長及其他工作人員，應當依法保守國家秘密，並有責任為其監督管理的金融機構及有關當事人保守秘密。

第三章　人民幣

第十五條

中華人民共和國的法定貨幣是人民幣。以人民幣支付中華人民共和國境內的一切公共的和私人的債務，任何單位和個人不得拒收。

第十六條

人民幣的單位為元，人民幣輔幣單位為角、分。

第十七條

人民幣由中國人民銀行統一印刷、發行。

中國人民銀行發行新版人民幣，應當將發行時間、面額、圖案、式樣、規格予以公告。

第十八條

禁止偽造、變造人民幣。禁止出售、購買偽造、變造的人民幣。禁止運輸、持有、使用偽造、變造的人民幣。禁止故意毀損人民幣。禁止在宣傳品、出版物或者其他商品上非法使用人民幣圖樣。

第十九條

任何單位和個人不得印製、發售代幣票券，以代替人民幣在市場上流通。

第二十條

殘缺、污損的人民幣，按照中國人民銀行的規定兌換，並由中國人民銀行負責收回、銷毀。

第二十一條

中國人民銀行設立人民幣發行庫，在其分支機構設立分支庫。

分支庫調撥人民幣發行基金，應當按照上級庫的調撥命令辦理。任何單位和個人不得違反規定，動用發行基金。

第四章　業　務

第二十二條

中國人民銀行為執行貨幣政策，可以運用下列貨幣政策工具：

㈠要求金融機構按照規定的比例交存存款準備金；

㈡確定中央銀行基準利率；

㈢為在中國人民銀行開立帳戶的金融機構辦理再貼現；

㈣向商業銀行提供貸款；

㈤在公開市場上買賣國債和其他政府債券及外匯；

㈥國務院確定的其他貨幣政策工具。

中國人民銀行為執行貨幣政策，運用前款所列貨幣政策工具時，可以規定具體的條件和程式。

第二十三條

中國人民銀行依照法律、行政法規的規定經理國庫。

第二十四條

中國人民銀行可以代理國務院財政部門向各金融機構組織發行、兌付國債和其他政府債券。

第二十五條

中國人民銀行可以根據需要，為金融機構開立帳戶，但不得對金融機構的帳戶透支。

第二十六條

中國人民銀行應當組織或者協助組織金融機構相互之間的清算系統，協調金融機構相互之間的清算事項，提供清算服務。具體辦法由中國人民銀行規定。

第二十七條

中國人民銀行根據執行貨幣政策的需要，可以決定對商業銀行貸款的數額、期限、利率和方式，但貸款的期限不得超過一年。

第二十八條

中國人民銀行不得對政府財政透支，不得直接認購、包銷國債和其他政府債券。

第二十九條

中國人民銀行不得向地方政府、各級政府部門提供貸款，不得向非銀行金融機構以及其他單

位和個人提供貸款，但國務院決定中國人民銀行可以向特定的非銀行金融機構提供貸款的除外。

中國人民銀行不得向任何單位和個人提供擔保。

第五章　金融監督管理

第三十條

中國人民銀行依法對金融機構及其業務實施監督管理，維護金融業的合法、穩健運行。

第三十一條

中國人民銀行按照規定審批金融機構的設立、變更、終止及其業務範圍。

第三十二條

中國人民銀行有權對金融機構的存款、貸款、結算、呆帳等情況隨時進行稽核、檢查監督。

中國人民銀行有權對金融機構違反規定提高或者降低存款利率、貸款利率的行為進行檢查監督。

第三十三條

中國人民銀行有權要求金融機構按照規定報送資產負債表、損益表以及其他財務會計報表和資料。

第三十四條

中國人民銀行負責統一編制全國金融統計資料、報表，並按照國家有關規定予以公布。

第三十五條

中國人民銀行對國家政策性銀行的金融業務，進行指導和監督。

第三十六條

中國人民銀行應當建立、健全本系統的稽核、檢查制度，加強內部的監督管理。

第六章　財務會計

第三十七條

中國人民銀行實行獨立的財務預算管理制度。

中國人民銀行的預算經國務院財政部門審核後，納入中央預算，接受國務院財政部門的預算執行監督。

第三十八條

中國人民銀行每一會計年度的收入減除該年度支出，並按照國務院財政部門核定的比例提取

總準備金後的淨利潤，全部上繳中央財政。

中國人民銀行的虧損由中央財政撥款彌補。

第三十九條

中國人民銀行的財務收支和會計事務，應當執行法律、行政法規和國家統一的財務會計制度，接受國務院審計機關和財政部門依法分別進行的審計和監督。

第四十條

中國人民銀行應當於每一會計年度結束後的三個月內，編制資產負債表、損益表和相關的財務會計報表，並編制年度報告，按照國家有關規定予以公布。

中國人民銀行的會計年度自西曆1月1日起至12月31日止。

第七章　法律責任

第四十一條

偽造人民幣、出售偽造的人民幣或者明知是偽造的人民幣而運輸的，依法追究刑事責任。

變造人民幣、出售變造的人民幣或者明知是變造的人民幣而運輸，構成犯罪的，依法追究刑事責任；情節輕微的，由公安機關處十五日以下拘留、五千元以下罰款。

第四十二條

購買偽造、變造的人民幣或者明知是偽造、變造的人民幣而持有、使用，構成犯罪的，依法追究刑事責任；情節輕微的，由公安機關處十五日以下拘留、五千元以下罰款。

第四十三條

在宣傳品、出版物或者其他商品上非法使用人民幣圖樣的，中國人民銀行應當責令改正，並銷毀非法使用的人民幣圖樣，沒收違法所得，並處五萬元以下罰款。

第四十四條

印製、發售代幣票券，以代替人民幣在市場上流通的，中國人民銀行應當責令停止違法行為，並處二十萬元以下罰款。

第四十五條

違反法律、行政法規有關金融監督管理規定的，中國人民銀行應當責令停止違法行為，並依法給予行政處罰；構成犯罪的，依法追究刑事責任。

第四十六條

當事人對行政處罰不服的，可以依照《中華人民共和國行政訴訟法》的規定提起行政訴訟。

第四十七條

中國人民銀行有下列行為之一的，對負有直接責任的主管人員和其他直接責任人員，依法給予行政處分；構成犯罪的，依法追究刑事責任：

㈠違反本法第二十九條第一款的規定提供貸款的；

㈡對單位和個人提供擔保的；

㈢擅自動用發行基金的。

有前款所列行為之一，造成損失的，負有直接責任的主管人員和其他直接責任人員應當承擔部分或者全部賠償責任。

第四十八條

地方政府、各級政府部門、社會團體和個人強令中國人民銀行及其工作人員違反本法第二十九條的規定提供貸款或者擔保的，對負有直接責任的主管人員和其他直接責任人員，依法給予行政處分；構成犯罪的，依法追究刑事責任；造成損失的，應當承擔部分或者全部賠償責任。

第四十九條

中國人民銀行的工作人員洩露國家秘密，構成犯罪的，依法追究刑事責任；情節輕微的，依法給予行政處分。

第五十條

中國人民銀行的工作人員貪污受賄、徇私舞弊、濫用職權，玩忽職守，構成犯罪的，依法追究刑事責任；情節輕微的，依法給予行政處分。

第八章　附　則

第五十一條

本法自公布之日起施行。

㈡商業銀行法

（1995年5月10日通過，7月1日起施行）

第一章　總　則

第一條

為了保護商業銀行、存款人和其他客戶的合法權益，規範商業銀行的行為，提高信貸資產質量，加強監督管理，保障商業銀行的穩健運行，維護金融秩序，促進社會主義市場經濟的發展，制定本法。

第二條

本法所稱的商業銀行是指依照本法和《中華人民共和國公司法》設立的吸收公眾存款、發放貸款、辦理結算等業務的企業法人。

第三條

商業銀行可以經營下列部分或者全部業務：

㈠吸收公眾存款；

㈡發放短期、中期和長期貸款；

㈢辦理國內外結算；

㈣辦理票據貼現；

㈤發行金融債券；

㈥代理發行、代理兌付、承銷政府債券；

㈦買賣政府債券；

㈧從事同業拆借；

㈨買賣、代理買賣外匯；

㈩提供信用證服務及擔保；

(十一)代理收付款項及代理保險業務；

(十二)提供保管箱服務；

(十三)經中國人民銀行批准的其他業務。

經營範圍由商業銀行章程規定，報中國人民銀行批准。

第四條

商業銀行以效益性、安全性、流動性為經營原則，實行自主經營，自擔風險，自負盈虧，自我約束。

商業銀行依法開展業務，不受任何單位和個人的干涉。

商業銀行以其全部法人財產獨立承擔民事責任。

第五條

商業銀行與客戶的業務往來，應當遵循平等、自願、公平和誠實信用的原則。

第六條

商業銀行應當保障存款人的合法權益不受任何單位和個人的侵犯。

第七條

商業銀行開展信貸業務，應當嚴格審查借款人的資信，實行擔保，保障按期收回貸款。

商業銀行依法向借款人收回到期貸款的本金和利息，受法律保護。

第八條

商業銀行開展業務，應當遵守法律、行政法規的有關規定，不得損害國家利益、社會公共利益。

第九條

商業銀行開展業務，應當遵守公平競爭的原則，不得從事不正當競爭。

第十條

商業銀行依法接受中國人民銀行的監督管理。

第二章　商業銀行的設立和組織機構

第十一條

設立商業銀行，應當經中國人民銀行審查批准。

未經中國人民銀行批准，任何單位和個人不得從事吸收公眾存款等商業銀行業務，任何單位不得在名稱中使用「銀行」字樣。

第十二條

設立商業銀行，應當具備下列條件：

㈠有符合本法和《中華人民共和國公司法》規定的章程；

㈡有符合本法規定的註冊資本最低限額；

㈢有具備任職專業知識和業務工作經驗的董事長（行長）、總經理和其他高級管理人員；

㈣有健全的組織機構和管理制度；

㈤有符合要求的營業場所、安全防範措施和與業務有關的其他設施。

中國人民銀行審查設立申請時，應當考慮經濟發展的需要和銀行業競爭的狀況。

第十三條

設立商業銀行的註冊資本最低限額為十億元人民幣。城市合作商業銀行的註冊資本最低限額為一億元人民幣，農村合作商業銀行的註冊資本最低限額為五千萬元人民幣。註冊資本應當是實繳資本。

中國人民銀行根據經濟發展可以調整註冊資本最低限額，但不得少於前款規定的限額。

第十四條

設立商業銀行，申請人應當向中國人民銀行提交下列文件、資料：

㈠申請書，申請書應當載明擬設立的商業銀行的名稱、所在地、註冊資本、業務範圍等；

㈡可行性研究報告；

㈢中國人民銀行規定提交的其他文件、資料。

第十五條

設立商業銀行的申請經審查符合本法第十四條規定的，申請人應當填寫正式申請表，並提交下列文件、資料：

㈠章程草案；

㈡擬任職的高級管理人員的資格證明；

㈢法定驗資機構出具的驗資證明；

㈣股東名冊及其出資額、股份；

㈤持有註冊資本百分之十以上的股東的資信證明和有關資料；

㈥經營方針和計劃；

㈦營業場所、安全防範措施和與業務有關的其他設施的資料；

㈧中國人民銀行規定的其他文件、資料。

第十六條

經批准設立的商業銀行，由中國人民銀行頒發經營許可證，並憑該許可證向工商行政管理部門辦理登記，領取營業執照。

第十七條

商業銀行的組織形式、組織機構適用《中華人民共和國公司法》的規定。

本法施行前設立的商業銀行，其組織形式、組織機構不完全符合《中華人民共和國公司法》規定的，可以繼續沿用原有的規定，適用前款規定的日期由國務院規定。

第十八條

國有獨資商業銀行設立監事會。監事會由中國人民銀行、政府有關部門的代表、有關專家和本行工作人員的代表組成。監事會的產生辦法由國務院規定。

監事會對國有獨資商業銀行的信貸資產質量、資產負債比例、國有資產保值增值等情況以及高級管理人員違反法律、行政法規或者章程的行為和損害銀行利益的行為進行監督。

第十九條

商業銀行根據業務需要可以在中華人民共和國境內外設立分支機構。設立分支機構必須經中國人民銀行審查批准。在中華人民共和國境內的分支機構，不按行政區劃設立。

商業銀行在中華人民共和國境內設立分支機構，應當按照規定撥付與其經營規模相適應的營運資金額。撥付各分支機構營運資金額的總和，不得超過總行資本金總額的百分之六十。

第二十條

設立商業銀行分支機構，申請人應當向中國人民銀行提交下列文件、資料：

㈠申請書，申請書應當載明擬設立的分支機構的名稱、營運資金金額、業務範圍、總行及分支機構所在地等；

㈡申請人最近二年的財務會計報告；

㈢擬任職的高級管理人員的資格證明；

㈣經營方針和計劃；

㈤營業場所、安全防範措施和與業務有關的其他設施的資料；

㈥中國人民銀行規定的其他文件、資料。

第二十一條

經批准設立的商業銀行分支機構，由中國人民銀行頒發經營許可證，並憑該許可證向工商行政管理部門辦理登記，領取營業執照。

第二十二條

商業銀行對其分支機構實行全行統一核算，統一調度資金，分級管理的財務制度。

商業銀行分支機構不具有法人資格，在總行授權範圍內依法開展業務，其民事責任由總行承擔。

第二十三條

經批准設立的商業銀行及其分支機構，由中國人民銀行予以公告。

商業銀行及其分支機構自取得營業執照之日起無正當理由超過六個月未開業的，或者開業後自行停業連續六個月以上的，由中國人民銀行吊銷其經營許可證，並予以公告。

第二十四條

商業銀行有下列變更事項之一的，應當經中國人民銀行批准：

㈠變更名稱；

㈡變更註冊資本；

㈢變更總行或者分支行所在地；

㈣調整業務範圍；

㈤變更持有資本總額或者股份總額百分之十以上的股東；

㈥修改章程；

㈦中國人民銀行規定的其他變更事項。

更換董事長（行長）、總經理時，應當報經中國人民銀行審查其任職條件。

第二十五條

商業銀行的分立、合併，適用《中華人民共和國公司法》的規定。

商業銀行的分立、合併，應當經中國人民銀行審查批准。

第二十六條

商業銀行應當依照法律、行政法規的規定使用經營許可證。

禁止偽造、變造、轉讓、出租、出借經營許可證。

第二十七條

有下列情形之一的，不得擔任商業銀行的高級管理人員。

㈠因犯有貪污、賄賂、侵佔財產、挪用財產罪或者破壞社會經濟秩序罪，被判處刑罰，或者因犯罪被剝奪政治權利的；

㈡擔任因經營不善破產清算的公司、企業的董事或者廠長、經理，並對該公司、企業的破產負有個人責任的；

㈢擔任因違法被吊銷營業執照的公司、企業的法定代表人，並負有個人責任的；

㈣個人所負數額較大的債務到期未清償的。

第二十八條

任何單位和個人購買商業銀行股份總額百分之十以上的，應當事先經中國人民銀行批准。

第三章　對存款人的保護

第二十九條

商業銀行辦理個人儲蓄存款業務，應當遵循存款自願、取款自由、存款有息、為存款人保密的原則。

對個人儲蓄存款，商業銀行有權拒絕任何單位或者個人查詢、凍結、扣劃，但法律另有規定的除外。

第三十條

對單位存款，商業銀行有權拒絕任何單位或者個人查詢，但法律、行政法規另有規定的除外；有權拒絕任何單位或者個人凍結、扣劃，但法律另有規定的除外。

第三十一條

商業銀行應當按照中國人民銀行規定的存款利率的上下限，確定存款利率，並予以公告。

第三十二條

商業銀行應當按照中國人民銀行的規定，向中國人民銀行交存存款準備金，留足備付金。

第三十三條

商業銀行應當保證存款本金和利息的支付，不得拖延、拒絕支付存款本金和利息。

第四章　貸款和其他業務的基本規則

第三十四條

商業銀行根據國民經濟和社會發展的需要，在國家產業政策指導下開展貸款業務。

第三十五條

商業銀行貸款，應當對借款人的借款用途、償還能力、還款方式等情況進行嚴格審查。

商業銀行貸款，應當實行審貸分離、分級審批的制度。

第三十六條

商業銀行貸款，借款人應當提供擔保。商業銀行應當對保證人的償還能力，抵押物、質物的權屬和價值以及實現抵押權、質權的可行性進行嚴格審查。

經商業銀行審查、評估，確認借款人資信良好，確能償還貸款的，可以不提供擔保。

第三十七條

商業銀行貸款，應當與借款人訂立書面合同。合同應當約定貸款種類、借款用途、金額、利率、還款期限、還款方式、違約責任和雙方認為需要約定的其他事項。

第三十八條

商業銀行應當按照中國人民銀行規定的貸款利率的上下限，確定貸款利率。

第三十九條

商業銀行貸款，應當遵守下列資產負債比例管理的規定：

㈠資本充足率不得低於百分之八；

㈡貸款餘額與存款餘額的比例不得超過百分之七十五；

㈢流動性資產餘額與流動性負債餘額的比例不得低於百分之二十五；

㈣對同一借款人的貸款餘額與商業銀行資本餘額的比例不得超過百分之十；

㈤中國人民銀行對資產負債比例管理的其他規定。

本法施行前設立的商業銀行，在本法施行後，其資產負債比例不符合前款規定的，應當在一定的期限內符合前款規定。具體辦法由國務院規定。

第四十條

商業銀行不得向關係人發放信用貸款；向關係人發放擔保貸款的條件不得優於其他借款人同類貸款的條件。

前款所稱關係人是指：

㈠商業銀行的董事、監事、管理人員、信貸業務人員及其近親屬；

㈡前項所列人員投資或者擔任高級管理職務的公司、企業和其他經濟組織。

第四十一條

任何單位和個人不得強令商業銀行發放貸款或者提供擔保。

商業銀行有權拒絕任何單位和個人強令要求其發放貸款或者提供擔保。

經國務院批准的特定貸款專案，國有獨資商業銀行應當發放貸款。因貸款造成的損失，由國務院採取相應補救措施。具體辦法由國務院規定。

第四十二條

借款人應當按期歸還貸款的本金和利息。

借款人到期不歸還擔保貸款的，商業銀行依法享有要求保證人歸還貸款本金和利息或者就該擔保物優先受償的權利。商業銀行因行使抵押權、質權而取得的不動產或者股票，應當自取得之日起一年內予以處分。

借款人到期不歸還信用貸款的，應當按照合同約定承擔責任。

第四十三條

商業銀行在中華人民共和國境內不得從事信託投資和股票業務，不得投資於非自用不動產。

商業銀行在中華人民共和國境內不得向非銀行金融機構和企業投資。本法施行前，商業銀行已向非銀行金融機構和企業投資的，由國務院另行規定實施辦法。

第四十四條

商業銀行辦理票據承兌、匯兌、委託收款等結算業務，應當按照規定的期限兌現，收付入帳，不得壓單、壓票或者違反規定退票。有關兌現、收付入帳期限的規定應當公布。

第四十五條

商業銀行發行金融債券或者到境外借款，應當依照法律、行政法規的規定報經批准。

第四十六條

同業拆借，應當遵守中國人民銀行規定的期限，拆借的期限最長不得超過四個月。禁止利用拆入資金發放固定資產貸款或者用於投資。

拆出資金限於交足存款準備金、留足備付金和歸還中國人民銀行到期貸款之後的閒置資金。

拆入資金用於彌補票據結算、聯行匯差頭寸的不足和解決臨時性周轉資金的需要。

第四十七條

商業銀行不得違反規定提高或者降低利率以及採用其他不正當手段，吸收存款，發放貸款。

第四十八條

企業事業單位可以自主選擇一家商業銀行的營業場所開立一個辦理日常轉帳結算和現金收付的基本帳戶，不得開立兩個以上基本帳戶。

任何單位和個人不得將單位的資金以個人名義開立帳戶存儲。

第四十九條

商業銀行的營業時間應當方便客戶，並予以公告。商業銀行應當在公告的營業時間內營業，不得擅自停止營業或者縮短營業時間。

第五十條

商業銀行辦理業務，提供服務，按照中國人民銀行的規定收取手續費。

第五十一條

商業銀行應當按照國家有關規定保存財務會計報表、業務合同以及其他資料。

第五十二條

商業銀行的工作人員應當遵守法律、行政法規和其他各項業務管理的規定，不得有下列行為：

㈠利用職務上的便利，索取、收受賄賂或者違反國家規定收受各種名義的回扣、手續費；

㈡利用職務上的便利，貪污、挪用、侵佔本行或者客戶的資金；

㈢違反規定徇私向親屬、朋友發放貸款或者提供擔保；

㈣在其他經濟組織兼職；

㈤違反法律、行政法規和業務管理規定的其他行為。

第五十三條

商業銀行的工作人員不得泄露其在任職期間知悉的國家秘密、商業秘密。

第五章　財務會計

第五十四條

商業銀行應當依照法律和國家統一的會計制度以及中國人民銀行的有關規定，建立、健全本行的財務會計制度。

第五十五條

商業銀行應當按照國家有關規定，真實記錄並全面反映其業務活動和財務狀況，編制年度財務會計報告，及時向中國人民銀行和財政部門報送會計報表。商業銀行不得在法定的會計帳冊外另立會計帳冊。

第五十六條

商業銀行應當於每一會計年度終了三個月內，按照中國人民銀行的規定，公布其上一年度的經營業績和審計報告。

第五十七條

商業銀行應當按照國家有關規定，提取呆帳準備金，沖銷呆帳。

第五十八條

商業銀行的會計年度自西曆1月1日起至12月31日止。

第六章　監督管理

第五十九條

商業銀行應當按照中國人民銀行的規定，制定本行的業務規則，建立、健全本行的業務管理、現金管理和安全防範制度。

第六十條

商業銀行應當建立、健全本行對存款、貸款、結算、呆帳等各項情況的稽核、檢查制度。

商業銀行對分支機構應當進行經常性的稽核和檢查監督。

第六十一條

商業銀行應當定期向中國人民銀行報送資產負債表、損益表以及其他財務會計報表和資料。

第六十二條

中國人民銀行有權依照本法第三章、第四章、第五章的規定，隨時對商業銀行的存款、貸款、結算、呆帳等情況進行檢查監督。檢查監督時，檢查監督人員應當出示合法的證件。商業銀行應當按照中國人民銀行的要求，提供財務會計資料、業務合同和有關經營管理方面的其他資訊。

第六十三條

商業銀行應當依法接受審計機關的審計監督。

第七章　接管和終止

第六十四條

商業銀行已經或者可能發生信用危機，嚴重影響存款人的利益時，中國人民銀行可以對該銀行實行接管。

接管的目的是對被接管的商業銀行採取必要措施，以保護存款人的利益，恢復商業銀行的正常經營能力。被接管的商業銀行的債權債務關係不因接管而變化。

第六十五條

接管由中國人民銀行決定，並組織實施。中國人民銀行的接管決定應當載明下列內容：

㈠被接管的商業銀行名稱；

㈡接管理由；

㈢接管組織；

㈣接管期限。

接管決定由中國人民銀行予以公告。

第六十六條

接管自接管決定實施之日起開始。

自接管開始之日起，由接管組織行使商業銀行的經營管理權力。

第六十七條

接管期限屆滿，中國人民銀行可以決定延期，但接管期限最長不得超過二年。

第六十八條

有下列情形之一的，接管終止：

㈠接管決定規定的期限屆滿或者中國人民銀行決定的接管延期屆滿；

㈡接管期限屆滿前，該商業銀行已恢復正常經營能力；

㈢接管期限屆滿前，該商業銀行被合併或者被依法宣告破產。

第六十九條

商業銀行因分立、合併或者出現公司章程規定的解散事由需要解散的，應當向中國人民銀行

提出申請，並附解散的理由和支付存款的本金和利息等債務清償計劃。經中國人民銀行批准

後解散。

商業銀行解散的，應當依法成立清算組，進行清算，按照清償計劃及時償還存款本金和利息

等債務。中國人民銀行監督清算過程。

第七十條

商業銀行因吊銷經營許可證被撤銷的，中國人民銀行應當依法及時組織成立清算組，進行清

算，按照清償計劃及時償還存款本金和利息等債務。

第七十一條

商業銀行不能支付到期債務，經中國人民銀行同意，由人民法院依法宣告其破產。商業銀行

被宣告破產的，由人民法院組織中國人民銀行等有關部門和有關人員成立清算組，進行清算。

商業銀行破產清算時，在支付清算費用、所欠職工工資和勞動保險費用後，應當優先支付個

人儲蓄存款的本金和利息。

第七十二條

商業銀行因解散、被撤銷和被宣告破產而終止。

第八章　法律責任

第七十三條

商業銀行有下列情形之一，對存款人或者其他客戶造成財產損害的，應當承擔支付遲延履行的利息以及其他民事責任：

㈠無故拖延、拒絕支付存款本金和利息的；

㈡違反票據承兌等結算業務規定，不予兌現，不予收付入帳，壓單、壓票或者違反規定退票的；

㈢非法查詢、凍結、扣劃個人儲蓄存款或者單位存款的；

㈣違反本法規定對存款人或者其他客戶造成損害的其他行為。

第七十四條

商業銀行有下列情形之一，由中國人民銀行責令改正，有違法所得的，沒收違法所得，並處以違法所得一倍以上五倍以下罰款，沒有違法所得的，處以十萬元以上五十萬元以下罰款；情節特別嚴重或者逾期不改正的，中國人民銀行可以責令停業整頓或者吊銷其經營許可證；構成犯罪的，依法追究刑事責任：

㈠未經批准發行金融債券或者到境外借款的；

㈡未經批准買賣政府債券或者買賣、代理買賣外匯的；

㈢在境內從事信託投資和股票業務或者投資於非自用不動產的；

㈣向境內非銀行金融機構和企業投資的；

㈤向關係人發放信用貸款或者發放擔保貸款的條件優於其他借款人同類貸款的條件的；

㈥提供虛假的或者隱瞞重要事實的財務會計報表的；

㈦拒絕中國人民銀行稽核、檢查監督的；

㈧出租、出借經營許可證的。

第七十五條

商業銀行有本法第七十三條規定的情形之一或者有下列情形之一，由中國人民銀行責令改正，有違法所得的，沒收違法所得，並處以違法所得一倍以上三倍以下罰款，沒有違法所得的，處以五萬元以上三十萬元以下罰款：

㈠未按照中國人民銀行規定的比例交存存款準備金的；

㈡未遵守資本充足率、存貸比例、資產流動性比例、同一借款人貸款比例和中國人民銀行有

關資產負債比例管理的其他規定的；

㈢未經批准設立分支機構的；

㈣未經批准分立、合併的；

㈤同業拆借超過規定的期限或者利用拆入資金發放固定資產貸款的；

㈥違反規定提高或者降低利率以及採用其他不正當手段，吸收存款，發放貸款的。

第七十六條

商業銀行有本法第七十三條至第七十五條規定的情形的，對直接負責的主管人員和其他直接責任人員，應當給予紀律處分；構成犯罪的，依法追究刑事責任。

第七十七條

有下列情形之一，由中國人民銀行責令改正，有違法所得的，沒收違法所得，可以處以違法所得一倍以上三倍以下罰款，沒有違法所得的，可以處以五萬元以上三十萬元以下罰款：

㈠未經批准在名稱中使用「銀行」字樣的；

㈡未經批准購買商業銀行股份總額百分之十以上的；

㈢將單位的資金以個人名義開立帳戶存儲的。

第七十八條

不按照規定向中國人民銀行報送有關文件、資料或者違反本法第二十四條規定對變更事項不報批的，由中國人民銀行責令改正，逾期不改正的，可以處以一萬元以上十萬元以下罰款。

第七十九條

未經中國人民銀行批准，擅自設立商業銀行，或者非法吸收公眾存款、變相吸收公眾存款的，依法追究刑事責任；並由中國人民銀行予以取締。

偽造、變造、轉讓商業銀行經營許可證的，依法追究刑事責任。

第八十條

借款人採取欺詐手段騙取貸款，構成犯罪的，依法追究刑事責任。

第八十一條

商業銀行工作人員利用職務上的便利，索取、收受賄賂或者違反國家規定收受各種名義的回扣、手續費的，依法追究刑事責任。

有前款行為，發放貸款或者提供擔保造成損失的，應當承擔全部或者部分賠償責任。

第八十二條

商業銀行工作人員利用職務上的便利，貪污、挪用、侵佔本行或者客戶資金，構成犯罪的，依法追究刑事責任；未構成犯罪的，應當給予紀律處分。

第八十三條

商業銀行工作人員違反本法規定玩忽職守造成損失的，應當給予紀律處分；構成犯罪的，依法追究刑事責任。

違反規定徇私向親屬、朋友發放貸款或者提供擔保造成損失的，應當承擔全部或者部分賠償責任。

第八十四條

商業銀行工作人員泄露在任職期間知悉的國家秘密、商業秘密的，應當給予紀律處分；構成犯罪的，依法追究刑事責任。

第八十五條

單位或者個人強令商業銀行發放貸款或者提供擔保的，應當對直接負責的主管人員和其他直接責任人員或者個人給予紀律處分；造成損失的，應當承擔全部或者部分賠償責任。

商業銀行的工作人員對單位或者個人強令其發放貸款或者提供擔保未予拒絕的，應當給予紀律處分；造成損失的，應當承擔相應的賠償責任。

第八十六條

商業銀行及其工作人員對中國人民銀行的處罰決定不服的，可以依照《中華人民共和國行政訴訟法》的規定向人民法院提起訴訟。

第九章　附　則

第八十七條

本法施行前，按照國務院的規定經批准設立的商業銀行不再辦理審批手續。

第八十八條

外資商業銀行、中外合資商業銀行、外國商業銀行分行適用本法規定，法律、行政法規另有規定的，適用其規定。

第八十九條

城市信用合作社、農村信用合作社辦理存款、貸款和結算等業務，適用本法有關規定。

第九十條

郵政企業辦理郵政儲蓄、匯款業務，適用本法有關規定。

第九十一條

本法自1995年7月1日起施行。

㈢證券法

(1998年12月29日通過，1999年7月1日起施行)

第一章　總　則

第一條

為了規範證券發行和交易行為，保護投資者的合法權益，維護社會經濟秩序和社會公共利益，促進社會主義市場經濟的發展，制定本法。

第二條

在中國境內，股票、公司債券和國務院依法認定的其他證券的發行和交易，適用本法。

本法未規定的，適用公司法和其他法律、行政法規的規定。

政府債券的發行和交易，由法律、行政法規另行規定。

第三條

證券的發行、交易活動，必須實行公開、公平、公正的原則。

第四條

證券發行、交易活動的當事人具有平等的法律地位，應當遵守自願、有償、誠實信用的原則。

第五條

證券發行、交易活動，必須遵守法律、行政法規；禁止欺詐、內幕交易和操縱證券交易市場的行為。

第六條

證券業和銀行業、信託業、保險業分業經營、分業管理。證券公司與銀行、信託、保險業務機構分別設立。

第七條

國務院證券監督管理機構依法對全國證券市場實行集中統一監督管理。

國務院證券監督管理機構根據需要可以設立派出機構，按照授權履行監督管理職責。

第八條

在國家對證券發行、交易活動實行集中統一監督管理的前提下，依法設立證券業協會，實行自律性管理。

第九條

國家審計機關對證券交易所、證券公司、證券登記結算機構、證券監督管理機構，依法進行審計監督。

第二章　證券發行

第十條

公開發行證券，必須符合法律、行政法規規定的條件，並依法報經國務院證券監督管理機構或者國務院授權的部門核准或者審批；未經依法核准或者審批，任何單位和個人不得向社會公開發行證券。

第十一條

公開發行股票，必須依照公司法規定的條件，報經國務院證券監督管理機構核准。發行人必須向國務院證券監督管理機構提交公司法規定的申請文件和國務院證券監督管理機構規定的有關文件。發行公司債券，必須依照公司法規定的條件，報經國務院授權的部門審批。發行人必須向國務院授權的部門提交公司法規定的申請文件和國務院授權的部門規定的有關文件。

第十二條

發行人依法申請公開發行證券所提交的申請文件的格式、報送方式，由依法負責核准或者審批的機構或者部門規定。

第十三條

發行人向國務院證券監督管理機構或者國務院授權的部門提交的證券發行申請文件，必須真實、準確、完整。

為證券發行出具有關文件的專業機構和人員，必須嚴格履行法定職責，保證其所出具文件的真實性、準確性和完整性。

第十四條

國務院證券監督管理機構設發行審核委員會，依法審核股票發行申請。

發行審核委員會由國務院證券監督管理機構的專業人員和所聘請的該機構外的有關專家組成，以投票方式對股票發行申請進行表決，提出審核意見。

發行審核委員會的具體組成辦法、組成人員任期、工作程序由國務院證券監督管理機構制訂，報國務院批准。

第十五條

國務院證券監督管理機構依照法定條件負責核准股票發行申請。核准程序應當公開，依法接受監督。

參與核准股票發行申請的人員，不得與發行申請單位有利害關係；不得接受發行申請單位的饋贈；不得持有所核准的發行申請的股票；不得私下與發行申請單位進行接觸。

國務院授權的部門對公司債券發行申請的審批，參照前二款的規定執行。

第十六條

國務院證券監督管理機構或者國務院授權的部門應當自受理證券發行申請文件之日起三個月內作出決定；不予核准或者審批的，應當作出說明。

第十七條

證券發行申請經核准或者經審批，發行人應當依照法律、行政法規的規定，在證券公開發行前，公告公開發行募集文件，並將該文件置備於指定場所供公眾查閱。

發行證券的信息依法公開前，任何知情人不得公開或者洩露該信息。

發行人不得在公告公開發行募集文件之前發行證券。

第十八條

國務院證券監督管理機構或者國務院授權的部門對已作出的核准或者審批證券發行的決定，發現不符合法律、行政法規規定的，應當予以撤銷；尚未發行證券的，停止發行；已經發行的，證券持有人可以按照發行價並加算銀行同期存款利息，要求發行人返還。

第十九條

股票依法發行後，發行人經營與收益的變化，由發行人自行負責；由此變化引致的投資風險，由投資者自行負責。

第二十條

上市公司發行新股，應當符合公司法有關發行新股的條件，可以向社會公開募集，也可以向原股東配售。

上市公司對發行股票所募資金，必須按招股說明書所列資金用途使用。改變招股說明書所列資金用途，必須經股東大會批准。擅自改變用途而未作糾正的，或者未經股東大會認可的，不得發行新股。

第二十一條

　證券公司應當依照法律、行政法規的規定承銷發行人向社會公開發行的證券。證券承銷業務採取代銷或者包銷方式。

　證券代銷是指證券公司代發行人發售證券，在承銷期結束時，將未售出的證券全部退還給發行人的承銷方式。

　證券包銷是指證券公司將發行人的證券按照協議全部購入或者在承銷期結束時將售後剩餘證券全部自行購入的承銷方式。

第二十二條

　公開發行證券的發行人有權依法自主選擇承銷的證券公司。證券公司不得以不正當競爭手段招攬證券承銷業務。

第二十三條

　證券公司承銷證券，應當同發行人簽訂代銷或者包銷協議，載明下列事項：

　㈠當事人的名稱、住所及法定代表人姓名；

　㈡代銷、包銷證券的種類、數量、金額及發行價格；

　㈢代銷、包銷的期限及起止日期；

　㈣代銷、包銷的付款方式及日期；

　㈤代銷、包銷的費用和結算辦法；

　㈥違約責任；

　㈦國務院證券監督管理機構規定的其他事項。

第二十四條

　證券公司承銷證券，應當對公開發行募集文件的真實性、準確性、完整性進行核查；發現含有虛假記載、誤導性陳述或者重大遺漏的，不得進行銷售活動；已經銷售的，必須立即停止銷售活動，並採取糾正措施。

第二十五條

　向社會公開發行的證券票面總值超過人民幣五千萬元的，應當由承銷團承銷。承銷團應當由主承銷和參與承銷的證券公司組成。

第二十六條

　證券的代銷、包銷期最長不得超過九十日。

證券公司在代銷、包銷期內，對所代銷、包銷的證券應當保證先行出售給認購人，證券公司不得為本公司事先預留所代銷的證券和預先購入並留存所包銷的證券。

第二十七條

證券公司包銷證券的，應當在包銷期滿後的十五日內，將包銷情況報國務院證券監督管理機構備案。

證券公司代銷證券的，應當在代銷期滿後的十五日內，與發行人共同將證券代銷情況報國務院證券監督管理機構備案。

第二十八條

股票發行採取溢價發行的，其發行價格由發行人與承銷的證券公司協商確定，報國務院證券監督管理機構核准。

第二十九條

境內企業直接或者間接到境外發行證券或者將其證券在境外上市交易，必須經國務院證券監督管理機構批准。

第三章　證券交易

第一節　一般規定

第三十條

證券交易當事人依法買賣的證券，必須是依法發行並交付的證券。

非依法發行的證券，不得買賣。

第三十一條

依法發行的股票、公司債券及其他證券，法律對其轉讓期限有限制性規定的，在限定的期限內，不得買賣。

第三十二條

經依法核准的上市交易的股票、公司債券及其他證券，應當在證券交易所掛牌交易。

第三十三條

證券在證券交易所掛牌交易，應當採用公開的集中競價交易方式。

證券交易的集中競價應當實行價格優先、時間優先的原則。

第三十四條

證券交易當事人買賣的證券可以採用紙面形式或者國務院證券監督管理機構規定的其他形式。

第三十五條

證券交易以現貨進行交易。

第三十六條

證券公司不得從事向客戶融資或者融券的證券交易活動。

第三十七條

證券交易所、證券公司、證券登記結算機構從業人員、證券監督管理機構工作人員和法律、行政法規禁止參與股票交易的其他人員，在任期或者法定限期內，不得直接或者以化名、藉他人名義持有、買賣股票，也不得收受他人贈送的股票。

任何人在成為前款所列人員時，其原已持有的股票，必須依法轉讓。

第三十八條

證券交易所、證券公司、證券登記結算機構必須依法為客戶所開立的帳戶保密。

第三十九條

為股票發行出具審計報告、資產評估報告或者法律意見書等文件的專業機構和人員，在該股票承銷期內和期滿後六個月內，不得買賣該種股票。

除前款規定外，為上市公司出具審計報告、資產評估報告或者法律意見書等文件的專業機構和人員，自接受上市公司委託之日起至上述文件公開後五日內，不得買賣該種股票。

第四十條

證券交易的收費必須合理，並公開收費項目、收費標準和收費辦法。

證券交易的收費項目、收費標準和管理辦法由國務院有關管理部門統一規定。

第四十一條

持有一個股份有限公司已發行的股份百分之五的股東，應當在其持股數額達到該比例之日起三日內向該公司報告，公司必須在接到報告之日起三日內向國務院證券監督管理機構報告；屬於上市公司的，應當同時向證券交易所報告。

第四十二條

前條規定的股東，將其所持有的該公司的股票在買入後六個月內賣出，或者在賣出後六個月內又買入，由此所得收益歸該公司所有，公司董事會應當收回該股東所得收益。但是，證券公司因包銷購入售後剩餘股票而持有百分之五以上股份的，賣出該股票時不受六個月時間限制。

公司董事會不按照前款規定執行的，其他股東有權要求董事會執行。

公司董事會不按照第一款的規定執行，致使公司遭受損害的，負有責任的董事依法承擔連帶賠償責任。

第二節　證券上市

第四十三條

股份有限公司申請其股票上市交易，必須報經國務院證券監督管理機構核准。

國務院證券監督管理機構可以授權證券交易所依照法定條件和法定程序核准股票上市申請。

第四十四條

國家鼓勵符合產業政策同時又符合上市條件的公司股票上市交易。

第四十五條

向國務院證券監督管理機構提出股票上市交易申請時，應當提交下列文件：

(一)上市報告書；

(二)申請上市的股東大會決議；

(三)公司章程；

(四)公司營業執照；

(五)經法定驗證機構驗證的公司最近三年的或者公司成立以來的財務會計報告；

(六)法律意見書和證券公司的推薦書；

(七)最近一次的招股說明書。

第四十六條

股票上市交易申請經國務院證券監督管理機構核准後，其發行人應當向證券交易所提交核准文件和前條規定的有關文件。

證券交易所應當自接到該股票發行人提交的前款規定的文件之日起六個月內，安排該股票上市交易。

第四十七條

股票上市交易申請經證券交易所同意後，上市公司應當在上市交易的五日前公告經核准的股票上市的有關文件，並將該文件置備於指定場所供公眾查閱。

第四十八條

上市公司除公告前條規定的上市申請文件外，還應當公告下列事項：

㈠股票獲准在證券交易所交易的日期；

㈡持有公司股份最多的前十名股東的名單和持股數額；

㈢董事、監事、經理及有關高級管理人員的姓名及其持有本公司股票和債券的情況。

第四十九條

上市公司喪失公司法規定的上市條件的，其股票依法暫停上市或者終止上市。

第五十條

公司申請其發行的公司債券上市交易，必須報經國務院證券監督管理機構核准。

國務院證券監督管理機構可以授權證券交易所依照法定條件和法定程序核准公司債券上市申

請。

第五十一條

公司申請其公司債券上市交易必須符合下列條件：

㈠公司債券的期限為一年以上；

㈡公司債券實際發行額不少於人民幣五千萬元；

㈢公司申請其債券上市時仍符合法定的公司債券發行條件。

第五十二條

向國務院證券監督管理機構提出公司債券上市交易申請時，應當提交下列文件：

㈠上市報告書；

㈡申請上市的董事會決議；

㈢公司章程；

㈣公司營業執照；

㈤公司債券募集辦法；

㈥公司債券的實際發行數額。

第五十三條

公司債券上市交易申請經國務院證券監督管理機構核准後，其發行人應當向證券交易所提交

核准文件和前條規定的有關文件。

證券交易所應當自接到該債券發行人提交的前款規定的文件之日起三個月內，安排該債券上

市交易。

第五十四條

公司債券上市交易申請經證券交易所同意後，發行人應當在公司債券上市交易的五日前公告公司債券上市報告、核准文件及有關上市申請文件，並將其申請文件置備於指定場所供公眾查閱。

第五十五條

公司債券上市交易後，公司有下列情形之一的，由國務院證券監督管理機構決定暫停其公司債券上市交易：

㈠公司有重大違法行為；

㈡公司情況發生重大變化不符合公司債券上市條件；

㈢公司債券所募集資金不按照審批機關批准的用途使用；

㈣未按照公司債券募集辦法履行義務；

㈤公司最近二年連續虧損。

第五十六條

公司有前條第㈠項、第㈣項所列情形之一經查實後果嚴重的，或者有前條第㈡項、第㈢項、第㈤項所列情形之一，在限期內未能消除的，由國務院證券監督管理機構決定終止該公司債券上市。

公司解散、依法被責令關閉或者被宣告破產的，由證券交易所終止其公司債券上市，並報國務院證券監督管理機構備案。

第五十七條

國務院證券監督管理機構可以授權證券交易所依法暫停或者終止股票或者公司債券上市。

第三節　持續信息公開

第五十八條

經國務院證券監督管理機構核准依法發行股票，或者經國務院授權的部門批准依法發行公司債券，依照公司法的規定，應當公告招股說明書、公司債券募集辦法。依法發行新股或者公司債券的，還應當公告財務會計報告。

第五十九條

公司公告的股票或者公司債券的發行和上市文件，必須真實、準確、完整，不得有虛假記載、

誤導性陳述或者重大遺漏。

第六十條

股票或者公司債券上市交易的公司，應當在每一會計年度的上半年結束之日起二個月內，向國務院證券監督管理機構和證券交易所提交記載以下內容的中期報告，並予公告：

㈠公司財務會計報告和經營情況；

㈡涉及公司的重大訴訟事項；

㈢已發行的股票、公司債券變動情況；

㈣提交股東大會審議的重要事項；

㈤國務院證券監督管理機構規定的其他事項。

第六十一條

股票或者公司債券上市交易的公司，應當在每一會計年度結束之日起四個月內，向國務院證券監督管理機構和證券交易所提交記載以下內容的年度報告，並予公告：

㈠公司概況；

㈡公司財務會計報告和經營情況；

㈢董事、監事、經理及有關高級管理人員簡介及其持股情況；

㈣已發行的股票、公司債券情況，包括持有公司股份最多的前十名股東名單和持股數額；

㈤國務院證券監督管理機構規定的其他事項。

第六十二條

發生可能對上市公司股票交易價格產生較大影響，而投資者尚未得知的重大事件時，上市公司應當立即將有關該重大事件的情況向國務院證券監督管理機構和證券交易所提交臨時報告，並予公告，說明事件的實質。

下列情況為前款所稱重大事件：

㈠公司的經營方針和經營範圍的重大變化；

㈡公司的重大投資行為和重大的購置財產的決定；

㈢公司訂立重要合同，而該合同可能對公司的資產、負債、權益和經營成果產生重要影響；

㈣公司發生重大債務和未能清償到期重大債務的違約情況；

㈤公司發生重大虧損或者遭受超過淨資產百分之十以上的重大損失；

㈥公司生產經營的外部條件發生的重大變化；

㈦公司的董事長，三分之一以上的董事，或者經理發生變動；

㈧持有公司百分之五以上股份的股東，其持有股份情況發生較大變化；

㈨公司減資、合併、分立、解散及申請破產的決定；

㈩涉及公司的重大訴訟，法院依法撤銷股東大會、董事會決議；

㈠法律、行政法規規定的其他事項。

第六十三條

發行人、承銷的證券公司公告招股說明書、公司債券募集辦法、財務會計報告、上市報告文件、年度報告、中期報告、臨時報告，存在虛假記載、誤導性陳述或者有重大遺漏，致使投資者在證券交易中遭受損失的，發行人、承銷的證券公司應當承擔賠償責任，發行人、承銷的證券公司負有責任的董事、監事、經理應當承擔連帶賠償責任。

第六十四條

依照法律、行政法規規定必須作出的公告，應當在國家有關部門規定的報刊上或者在專項出版的公報上刊登，同時將其置備於公司住所、證券交易所，供社會公眾查閱。

第六十五條

國務院證券監督管理機構對上市公司年度報告、中期報告、臨時報告以及公告的情況進行監督，對上市公司分派或者配售新股的情況進行監督。

證券監督管理機構、證券交易所、承銷的證券公司及有關人員，對公司依照法律、行政法規規定必須作出的公告，在公告前不得洩露其內容。

第六十六條

國務院證券監督管理機構對有重大違法行為或者不具備其他上市條件的上市公司取消其上市資格的，應當即時作出公告。

證券交易所依照授權作出前款規定的決定時，應當即時作出公告，並報國務院證券監督管理機構備案。

第四節　禁止的交易行為

第六十七條

禁止證券交易內幕信息的知情人員利用內幕信息進行證券交易活動。

第六十八條

下列人員為知悉證券交易內幕信息的知情人員：

㈠發行股票或者公司債券的公司董事、監事、經理、副經理及有關的高級管理人員；

㈡持有公司百分之五以上股份的股東；

㈢發行股票公司的控股公司的高級管理人員；

㈣由於所任公司職務可以獲取公司有關證券交易信息的人員；

㈤證券監督管理機構工作人員以及由於法定的職責對證券交易進行管理的其他人員；

㈥由於法定職責而參與證券交易的社會中介機構或者證券登記結算機構、證券交易服務機構的有關人員；

㈦國務院證券監督管理機構規定的其他人員。

第六十九條

證券交易活動中，涉及公司的經營、財務或者對該公司證券的市場價格有重大影響的尚未公開的信息，為內幕信息。

下列各項信息皆屬內幕信息：

㈠本法第六十二條第二款所列重大事件；

㈡公司分配股利或者增資的計劃；

㈢公司股權結構的重大變化；

㈣公司債務擔保的重大變更；

㈤公司營業用主要資產的抵押、出售或者報廢一次超過該資產的百分之三十；

㈥公司的董事、監事、經理、副經理或者其他高級管理人員的行為可能依法承擔重大損害賠償責任；

㈦上市公司收購的有關方案；

㈧國務院證券監督管理機構認定的對證券交易價格有顯著影響的其他重要信息。

第七十條

知悉證券交易內幕信息的知情人員或者非法獲取內幕信息的其他人員，不得買入或者賣出所持有的該公司的證券，或者洩露該信息或者建議他人買賣該證券。

持有百分之五以上股份的股東收購上市公司的股份，本法另有規定的，適用其規定。

第七十一條

禁止任何人以下列手段獲取不正當利益或者轉嫁風險：

㈠通過單獨或者合謀，集中資金優勢、持股優勢或者利用信息優勢聯合或者連續買賣，操縱

證券交易價格；

㈡與他人串通，以事先約定的時間、價格和方式相互進行證券交易或者相互買賣並不持有的證券，影響證券交易價格或者證券交易量；

㈢以自己為交易對象，進行不轉移所有權的自買自賣，影響證券交易價格或者證券交易量；

㈣以其他方法操縱證券交易價格。

第七十二條

禁止國家工作人員、新聞傳播媒介從業人員和有關人員編造並傳播虛假信息，嚴重影響證券交易。

禁止證券交易所、證券公司、證券登記結算機構、證券交易服務機構、社會中介機構及其從業人員，證券業協會、證券監督管理機構及其工作人員，在證券交易活動中作出虛假陳述或者信息誤導。

各種傳播媒介傳播證券交易信息必須真實、客觀，禁止誤導。

第七十三條

在證券交易中，禁止證券公司及其從業人員從事下列損害客戶利益的欺詐行為：

㈠違背客戶的委託為其買賣證券；

㈡不在規定時間內向客戶提供交易的書面確認文件；

㈢挪用客戶所委託買賣的證券或者客戶帳戶上的資金；

㈣私自買賣客戶帳戶上的證券，或者假借客戶的名義買賣證券；

㈤為牟取佣金收入，誘使客戶進行不必要的證券買賣；

㈥其他違背客戶真實意思表示，損害客戶利益的行為。

第七十四條

在證券交易中，禁止法人以個人名義開立帳戶，買賣證券。

第七十五條

在證券交易中，禁止任何人挪用公款買賣證券。

第七十六條

國有企業和國有資產控股的企業，不得炒作上市交易的股票。

第七十七條

證券交易所、證券公司、證券登記結算機構、證券交易服務機構、社會中介機構及其從業人

員對證券交易中發現的禁止的交易行為，應當即時向證券監督管理機構報告。

第四章　上市公司收購

第七十八條

上市公司收購可以採取要約收購或者協議收購的方式。

第七十九條

通過證券交易所的證券交易，投資者持有一個上市公司已發行的股份的百分之五時，應當在該事實發生之日起三日內，向國務院證券監督管理機構、證券交易所作出書面報告，通知該上市公司，並予以公告；在上述規定的期限內，不得再行買賣該上市公司的股票。

投資者持有一個上市公司已發行的股份的百分之五後，通過證券交易所的證券交易，其所持該上市公司已發行的股份比例每增加或者減少百分之五,應當依照前款規定進行報告和公告。在報告期限內和作出報告、公告後二日內，不得再行買賣該上市公司的股票。

第八十條

依照前條規定所作的書面報告和公告，應當包括下列內容：

㈠持股人的名稱、住所；

㈡所持有的股票的名稱、數量；

㈢持股達到法定比例或者持股增減變化達到法定比例的日期。

第八十一條

通過證券交易所的證券交易，投資者持有一個上市公司已發行的股份的百分之三十時，繼續進行收購的，應當依法向該上市公司所有股東發出收購要約。但經國務院證券監督管理機構免除發出要約的除外。

第八十二條

依照前條規定發出收購要約，收購人必須事先向國務院證券監督管理機構報送上市公司收購報告書，並載明下列事項：

㈠收購人的名稱、住所；

㈡收購人關於收購的決定；

㈢被收購的上市公司名稱；

㈣收購目的；

㈤收購股份的詳細名稱和預定收購的股份數額；

㈥收購的期限、收購的價格；

㈦收購所需資金額及資金保證；

㈧報送上市公司收購報告書時所持有被收購公司股份數佔該公司已發行的股份總數的比例。

收購人還應當將前款規定的公司收購報告書同時提交證券交易所。

第八十三條

收購人在依照前條規定報送上市公司收購報告書之日起十五日後，公告其收購要約。收購要約的期限不得少於三十日，並不得超過六十日。

第八十四條

在收購要約的有效期限內，收購人不得撤回其收購要約。

在收購要約的有效期限內，收購人需要變更收購要約中事項的，必須事先向國務院證券監督管理機構及證券交易所提出報告，經獲准後，予以公告。

第八十五條

收購要約中提出的各項收購條件，適用於被收購公司所有的股東。

第八十六條

收購要約的期限屆滿，收購人持有的被收購公司的股份數達到該公司已發行的股份總數的百分之七十五以上的，該上市公司的股票應當在證券交易所終止上市交易。

第八十七條

收購要約的期限屆滿，收購人持有的被收購公司的股份數達到該公司已發行的股份總數的百分之九十以上的，其餘仍持有被收購公司股票的股東，有權向收購人以收購要約的同等條件出售其股票，收購人應當收購。

收購行為完成後，被收購公司不再具有公司法規定的條件的，應當依法變更其企業形式。

第八十八條

採取要約收購方式的，收購人在收購要約期限內，不得採取要約規定以外的形式和超出要約的條件買賣被收購公司的股票。

第八十九條

採取協議收購方式的，收購人可以依照法律、行政法規的規定同被收購公司的股東以協議方式進行股權轉讓。

以協議方式收購上市公司時，達成協議後，收購人必須在三日內將該收購協議向國務院證券

監督管理機構及證券交易所作出書面報告，並予公告。

在未作出公告前不得履行收購協議。

第九十條

採取協議收購方式的，協議雙方可以臨時委託證券登記結算機構保管協議轉讓的股票，並將資金存放於指定的銀行。

第九十一條

在上市公司收購中，收購人對所持有的被收購的上市公司的股票，在收購行為完成後的六個月內不得轉讓。

第九十二條

通過要約收購或者協議收購方式取得被收購公司股票並將該公司撤銷的，屬於公司合併，被撤銷公司的原有股票，由收購人依法更換。

第九十三條

收購上市公司的行為結束後，收購人應當在十五日內將收購情況報告國務院證券監督管理機構和證券交易所，並予公告。

第九十四條

上市公司收購中涉及國家授權投資機構持有的股份，應當按照國務院的規定，經有關主管部門批准。

第五章　證券交易所

第九十五條

證券交易所是提供證券集中競價交易場所的不以營利為目的的法人。

證券交易所的設立和解散，由國務院決定。

第九十六條

設立證券交易所必須制定章程。

證券交易所章程的制定和修改，必須經國務院證券監督管理機構批准。

第九十七條

證券交易所必須在其名稱中標明證券交易所字樣。其他任何單位或者個人不得使用證券交易所或者近似的名稱。

第九十八條

證券交易所可以自行支配的各項費用收入，應當首先用於保證其證券交易場所和設施的正常運行並逐步改善。

證券交易所的積累歸會員所有，其權益由會員共同享有，在其存續期間，不得將其積累分配給會員。

第九十九條

證券交易所設理事會。

第一百條

證券交易所設總經理一人，由國務院證券監督管理機構任免。

第一百零一條

有公司法第五十七條規定的情形或者下列情形之一的，不得擔任證券交易所的負責人：

㈠因違法行為或者違紀行為被解除職務的證券交易所、證券登記結算機構的負責人或者證券公司的董事、監事、經理，自被解除職務之日起未逾五年；

㈡因違法行為或者違紀行為被撤銷資格的律師、註冊會計師或者法定資產評估機構、驗證機構的專業人員，自被撤銷資格之日起未逾五年。

第一百零二條

因違法行為或者違紀行為被開除的證券交易所、證券登記結算機構、證券公司的從業人員和被開除的國家機關工作人員，不得招聘為證券交易所的從業人員。

第一百零三條

進入證券交易所參與集中競價交易的，必須是具有證券交易所會員資格的證券公司。

第一百零四條

投資者應當在證券公司開立證券交易帳戶，以書面、電話以及其他方式，委託為其開戶的證券公司代其買賣證券。

投資者通過其開戶的證券公司買賣證券的，應當採用市價委託或者限價委託。

第一百零五條

證券公司根據投資者的委託，按照時間優先的規則提出交易申報，參與證券交易所場內的集中競價交易；證券登記結算機構根據成交結果，按照清算交割規則，進行證券和資金的清算交割，辦理證券的登記過戶手續。

第一百零六條

　證券公司接受委託或者自營，當日買入的證券，不得在當日再行賣出。

第一百零七條

　證券交易所應當為組織公平的集中競價交易提供保障，即時公布證券交易行情，並按交易日製作證券市場行情表，予以公布。

第一百零八條

　證券交易所依照法律、行政法規的規定，辦理股票、公司債券的暫停上市、恢復上市或者終止上市的事務，其具體辦法由國務院證券監督管理機構制定。

第一百零九條

　因突發性事件而影響證券交易的正常進行時，證券交易所可以採取技術性停牌的措施；因不可抗力的突發性事件或者為維護證券交易的正常秩序，證券交易所可以決定臨時停市。

　證券交易所採取技術性停牌或者決定臨時停市，必須及時報告國務院證券監督管理機構。

第一百十條

　證券交易所對在交易所進行的證券交易實行實時監控，並按照國務院證券監督管理機構的要求，對異常的交易情況提出報告。

　證券交易所應當對上市公司披露信息進行監督，督促上市公司依法即時、準確地披露信息。

第一百十一條

　證券交易所應當從其收取的交易費用和會員費、席位費中提取一定比例的金額設立風險基金。風險基金由證券交易所理事會管理。

　風險基金提取的具體比例和使用辦法，由國務院證券監督管理機構會同國務院財政部門規定。

第一百十二條

　證券交易所應當將收存的交易保證金、風險基金存入開戶銀行專門帳戶，不得擅自使用。

第一百十三條

　證券交易所依照證券法律、行政法規制定證券集中競價交易的具體規則，制訂證券交易所的會員管理規章和證券交易所從業人員業務規則，並報國務院證券監督管理機構批准。

第一百十四條

　證券交易所的負責人和其他從業人員在執行與證券交易有關的職務時，凡與其本人或者其親

屬有利害關係的，應當迴避。

第一百十五條

按照依法制定的交易規則進行的交易，不得改變其交易結果。對交易中違規交易者應負的民事責任不得免除；在違規交易中所獲利益，依照有關規定處理。

第一百十六條

在證券交易所內從事證券交易的人員，違反證券交易所有關交易規則的，由證券交易所給予紀律處分；對情節嚴重的，撤銷其資格，禁止其入場進行證券交易。

第六章　證券公司

第一百十七條

設立證券公司，必須經國務院證券監督管理機構審查批准。未經國務院證券監督管理機構批准，不得經營證券業務。

第一百十八條

本法所稱證券公司是指依照公司法規定和依前條規定批准的從事證券經營業務的有限責任公司或者股份有限公司。

第一百十九條

國家對證券公司實行分類管理，分為綜合類證券公司和經紀類證券公司，並由國務院證券監督管理機構按照其分類頒發業務許可證。

第一百二十條

證券公司必須在其名稱中標明證券有限責任公司或者證券股份有限公司字樣。

經紀類證券公司必須在其名稱中標明經紀字樣。

第一百二十一條

設立綜合類證券公司，必須具備下列條件：

㈠註冊資本最低限額為人民幣五億元；

㈡主要管理人員和業務人員必須具有證券從業資格；

㈢有固定的經營場所和合格的交易設施；

㈣有健全的管理制度和規範的自營業務與經紀業務分業管理的體系。

第一百二十二條

經紀類證券公司註冊資本最低限額為人民幣五千萬元；主要管理人員和業務人員必須具有證

券從業資格；有固定的經營場所和合格的交易設施；有健全的管理制度。

第一百二十三條

證券公司設立或者撤銷分支機構、變更業務範圍或者註冊資本、變更公司章程、合併、分立、變更公司形式或者解散，必須經國務院證券監督管理機構批准。

第一百二十四條

證券公司的對外負債總額不得超過其淨資產額的規定倍數，其流動負債總額不得超過其流動資產總額的一定比例；其具體倍數、比例和管理辦法，由國務院證券監督管理機構規定。

第一百二十五條

有公司法第五十七條規定的情形或者下列情形之一的，不得擔任證券公司的董事、監事或者經理：

㈠因違法行為或者違紀行為被解除職務的證券交易所、證券登記結算機構的負責人或者證券公司的董事、監事、經理，自被解除職務之日起未逾五年；

㈡因違法行為或者違紀行為被撤銷資格的律師、註冊會計師或者法定資產評估機構、驗證機構的專業人員，自被撤銷資格之日起未逾五年。

第一百二十六條

因違法行為或者違紀行為被開除的證券交易所、證券登記結算機構、證券公司的從業人員和被開除的國家機關工作人員，不得招聘為證券公司的從業人員。

第一百二十七條

國家機關工作人員和法律、行政法規規定的禁止在公司中兼職的其他人員，不得在證券公司中兼任職務。

證券公司的董事、監事、經理和業務人員不得在其他證券公司中兼任職務。

第一百二十八條

證券公司從每年的稅後利潤中提取交易風險準備金，用於彌補證券交易的損失，其提取的具體比例由國務院證券監督管理機構規定。

第一百二十九條

綜合類證券公司可以經營下列證券業務：

㈠證券經紀業務；

㈡證券自營業務；

㈢證券承銷業務；

㈣經國務院證券監督管理機構核定的其他證券業務。

第一百三十條

經紀類證券公司只允許專門從事證券經紀業務。

第一百三十一條

證券公司應當依照前二條規定的業務，提出業務範圍的申請，並經國務院證券監督管理機構核定。

證券公司不得超出核定的業務範圍經營證券業務和其他業務。

第一百三十二條

綜合類證券公司必須將其經紀業務和自營業務分開辦理，業務人員、財務帳戶均應分開，不得混合操作。

客戶的交易結算資金必須全額存入指定的商業銀行，單獨立戶管理。嚴禁挪用客戶交易結算資金。

第一百三十三條

禁止銀行資金違規流入股市。

證券公司的自營業務必須使用自有資金和依法籌集的資金。

第一百三十四條

證券公司自營業務必須以自己的名義進行，不得假借他人名義或者以個人名義進行。

證券公司不得將其自營帳戶借給他人使用。

第一百三十五條

證券公司依法享有自主經營的權利，其合法經營不受干涉。

第一百三十六條

證券公司註冊資本低於本法規定的從事相應業務要求的，由國務院證券監督管理機構撤銷對其有關業務範圍的核定。

第一百三十七條

在證券交易中，代理客戶買賣證券，從事中介業務的證券公司，為具有法人資格的證券經紀人。

第一百三十八條

證券公司辦理經紀業務，必須為客戶分別開立證券和資金帳戶，並對客戶交付的證券和資金按戶分帳管理，如實進行交易記錄，不得作虛假記載。

客戶開立帳戶，必須持有證明中國公民身份或者中國法人資格的合法證件。

第一百三十九條

證券公司辦理經紀業務，應當置備統一制定的證券買賣委託書，供委託人使用。採取其他委託方式的，必須作出委託記錄。

客戶的證券買賣委託，不論是否成交，其委託記錄應當按規定的期限，保存於證券公司。

第一百四十條

證券公司接受證券買賣的委託，應當根據委託書載明的證券名稱、買賣數量、出價方式、價格幅度等，按照交易規則代理買賣證券；買賣成交後，應當按規定製作買賣成交報告單交付客戶。證券交易中確認交易行為及其交易結果的對帳單必須真實，並由交易經辦人員以外的審核人員逐筆審核，保證帳面證券餘額與實際持有的證券相一致。

第一百四十一條

證券公司接受委託賣出證券必須是客戶證券帳戶上實有的證券，不得為客戶融券交易。

證券公司接受委託買入證券必須以客戶資金帳戶上實有的資金支付，不得為客戶融資交易。

第一百四十二條

證券公司辦理經紀業務，不得接受客戶的全權委託而決定證券買賣、選擇證券種類、決定買賣數量或者買賣價格。

第一百四十三條

證券公司不得以任何方式對客戶證券買賣的收益或者賠償證券買賣的損失作出承諾。

第一百四十四條

證券公司及其從業人員不得未經過其依法設立的營業場所私下接受客戶委託買賣證券。

第一百四十五條

證券公司的從業人員在證券交易活動中，按其所屬的證券公司的指令或者利用職務違反交易規則的，由所屬的證券公司承擔全部責任。

第七章 證券登記結算機構

第一百四十六條

證券登記結算機構為證券交易提供集中的登記、託管與結算服務，是不以營利為目的的法人。

設立證券登記結算機構必須經國務院證券監督管理機構批准。

第一百四十七條

設立證券登記結算機構，應當具備下列條件：

㈠自有資金不少於人民幣二億元；

㈡具有證券登記、託管和結算服務所必須的場所和設施；

㈢主要管理人員和業務人員必須具有證券從業資格；

㈣國務院證券監督管理機構規定的其他條件。

證券登記結算機構的名稱中應當標明證券登記結算字樣。

第一百四十八條

證券登記結算機構履行下列職能：

㈠證券帳戶、結算帳戶的設立；

㈡證券的託管和過戶；

㈢證券持有人名冊登記；

㈣證券交易所上市證券交易的清算和交收；

㈤受發行人的委託派發證券權益；

㈥辦理與上述業務有關的查詢；

㈦國務院證券監督管理機構批准的其他業務。

第一百四十九條

證券登記結算採取全國集中統一的運營方式。

證券登記結算機構章程、業務規則應當依法制定，並須經國務院證券監督管理機構批准。

第一百五十條

證券持有人所持有的證券上市交易前，應當全部託管在證券登記結算機構。

證券登記結算機構不得將客戶的證券用於質押或者出借給他人。

第一百五十一條

證券登記結算機構應當向證券發行人提供證券持有人名冊及其有關資料。

證券登記結算機構應當根據證券登記結算的結果，確認證券持有人持有證券的事實，提供證券持有人登記資料。

證券登記結算機構應當保證證券持有人名冊和登記過戶記錄真實、準確、完整，不得偽造、篡改、毀壞。

第一百五十二條

證券登記結算機構應當採取下列措施保證業務的正常進行：

㈠具有必備的服務設備和完善的數據安全保護措施；

㈡建立健全的業務、財務和安全防範等管理制度；

㈢建立完善的風險管理系統。

第一百五十三條

證券登記結算機構應當妥善保存登記、託管和結算的原始憑證。重要的原始憑證的保存期不得少於二十年。

第一百五十四條

證券登記結算機構應當設立結算風險基金，並存入指定銀行的專門帳戶。結算風險基金用於因技術故障、操作失誤、不可抗力造成的證券登記結算機構的損失。

證券結算風險基金從證券登記結算機構的業務收入和收益中提取，並可以由證券公司按證券交易業務量的一定比例繳納。

證券結算風險基金的籌集、管理辦法，由國務院證券監督管理機構會同國務院財政部門規定。

第一百五十五條

證券結算風險基金應當專項管理。證券登記結算機構以風險基金賠償後，應當向有關責任人追償。

第一百五十六條

證券登記結算機構申請解散，應當經國務院證券監督管理機構批准。

第八章　證券交易服務機構

第一百五十七條

根據證券投資和證券交易業務的需要，可以設立專業的證券投資諮詢機構、資信評估機構。

證券投資諮詢機構、資信評估機構的設立條件、審批程序和業務規則，由國務院證券監督管理機構規定。

第一百五十八條

專業的證券投資諮詢機構、資信評估機構的業務人員，必須具備證券專業知識和從事證券業務二年以上經驗。認定其從事證券業務資格的標準和管理辦法，由國務院證券監督管理機構制定。

第一百五十九條

證券投資諮詢機構的從業人員不得從事下列行為：

㈠代理委託人從事證券投資；

㈡與委託人約定分享證券投資收益或者分擔證券投資損失；

㈢買賣本諮詢機構提供服務的上市公司股票；

㈣法律、行政法規禁止的其他行為。

第一百六十條

專業的證券投資諮詢機構和資信評估機構，應當按照國務院有關管理部門規定的標準或者收費辦法收取服務費用。

第一百六十一條

為證券的發行、上市或者證券交易活動出具審計報告、資產評估報告或者法律意見書等文件的專業機構和人員，必須按照執業規則規定的工作程序出具報告，對其所出具報告內容的真實性、準確性和完整性進行核查和驗證，並就其負有責任的部分承擔連帶責任。

第九章　證券業協會

第一百六十二條

證券業協會是證券業的自律性組織，是社會團體法人。證券公司應當加入證券業協會。證券業協會的權力機構為由全體會員組成的會員大會。

第一百六十三條

證券業協會的章程由會員大會制定，並報國務院證券監督管理機構備案。

第一百六十四條

證券業協會履行下列職責：

㈠協助證券監督管理機構教育和組織會員執行證券法律、行政法規；

㈡依法維護會員的合法權益，向證券監督管理機構反映會員的建議和要求；

㈢收集整理證券信息，為會員提供服務；

㈣制定會員應遵守的規則，組織會員單位的從業人員的業務培訓，開展會員間的業務交流；

㈤對會員之間、會員與客戶之間發生的糾紛進行調解；

㈥組織會員就證券業的發展、運作及有關內容進行研究；

㈦監督、檢查會員行為，對違反法律、行政法規或者協會章程的，按照規定給予紀律處分；

㈧國務院證券監督管理機構賦予的其他職責。

第一百六十五條

證券業協會設理事會。理事會成員依章程的規定由選舉產生。

第十章　證券監督管理機構

第一百六十六條

國務院證券監督管理機構依法對證券市場實行監督管理，維護證券市場秩序，保障其合法運行。

第一百六十七條

國務院證券監督管理機構在對證券市場實施監督管理中履行下列職責：

㈠依法制定有關證券市場監督管理的規章、規則，並依法行使審批或者核准權；

㈡依法對證券的發行、交易、登記、託管、結算，進行監督管理；

㈢依法對證券發行人、上市公司、證券交易所、證券公司、證券登記結算機構、證券投資基金管理機構、證券投資諮詢機構、資信評估機構以及從事證券業務的律師事務所、會計師事務所、資產評估機構的證券業務活動，進行監督管理；

㈣依法制定從事證券業務人員的資格標準和行為準則，並監督實施；

㈤依法監督檢查證券發行和交易的信息公開情況；

㈥依法對證券業協會的活動進行指導和監督；

㈦依法對違反證券市場監督管理法律、行政法規的行為進行查處；

㈧法律、行政法規規定的其他職責。

第一百六十八條

國務院證券監督管理機構依法履行職責，有權採取下列措施：

㈠進入違法行為發生場所調查取證；

㈡詢問當事人和與被調查事件有關的單位和個人，要求其對與被調查事件有關的事項作出說明；

㈢查閱、複製當事人和與被調查事件有關的單位和個人的證券交易記錄、登記過戶記錄、財

務會計資料及其他相關文件和資料；對可能被轉移或者隱匿的文件和資料，可以予以封存；

⒁查詢當事人和與被調查事件有關的單位和個人的資金帳戶、證券帳戶，對有證據證明有轉移或者隱匿違法資金、證券現象的，可以申請司法機關予以凍結。

第一百六十九條

國務院證券監督管理機構工作人員依法履行職責，進行監督檢查或者調查時，應當出示有關證件，並對知悉的有關單位和個人的商業秘密負有保密的義務。

第一百七十條

國務院證券監督管理機構工作人員必須忠於職守，依法辦事，公正廉潔，不得利用自己的職務便利牟取不正當的利益。

第一百七十一條

國務院證券監督管理機構依法履行職責，被檢查、調查的單位和個人應當配合，如實提供有關文件和資料，不得拒絕、阻礙和隱瞞。

第一百七十二條

國務院證券監督管理機構依法制定的規章、規則和監督管理工作制度應當公開。國務院證券監督管理機構依據調查結果，對證券違法行為作出的處罰決定，應當公開。

第一百七十三條

國務院證券監督管理機構依法履行職責，發現證券違法行為涉嫌犯罪的，應當將案件移送司法機關處理。

第一百七十四條

國務院證券監督管理機構的工作人員不得在被監管的機構中兼任職務。

第十一章　法律責任

第一百七十五條

未經法定的機關核准或者審批，擅自發行證券的，或者製作虛假的發行文件發行證券的，責令停止發行，退還所募資金和加算銀行同期存款利息，並處以非法所募資金金額百分之一以上百分之五以下的罰款。對直接負責的主管人員和其他直接責任人員給予警告，並處以三萬元以上三十萬元以下的罰款。構成犯罪的，依法追究刑事責任。

第一百七十六條

證券公司承銷或者代理買賣未經核准或者審批擅自發行的證券的，由證券監督管理機構予以

取締，沒收違法所得，並處以違法所得一倍以上五倍以下的罰款。對直接負責的主管人員和其他直接責任人員給予警告，並處以三萬元以上三十萬元以下的罰款。構成犯罪的，依法追究刑事責任。

第一百七十七條

依照本法規定，經核准上市交易的證券，其發行人未按照有關規定披露信息，或者所披露的信息有虛假記載、誤導性陳述或者有重大遺漏的，由證券監督管理機構責令改正，對發行人處以三十萬元以上六十萬元以下的罰款。對直接負責的主管人員和其他直接責任人員給予警告，並處以三萬元以上三十萬元以下的罰款。構成犯罪的，依法追究刑事責任。

前款發行人未按期公告其上市文件或者報送有關報告的，由證券監督管理機構責令改正，對發行人處以五萬元以上十萬元以下的罰款。

第一百七十八條

非法開設證券交易場所的，由證券監督管理機構予以取締，沒收違法所得，並處以違法所得一倍以上五倍以下的罰款。沒有違法所得的，處以十萬元以上五十萬元以下的罰款。對直接負責的主管人員和其他直接責任人員給予警告，並處以三萬元以上三十萬元以下的罰款。構成犯罪的，依法追究刑事責任。

第一百七十九條

未經批准並領取業務許可證，擅自設立證券公司經營證券業務的，由證券監督管理機構予以取締，沒收違法所得，並處以違法所得一倍以上五倍以下的罰款。沒有違法所得的，處以三萬元以上十萬元以下的罰款。構成犯罪的，依法追究刑事責任。

第一百八十條

法律、行政法規規定禁止參與股票交易的人員，直接或者以化名、藉他人名義持有、買賣股票的，責令依法處理非法持有的股票，沒收違法所得，並處以所買賣股票等值以下的罰款；屬於國家工作人員的，還應當依法給予行政處分。

第一百八十一條

證券交易所、證券公司、證券登記結算機構、證券交易服務機構的從業人員、證券業協會或者證券監督管理機構的工作人員，故意提供虛假資料，偽造、變造或者銷毀交易記錄，誘騙投資者買賣證券的，取消從業資格，並處以三萬元以上五萬元以下的罰款；屬於國家工作人員的，還應當依法給予行政處分。構成犯罪的，依法追究刑事責任。

第一百八十二條

為股票的發行或者上市出具審計報告、資產評估報告或者法律意見書等文件的專業機構和人員，違反本法第三十九條的規定買賣股票的，責令依法處理非法獲得的股票，沒收違法所得，並處以所買賣的股票等值以下的罰款。

第一百八十三條

證券交易內幕信息的知情人員或者非法獲取證券交易內幕信息的人員，在涉及證券的發行、交易或者其他對證券的價格有重大影響的信息尚未公開前，買入或者賣出該證券，或者洩露該信息或者建議他人買賣該證券的，責令依法處理非法獲得的證券，沒收違法所得，並處以違法所得一倍以上五倍以下或者非法買賣的證券等值以下的罰款。構成犯罪的，依法追究刑事責任。證券監督管理機構工作人員進行內幕交易的，從重處罰。

第一百八十四條

任何人違反本法第七十一條規定，操縱證券交易價格，或者製造證券交易的虛假價格或者證券交易量，獲取不正當利益或者轉嫁風險的，沒收違法所得，並處以違法所得一倍以上五倍以下的罰款。構成犯罪的，依法追究刑事責任。

第一百八十五條

違反本法規定，挪用公款買賣證券的，沒收違法所得，並處以違法所得一倍以上五倍以下的罰款；屬於國家工作人員的，還應當依法給予行政處分。構成犯罪的，依法追究刑事責任。

第一百八十六條

證券公司違反本法規定，為客戶賣出其帳戶上未實有的證券或者為客戶融資買入證券的，沒收違法所得，並處以非法買賣證券等值的罰款。對直接負責的主管人員和其他直接責任人員給予警告，並處以三萬元以上三十萬元以下的罰款。構成犯罪的，依法追究刑事責任。

第一百八十七條

證券公司違反本法規定，當日接受客戶委託或者自營買入證券又於當日將該證券再行賣出的，沒收違法所得，並處以非法買賣證券成交金額百分之五以上百分之二十以下的罰款。

第一百八十八條

編造並且傳播影響證券交易的虛假信息，擾亂證券交易市場的，處以三萬元以上二十萬元以下的罰款。構成犯罪的，依法追究刑事責任。

第一百八十九條

　　證券交易所、證券公司、證券登記結算機構、證券交易服務機構、社會中介機構及其從業人員，或者證券業協會、證券監督管理機構及其工作人員，在證券交易活動中作出虛假陳述或者信息誤導的，責令改正，處以三萬元以上二十萬元以下的罰款；屬於國家工作人員的，還應當依法給予行政處分。構成犯罪的，依法追究刑事責任。

第一百九十條

　　違反本法規定，法人以個人名義設立帳戶買賣證券的，責令改正，沒收違法所得，並處以違法所得一倍以上五倍以下的罰款；其直接負責的主管人員和其他直接責任人員屬於國家工作人員的，依法給予行政處分。

第一百九十一條

　　綜合類證券公司違反本法規定，假借他人名義或者以個人名義從事自營業務的，責令改正，沒收違法所得，並處以違法所得一倍以上五倍以下的罰款；情節嚴重的，停止其自營業務。

第一百九十二條

　　證券公司違背客戶的委託買賣證券、辦理交易事項，以及其他違背客戶真實意思表示，辦理交易以外的其他事項，給客戶造成損失的，依法承擔賠償責任，並處以一萬元以上十萬元以下的罰款。

第一百九十三條

　　證券公司、證券登記結算機構及其從業人員，未經客戶的委託，買賣、挪用、出借客戶帳戶上的證券或者將客戶的證券用於質押的，或者挪用客戶帳戶上的資金的，責令改正，沒收違法所得，處以違法所得一倍以上五倍以下的罰款，並責令關閉或者吊銷責任人員的從業資格證書。構成犯罪的，依法追究刑事責任。

第一百九十四條

　　證券公司經辦經紀業務，接受客戶的全權委託買賣證券的，或者對客戶買賣證券的收益或者賠償證券買賣的損失作出承諾的，責令改正，處以五萬元以上二十萬元以下的罰款。

第一百九十五條

　　違反上市公司收購的法定程序，利用上市公司收購謀取不正當收益的，責令改正，沒收違法所得，並處以違法所得一倍以上五倍以下的罰款。

第一百九十六條

證券公司及其從業人員違反本法規定，私下接受客戶委託買賣證券的，沒收違法所得，並處以違法所得一倍以上五倍以下的罰款。

第一百九十七條

證券公司違反本法規定，未經批准經營非上市掛牌證券的交易的，責令改正，沒收違法所得，並處以違法所得一倍以上五倍以下的罰款。

第一百九十八條

證券公司成立後，無正當理由超過三個月未開始營業的，或者開業後自行停業連續三個月以上的，由公司登記機關吊銷其公司營業執照。

第一百九十九條

證券公司違反本法規定，超出業務許可範圍經營證券業務的，責令改正，沒收違法所得，並處以違法所得一倍以上五倍以下的罰款。情節嚴重的，責令關閉。

第二百條

證券公司同時經營證券經紀業務和證券自營業務，不依法分開辦理，混合操作的，責令改正，沒收違法所得，並處以違法所得一倍以上五倍以下的罰款；情節嚴重的，由證券監督管理機構撤銷原核定的證券業務。

第二百零一條

提交虛假證明文件或者採取其他欺詐手段隱瞞重要事實騙取證券業務許可的，或者證券公司在證券交易中有嚴重違法行為，不再具備經營資格的，由證券監督管理機構取消其證券業務許可，並責令關閉。

第二百零二條

為證券的發行、上市或者證券交易活動出具審計報告、資產評估報告或者法律意見書等文件的專業機構，就其所應負責的內容弄虛作假的，沒收違法所得，並處以違法所得一倍以上五倍以下的罰款，並由有關主管部門責令該機構停業，吊銷直接責任人員的資格證書。造成損失的，承擔連帶賠償責任。構成犯罪的，依法追究刑事責任。

第二百零三條

未經證券監督管理機構批准，擅自設立證券登記結算機構或者證券交易服務機構的，由證券監督管理機構予以取締，沒收違法所得，並處以違法所得一倍以上五倍以下的罰款。

證券登記結算機構和證券交易服務機構違反本法規定或者證券監督管理機構統一制定的業務規則的，由證券監督管理機構責令改正，沒收違法所得，並處以違法所得一倍以上五倍以下的罰款。情節嚴重的，責令關閉。

第二百零四條

證券監督管理機構對不符合本法規定的證券發行、上市的申請予以核准，或者對不符合本法規定條件的設立證券公司、證券登記結算機構或者證券交易服務機構的申請予以批准，情節嚴重的，對直接負責的主管人員和其他直接責任人員，依法給予行政處分。構成犯罪的，依法追究刑事責任。

第二百零五條

證券監督管理機構的工作人員和發行審核委員會的組成人員，不履行本法規定的職責，徇私舞弊、玩忽職守或者故意刁難有關當事人的，依法給予行政處分。構成犯罪的，依法追究刑事責任。

第二百零六條

違反本法規定，發行、承銷公司債券的，由國務院授權的部門依照本法第一百七十五條、第一百七十六條、第二百零二條的規定予以處罰。

第二百零七條

違反本法規定，應當承擔民事賠償責任和繳納罰款、罰金，其財產不足以同時支付時，先承擔民事賠償責任。

第二百零八條

以暴力、威脅方法阻礙證券監督管理機構依法行使監督檢查職權的，依法追究刑事責任；拒絕、阻礙證券監督管理機構及其工作人員依法行使監督檢查職權未使用暴力、威脅方法的，依照治安管理處罰條例的規定進行處罰。

第二百零九條

依照本法對證券發行、交易違法行為沒收的違法所得和罰款，全部上繳國庫。

第二百十條

當事人對證券監督管理機構或者國務院授權的部門處罰決定不服的，可以依法申請覆議，或者依法直接向人民法院提起訴訟。

第十二章 附 則

第二百十一條

本法施行前依照行政法規已批准在證券交易所上市交易的證券繼續依法進行交易。本法施行前依照行政法規和國務院金融行政管理部門的規定經批准設立的證券經營機構，不完全符合本法規定的，應當在規定的限期內達到本法規定的要求。具體實施辦法，由國務院另行規定。

第二百十二條

本法關於客戶交易結算資金的規定的實施步驟，由國務院另行規定。

第二百十三條

境內公司股票供境外人士、機構以外幣認購和交易的，具體辦法由國務院另行規定。

第二百十四條

本法自1999年7月1日起施行。

㈣保險法

(1995年6月30日通過，1995年10月1日起施行)

第一章　總　則

第一條

為了規範保險活動，保護保險活動當事人的合法權益，加強對保險業的監督管理，促進保險事業的健康發展，制定本法。

第二條

本法所稱保險，是指投保人根據合同約定，向保險人支付保險費，保險人對於合同約定的可能發生的事故因其發生所造成的財產損失承擔賠償保險金責任，或者當被保險人死亡、傷殘、疾病或者達到合同約定的年齡、期限時承擔給付保險金責任的商業保險行為。

第三條

在中華人民共和國境內從事保險活動，適用本法。

第四條

從事保險活動必須遵守法律、行政法規，遵循自願和誠實信用的原則。

第五條

經營商業保險業務，必須是依照本法設立的保險公司。其他單位和個人不得經營商業保險業務。

第六條

在中華人民共和國境內的法人和其他組織需要辦理境內保險的，應當向中華人民共和國境內的保險公司投保。

第七條

保險公司開展業務，應當遵循公平競爭的原則，不得從事不正當競爭。

第八條

國務院金融監督管理部門依照本法負責對保險業實施監督管理。

第二章　保險合同

第一節　一般規定

第九條

保險合同是投保人與保險人約定保險權利義務關係的協議。

投保人是指與保險人訂立保險合同，並按照保險合同負有支付保險費義務的人。

保險人是指與投保人訂立保險合同，並承擔賠償或者給付保險金責任的保險公司。

第十條

投保人和保險人訂立保險合同，應當遵循公平互利、協商一致、自願訂立的原則，不得損害社會公共利益。

除法律、行政法規規定必須保險的以外，保險公司和其他單位不得強制他人訂立保險合同。

第十一條

投保人對保險標的應當具有保險利益。

投保人對保險標的不具有保險利益的，保險合同無效。

保險利益是指投保人對保險標的具有的法律上承認的利益。

保險標的是指作為保險對象的財產及其有關利益或者人的壽命和身體。

第十二條

投保人提出保險要求，經保險人同意承保，並就合同的條款達成協議，保險合同成立。保險人應當即時向投保人簽發保險單或者其他保險憑證，並在保險單或者其他保險憑證中載明當事人雙方約定的合同內容。

經投保人和保險人協商同意，也可以採取前款規定以外的其他書面協議形式訂立保險合同。

第十三條

保險合同成立後，投保人按照約定交付保險費；保險人按照約定的時間開始承擔保險責任。

第十四條

除本法另有規定或者保險合同另有約定外，保險合同成立後，投保人可以解除保險合同。

第十五條

除本法另有規定或者保險合同另有約定外，保險合同成立後，保險人不得解除保險合同。

第十六條

訂立保險合同，保險人應當向投保人說明保險合同的條款內容，並可以就保險標的或者被保

險人的有關情況提出詢問，投保人應當如實告知。

投保人故意隱瞞事實，不履行如實告知義務的，或者因過失未履行如實告知義務，足以影響保險人決定是否同意承保或者提高保險費率的，保險人有權解除保險合同。投保人故意不履行如實告知義務的，保險人對於保險合同解除前發生的保險事故，不承擔賠償或者給付保險金的責任，並不退還保險費。

投保人因過失未履行如實告知義務，對保險事故的發生有嚴重影響的，保險人對於保險合同解除前發生的保險事故，不承擔賠償或者給付保險金的責任，但可以退還保險費。

保險事故是指保險合同約定的保險責任範圍內的事故。

第十七條

保險合同中規定有關於保險人責任免除條款的，保險人在訂立保險合同時應當向投保人明確說明，未明確說明的，該條款不產生效力。

第十八條

保險合同應當包括下列事項：

㈠保險人名稱和住所；

㈡投保人、被保險人名稱和住所，以及人身保險的受益人的名稱和住所；

㈢保險標的；

㈣保險責任和責任免除；

㈤保險期間和保險責任開始時間；

㈥保險價值；

㈦保險金額；

㈧保險費以及支付辦法；

㈨保險金賠償或者給付辦法；

㈩違約責任和爭議處理；

㈠訂立合同的年、月、日。

第十九條

投保人和保險人在前條規定的保險合同事項外，可以就與保險有關的其他事項作出約定。

第二十條

在保險合同有效期內，投保人和保險人經協商同意，可以變更保險合同的有關內容。變更保

險合同的，應當由保險人在原保險單或者其他保險憑證上批註或者附貼批單，或者由投保人和保險人訂立變更的書面協議。

第二十一條

投保人、被保險人或者受益人知道保險事故發生後，應當即時通知保險人。

被保險人是指其財產或者人身受保險合同保障，享有保險金請求權的人，投保人可以為被保險人。

受益人是指人身保險合同中由被保險人或者投保人指定的享有保險金請求權的人，投保人、被保險人可以為受益人。

第二十二條

保險事故發生後，依照保險合同請求保險人賠償或者給付保險金時，投保人、被保險人或者受益人應當向保險人提供其所能提供的與確認保險事故的性質、原因、損失程度等有關的證明和資料。

保險人依照保險合同的約定，認為有關的證明和資料不完整的，應當通知投保人、被保險人或者受益人補充提供有關的證明和資料。

第二十三條

保險人收到被保險人或者受益人的賠償或者給付保險金的請求後，應當即時作出核定；對屬於保險責任的，在與被保險人或者受益人達成有關賠償或者給付保險金額的協議後十日內，履行賠償或者給付保險金義務。保險合同對保險金額及賠償或者給付期限有約定的，保險人應當依照保險合同的約定，履行賠償或者給付保險金義務。

保險人未即時履行前款規定義務的，除支付保險金外，應當賠償被保險人或者受益人因此受到的損失。

任何單位或者個人都不得非法干預保險人履行賠償或者給付保險金的義務，也不得限制被保險人或者受益人取得保險金的權利。

保險金額是指保險人承擔賠償或者給付保險金責任的最高限額。

第二十四條

保險人收到被保險人或者受益人的賠償或者給付保險金的請求後，對不屬於保險責任的，應當向被保險人或者受益人發出拒絕賠償或者拒絕給付保險金通知書。

第二十五條

保險人自收到賠償或者給付保險金的請求和有關證明、資料之日起六十日內，對其賠償或者給付保險金的數額不能確定的，應當根據已有證明和資料可以確定的最低數額先予支付；保險人最終確定賠償或者給付保險金的數額後，應當支付相應的差額。

第二十六條

人壽保險以外的其他保險的被保險人或者受益人，對保險人請求賠償或者給付保險金的權利，自其知道保險事故發生之日起二年不行使而消滅。

人壽保險的被保險人或者受益人對保險人請求給付保險金的權利，自其知道保險事故發生之日起五年不行使而消滅。

第二十七條

被保險人或者受益人在未發生保險事故的情況下，謊稱發生了保險事故，向保險人提出賠償或者給付保險金的請求的，保險人有權解除保險合同，並不退還保險費。

投保人、被保險人或者受益人故意製造保險事故的，保險人有權解除保險合同，不承擔賠償或者給付保險金的責任，除本法第六十四條第一款另有規定外，也不退還保險費。

保險事故發生後，投保人、被保險人或者受益人以偽造、變造的有關證明、資料或者其他證據，編造虛假的事故原因或者誇大損失程度的，保險人對其虛報的部分不承擔賠償或者給付保險金的責任。

投保人、被保險人或者受益人有前三款所列行為之一，致使保險人支付保險金或者支出費用的，應當退回或者賠償。

第二十八條

保險人將其承擔的保險業務，以承保形式，部分轉移給其他保險人的，為再保險。

應再保險接受人的要求，再保險分出人應當將其自負責任及原保險的有關情況告知再保險接受人。

第二十九條

再保險接受人不得向原保險的投保人要求支付保險費。

原保險的被保險人或者受益人，不得向再保險接受人提出賠償或者給付保險金的請求。

再保險分出人不得以再保險接受人未履行再保險責任為由，拒絕履行或者遲延履行其原保險責任。

第三十條

　　對於保險合同的條款，保險人與投保人、被保險人或者受益人有爭議時，人民法院或者仲裁機關應當作有利於被保險人和受益人的解釋。

第三十一條

　　保險人或者再保險接受人對在辦理保險業務中知道的投保人、被保險人或者再保險分出人的業務和財產情況，負有保密的義務。

第二節　財產保險合同

第三十二條

　　財產保險合同是以財產及其有關利益為保險標的的保險合同。

　　本節中的財產保險合同，除特別指明的外，簡稱合同。

第三十三條

　　保險標的的轉讓應當通知保險人，經保險人同意繼續承保後，依法變更合同。但是，貨物運輸保險合同和另有約定的合同除外。

第三十四條

　　貨物運輸保險合同和運輸工具航程保險合同，保險責任開始後，合同當事人不得解除合同。

第三十五條

　　被保險人應當遵守國家有關消防、安全、生產操作、勞動保護等方面的規定，維護保險標的的安全。

　　根據合同的約定，保險人可以對保險標的的安全狀況進行檢查，即時向投保人、被保險人提出消除不安全因素和隱患的書面建議。

　　投保人、被保險人未按照約定履行其對保險標的安全應盡的責任的，保險人有權要求增加保險費或者解除合同。

　　保險人為維護保險標的的安全，經被保險人同意，可以採取安全預防措施。

第三十六條

　　在合同有效期內，保險標的危險程度增加的，被保險人按照合同約定應當即時通知保險人，保險人有權要求增加保險費或者解除合同。

　　被保險人未履行前款規定的通知義務的，因保險標的危險程度增加而發生的保險事故，保險人不承擔賠償責任。

第三十七條

有下列情形之一的，除合同另有約定外，保險人應當降低保險費，並按日計算退還相應的保險費：

㈠據以確定保險費率的有關情況發生變化，保險標的危險程度明顯減少；

㈡保險標的的保險價值明顯減少。

第三十八條

保險責任開始前，投保人要求解除合同的，應當向保險人支付手續費，保險人應當退還保險費。保險責任開始後，投保人要求解除合同的，保險人可以收取自保險責任開始之日起至合同解除之日止期間的保險費，剩餘部分退還投保人。

第三十九條

保險標的的保險價值，可以由投保人和保險人約定並在合同中載明，也可以按照保險事故發生時保險標的的實際價值確定。

保險金額不得超過保險價值；超過保險價值的，超過的部分無效。

保險金額低於保險價值的，除合同另有約定外，保險人按照保險金額與保險價值的比例承擔賠償責任。

第四十條

重複保險的投保人應當將重複保險的有關情況通知各保險人。

重複保險的保險金額總和超過保險價值的，各保險人的賠償金額的總和不得超過保險價值。

除合同另有約定外，各保險人按照其保險金額與保險金額總和的比例承擔賠償責任。

重複保險是指投保人對同一保險標的、同一保險利益、同一保險事故分別向二個以上保險人訂立保險合同的保險。

第四十一條

保險事故發生時，被保險人有責任盡力採取必要的措施，防止或者減少損失。

保險事故發生後，被保險人為防止或者減少保險標的的損失所支付的必要的、合理的費用，由保險人承擔；保險人所承擔的數額在保險標的損失賠償金額以外另行計算，最高不超過保險金額的數額。

第四十二條

保險標的發生部分損失的，在保險人賠償後三十日內，投保人可以終止合同；除合同約定不

得終止合同的以外，保險人也可以終止合同。保險人終止合同的，應當提前十五日通知投保人，並將保險標的未受損失部分的保險費，扣除自保險責任開始之日起至終止合同之日止期間的應收部分後，退還投保人。

第四十三條

保險事故發生後，保險人已支付了全部保險金額，並且保險金額相等於保險價值的，受損保險標的的全部權利歸於保險人；保險金額低於保險價值的，保險人按照保險金額與保險價值的比例取得受損保險標的的部分權利。

第四十四條

因第三者對保險標的的損害而造成保險事故的，保險人自向被保險人賠償保險金之日起，在賠償金額範圍內代位行使被保險人對第三者請求賠償的權利。

前款規定的保險事故發生後，被保險人已經從第三者取得損害賠償的，保險人賠償保險金時，可以相應扣減被保險人從第三者已取得的賠償金額。

保險人依照第一款行使代位請求賠償的權利，不影響被保險人就未取得賠償的部分向第三者請求賠償的權利。

第四十五條

保險事故發生後，保險人未賠償保險金之前，被保險人放棄對第三者的請求賠償的權利的，保險人不承擔賠償保險金的責任。

保險人向被保險人賠償保險金後，被保險人未經保險人同意放棄對第三者請求賠償的權利的，該行為無效。

由於被保險人的過錯致使保險人不能行使代位請求賠償的權利的，保險人可以相應扣減保險賠償金。

第四十六條

除被保險人的家庭成員或者其組成人員故意造成本法第四十四條第一款規定的保險事故以外，保險人不得對被保險人的家庭成員或者其組成人員行使代位請求賠償的權利。

第四十七條

在保險人向第三者行使代位請求賠償權利時，被保險人應當向保險人提供必要的文件和其所知道的有關情況。

第四十八條

保險人、被保險人應查明和確定保險事故的性質、原因和保險標的的損失程度所支付的必要的、合理的費用，由保險人承擔。

第四十九條

保險人對責任保險的被保險人給第三者造成的損害，可以依照法律的規定或者合同的約定，直接向該第三者賠償保險金。

責任保險是指以被保險人對第三者依法應負的賠償責任為保險標的的保險。

第五十條

責任保險的被保險人因給第三者造成損害的保險事故而被提起仲裁或者訴訟的，除合同另有約定外，由被保險人支付的仲裁或者訴訟費用以及其他必要的、合理的費用，由保險人承擔。

第三節　人身保險合同

第五十一條

人身保險合同是以人的壽命和身體為保險標的的保險合同。

本節中的人身保險合同，除特別指明的外，簡稱合同。

第五十二條

投保人對下列人員具有保險利益：

㈠本人；

㈡配偶、子女、父母；

㈢前項以外與投保人有撫養、贍養或者扶養關係的家庭其他成員、近親屬。

除前款規定外，被保險人同意投保人為其訂立合同的，視為投保人對被保險人具有保險利益。

第五十三條

投保人申報的被保險人年齡不真實，並且其真實年齡不符合合同約定的年齡限制的，保險人可以解除合同，並在扣除手續費後，向投保人退還保險費，但是自合同成立之日起逾二年的除外。

投保人申報的被保險人年齡不真實，致使投保人支付的保險費少於應付保險費的，保險人有權更正並要求投保人補交保險費，或者在給付保險金時按照實付保險費與應付保險費的比例支付。

投保人申報的被保險人年齡不真實，致使投保人實付保險費多於應付保險費的，保險人應當

將多收的保險費退還投保人。

第五十四條

投保人不得為無民事行為能力人投保以死亡為給付保險金條件的人身保險，保險人也不得承保。

父母為其未成年子女投保的人身保險，不受前款規定限制，但是死亡給付保險金額總和不得超過金融監督管理部門規定的限額。

第五十五條

以死亡為給付保險金條件的合同，未經被保險人書面同意並認可保險金額的，合同無效。

依照以死亡為給付保險金條件的合同所簽發的保險單，未經被保險人書面同意，不得轉讓或者質押。

父母為其未成年子女投保的人身保險，不受第一款規定限制。

第五十六條

投保人於合同成立後，可以向保險人一次支付全部保險費，也可以按照合同約定分期支付保險費。

合同約定分期支付保險費的，投保人應當於合同成立時支付首期保險費，並應當按期支付其餘各期的保險費。

第五十七條

合同約定分期支付保險費，投保人支付首期保險費後，除合同另有約定外，投保人超過規定的期限六十日未支付當期保險費的，合同效力中止，或者由保險人按照合同約定的條件減少保險金額。

第五十八條

依照前條規定合同效力中止的，經保險人與投保人協商並達成協議，在投保人補交保險費後，合同效力恢復。但是，自合同效力中止之日起二年內雙方未達成協議的，保險人有權解除合同。

保險人依照前款規定解除合同，投保人已交足二年以上保險費的，保險人應當按照合同約定退還保險單的現金價值；投保人未交足二年保險費的，保險人應當在扣除手續費後，退還保險費。

第五十九條

保險人對人身保險的保險費，不得用訴訟方式要求投保人支付。

第六十條

人身保險的受益人由被保險人或者投保人指定。

投保人指定受益人時須經被保險人同意。

被保險人為無民事行為能力人或者限制民事行為能力人的，可以由其監護人指定受益人。

第六十一條

被保險人或者投保人可以指定一人或者數人為受益人。

受益人為數人的，被保險人或者投保人可以確定受益順序和受益份額；未確定受益份額的，受益人按照相等份額享有受益權。

第六十二條

被保險人或者投保人可以變更受益人並書面通知保險人。保險人收到變更受益人的書面通知後，應當在保險單上批註。

投保人變更受益人時須經被保險人同意。

第六十三條

被保險人死亡後，遇有下列情形之一的，保險金作為被保險人的遺產，由保險人向被保險人的繼承人履行給付保險金的義務：

㈠沒有指定受益人的；

㈡受益人先於被保險人死亡，沒有其他受益人的；

㈢受益人依法喪失受益權或者放棄受益權，沒有其他受益人的。

第六十四條

投保人、受益人故意造成被保險人死亡、傷殘或者疾病的，保險人不承擔給付保險金的責任。

投保人已交足二年以上保險費的，保險人應當按照合同約定向其他享有權利的受益人退還保險單的現金價值。

受益人故意造成被保險人死亡或者傷殘的，或者故意殺害被保險人未遂的，喪失受益權。

第六十五條

以死亡為給付保險金條件的合同，被保險人自殺的，除本條第二款規定外，保險人不承擔給付保險金的責任，但對投保人已支付的保險費，保險人應按照保險單退還其現金價值。

以死亡為給付保險金條件的合同，自成立之日起滿二年後，如果被保險人自殺的，保險人可以按照合同給付保險金。

第六十六條

被保險人故意犯罪導致其自身傷殘或者死亡的，保險人不承擔給付保險金的責任。

投保人已交足二年以上保險費的，保險人應當按照保險單退還其現金價值。

第六十七條

人身保險的被保險人因第三者的行為而發生死亡、傷殘或者疾病等保險事故的，保險人向被保險人或者受益人給付保險金後，不得享有向第三者追償的權利。

第六十八條

投保人解除合同，已交足二年以上保險費的，保險人應當自接到解除合同通知之日起三十日內，退還保險單的現金價值；未交足二年保險費的，保險人按照合同約定在扣除手續費後，退還保險費。

第三章　保險公司

第六十九條

保險公司應當採取下列組織形式：

㈠股份有限公司；

㈡國有獨資公司。

第七十條

設立保險公司，必須經金融監督管理部門批准。

第七十一條

設立保險公司，應當具備下列條件：

㈠有符合本法和公司法規定的章程；

㈡有符合本法規定的註冊資本最低限額；

㈢有具備任職專業知識和業務工作經驗的高級管理人員；

㈣有健全的組織機構和管理制度；

㈤有符合要求的營業場所和與業務有關的其他設施。

金融監督管理部門審查設立申請時，應當考慮保險業的發展和公平競爭的需要。

第七十二條

設立保險公司，其註冊資本的最低限額為人民幣二億元。

保險公司註冊資本最低限額必須為實繳貨幣資本。

金融監督管理部門根據保險公司業務範圍、經營規模，可以調整其註冊資本的最低限額。但是，不得低於第一款規定的限額。

第七十三條

申請設立保險公司，應當提交下列文件、資料：

㈠設立申請書，申請書應當載明擬設立的保險公司的名稱、註冊資本、業務範圍等；

㈡可行性研究報告；

㈢金融監督管理部門規定的其他文件、資料。

第七十四條

設立保險公司的申請經初步審查合格後，申請人應當依照本法和公司法的規定進行保險公司的籌建。具備本法第七十一條規定的設立條件的，向金融監督管理部門提交正式申請表和下列有關文件、資料：

㈠保險公司的章程；

㈡股東名冊及其股份或者出資人及其出資額；

㈢持有公司股份百分之十以上的股東資信證明和有關資料；

㈣法定驗資機構出具的驗資證明；

㈤擬任職的高級管理人員的簡歷和資格證明；

㈥經營方針和計劃；

㈦營業場所和與業務有關的其他設施的資料；

㈧金融監督管理部門規定的其他文件、資料。

第七十五條

金融監督管理部門自收到設立保險公司的正式申請文件之日起六個月內，應當作出批准或者不批准的決定。

第七十六條

經批准設立的保險公司，由批准部門頒發經營保險業務許可證，並憑經營保險業務許可證向工商行政管理機關辦理登記，領取營業執照。

第七十七條

保險公司自取得經營保險業務許可證之日起六個月內無正當理由未辦理公司設立登記的，其
經營保險業務許可證自動失效。

第七十八條

保險公司成立後應當按照其註冊資本總額的百分之二十提取保證金，存入金融監督管理部門
指定的銀行，除保險公司清算時用於清償債務外，不得動用。

第七十九條

保險公司在中華人民共和國境內外設立分支機構，須經金融監督管理部門批准，取得分支機
構經營保險業務許可證。

保險公司分支機構不具有法人資格，其民事責任由保險公司承擔。

第八十條

保險公司在中華人民共和國境內外設立代表機構，須經金融監督管理部門批准。

第八十一條

保險公司有下列變更事項之一的，須經金融監督管理部門批准：

㈠變更名稱；

㈡變更註冊資本；

㈢變更公司或者分支機構的營業場所；

㈣調整業務範圍；

㈤公司分立或者合併；

㈥修改公司章程；

㈦變更出資人或者持有公司股份百分之十以上的股東；

㈧金融監督管理部門規定的其他變更事項。

保險公司更換董事長、總經理，應當報經金融監督管理部門審查其任職資格。

第八十二條

保險公司的組織機構，適用公司法的規定。

第八十三條

國有獨資保險公司設立監事會。監事會由金融監督管理部門、有關專家和保險公司工作人員
的代表組成，對國有獨資保險公司提取各項準備金、最低償付能力和國有資產保值增值等情

況以及高級管理人員違反法律、行政法規或者章程的行為和損害公司利益的行為進行監督。

第八十四條

保險公司因分立、合併或者公司章程規定的解散事由出現，經金融監督管理部門批准後解散。

保險公司應當依法成立清算組，進行清算。

經營有人壽保險業務的保險公司，除分立、合併外，不得解散。

第八十五條

保險公司違反法律、行政法規，被金融監督管理部門吊銷經營保險業務許可證的，依法撤銷。

由金融監督管理部門依法即時組織清算組，進行清算。

第八十六條

保險公司不能支付到期債務，經金融監督管理部門同意，由人民法院依法宣告破產。

保險公司被宣告破產的，由人民法院組織金融監督管理部門等有關部門和有關人員成立清算組，進行清算。

第八十七條

經營有人壽保險業務的保險公司被依法撤銷的或者被依法宣告破產的，其持有的人壽保險合同及準備金，必須轉移給其他經營有人壽保險業務的保險公司；不能同其他保險公司達成轉讓協議的，由金融監督管理部門指定經營有人壽保險業務的保險公司接受。

第八十八條

保險公司依法破產的，破產財產優先支付其破產費用後，按照下列順序清償：

㈠所欠職工工資和勞動保險費用；

㈡賠償或者給付保險金；

㈢所欠稅款；

㈣清償公司債務。

破產財產不足清償同一順序清償要求的，按照比例分配。

第八十九條

保險公司依法終止其業務活動，應當註銷其經營保險業務許可證。

第九十條

保險公司的設立、變更、解散和清算事項，本法未作規定的，適用公司法和其他有關法律、行政法規的規定。

第四章　保險經營規則

第九十一條

保險公司的業務範圍：

㈠財產保險業務，包括財產損失保險、責任保險、信用保險等保險業務；

㈡人身保險業務，包括人壽保險、健康保險、意外傷害保險等保險業務。

同一保險人不得同時兼營財產保險業務和人身保險業務。

保險公司的業務範圍由金融監督管理部門核定。保險公司只能在被核定的業務範圍內從事保險經營活動。

本法施行前已設立的保險公司，按照第二款實行分業經營的辦法，由國務院規定。

第九十二條

經金融監督管理部門核定，保險公司可以經營前條規定的保險業務的下列再保險業務：

㈠分出保險；

㈡分入保險。

第九十三條

除人壽保險業務外，經營其他保險業務，應當從當年自留保險費中提取未到期責任準備金；提取和結轉的數額，應當相當於當年自留保險費的百分之五十。

經營有人壽保險業務的保險公司，應當按照有效的人壽保險單的全部淨值提取未到期責任準備金。

第九十四條

保險公司應當按照已經提出的保險賠償或者給付金額，以及已經發生保險事故但尚未提出的保險賠償或者給付金額，提取未決賠款準備金。

第九十五條

除依照前二條規定提取準備金外，保險公司應當依照有關法律、行政法規及國家財務會計制度的規定提取公積金。

第九十六條

為了保障被保險人的利益，支持保險公司穩健經營，保險公司應當按照金融監督管理部門的規定提存保險保障基金。

保險保障基金應當集中管理，統籌使用。

第九十七條

保險公司應當具有與其業務規模相適應的最低償付能力。保險公司的實際資產減去實際負債的差額不得低於金融監督管理部門規定的數額；低於規定數額的，應當增加資本金，補足差額。

第九十八條

經營財產保險業務的保險公司當年自留保險費，不得超過其實有資本金加公積金總和的四倍。

第九十九條

保險公司對每一危險單位，即對一次保險事故可能造成的最大損失範圍所承擔的責任，不得超過其實有資本金加公積金總和的百分之十；超過的部分，應當辦理再保險。

第一百條

保險公司對危險單位的計算辦法和巨災風險安排計劃，應當報經金融監督管理部門核准。

第一百零一條

除人壽保險業務外，保險公司應當將其承保的每筆保險業務的百分之二十按照國家有關規定辦理再保險。

第一百零二條

保險公司需要辦理再保險分出業務的，應當優先向中國境內的保險公司辦理。

第一百零三條

金融監督管理部門有權限制或者禁止保險公司向中國境外的保險公司辦理再保險分出業務或者接受中國境外再保險分入業務。

第一百零四條

保險公司的資金運用必須穩健，遵循安全性原則，並保證資產的保值增值。

保險公司的資金運用，限於在銀行存款、買賣政府債券、金融債券和國務院規定的其他資金運用形式。

保險公司的資金不得用於設立證券經營機構和向企業投資。

保險公司運用的資金和具體項目的資金佔其資金總額的具體比例，由金融監督管理部門規定。

第一百零五條

保險公司及其工作人員在保險業務活動中不得有下列行為：

㈠欺騙投保人、被保險人或者受益人；

㈡對投保人隱瞞與保險合同有關的重要情況；

㈢阻礙投保人履行本法規定的如實告知義務，或者誘導其不履行本法規定的如實告知義務；

㈣承諾向投保人、被保險人或者受益人給予保險合同規定以外的保險費回扣或者其他利益。

第五章　保險業的監督管理

第一百零六條

商業保險的主要險種的基本保險條款和保險費率，由金融監督管理部門制訂。

保險公司擬訂的其他險種的保險條款和保險費率，應當報金融監督管理部門備案。

第一百零七條

金融監督管理部門有權檢查保險公司的業務狀況、財務狀況及資金運用狀況，有權要求保險公司在規定的期限內提供有關的書面報告和資料。

保險公司依法接受監督檢查。

第一百零八條

保險公司未按照本法規定提取或者結轉各項準備金，或者未按照本法規定辦理再保險，或者嚴重違反本法關於資金運用的規定的，由金融監督管理部門責令該保險公司採取下列措施限期改正：

㈠依法提取或者結轉各項準備金；

㈡依法辦理再保險；

㈢糾正違法運用資金的行為；

㈣調整負責人及有關管理人員。

第一百零九條

依照前條規定，金融監督管理部門作出限期改正的決定後，保險公司在限期內未予改正的，由金融監督管理部門決定選派保險專業人員和指定該保險公司的有關人員，組成整頓組織，對該保險公司進行整頓。

整頓決定應當載明被整頓保險公司的名稱、整頓理由、整頓組織和整頓期限，並予以公告。

第一百十條

整頓組織在整頓過程中，有權監督該保險公司的日常業務。該保險公司的負責人及有關管理人員，應當在整頓組織的監督下行使自己的職權。

第一百十一條

在整頓過程中，保險公司的原有業務繼續進行，但是金融監督管理部門有權停止開展新的業務或者停止部分業務，調整資金運用。

第一百十二條

被整頓的保險公司經整頓已糾正其違反本法規定的行為，恢復正常經營狀況的，由整頓組織提出報告，經金融監督管理部門批准，整頓結束。

第一百十三條

保險公司違反本法規定，損害社會公共利益，可能嚴重危及或者已經危及保險公司的償付能力的，金融監督管理部門可以對該保險公司實行接管。

接管的目的是對被接管的保險公司採取必要措施，以保護被保險人的利益，恢復保險公司的正常經營。被接管的保險公司的債權債務關係不因接管而變化。

第一百十四條

接管組織的組成和接管的實施辦法，由金融監督管理部門決定，並予公告。

第一百十五條

接管期限屆滿，金融監督管理部門可以決定延期，但接管期限最長不得超過二年。

第一百十六條

接管期限屆滿，被接管的保險公司已恢復正常經營能力的，金融監督管理部門可以決定接管終止。

接管組織認為被接管的保險公司的財產已不足以清償所負債務的，經金融監督管理部門批准，依法向人民法院申請宣告該保險公司破產。

第一百十七條

保險公司應當於每一會計年度終了後三個月內，將上一年度的營業報告、財務會計報告及有關報表報送金融監督管理部門，並依法公布。

第一百十八條

保險公司應當於每月月底前將上一月的營業統計報表報送金融監督管理部門。

第一百十九條

經營人身保險業務的保險公司，必須聘用經金融監督管理部門認可的精算專業人員，建立精算報告制度。

第一百二十條

保險人和被保險人可以聘請依法設立的獨立的評估機構或者具有法定資格的專家，對保險事故進行評估和鑑定。

第一百二十一條

保險公司應當妥善保管有關業務經營活動的完整帳簿、原始憑證及有關資料。

前款規定的帳簿、原始憑證及有關資料的保管期限，自保險合同終止之日起計算，不得少於十年。

第六章　保險代理人和保險經紀人

第一百二十二條

保險代理人是根據保險人的委託，向保險人收取代理手續費，並在保險人授權的範圍內代為辦理保險業務的單位或者個人。

第一百二十三條

保險經紀人是基於投保人的利益，為投保人與保險人訂立保險合同提供中介服務，並依法收取佣金的單位。

第一百二十四條

保險代理人根據保險人的授權代為辦理保險業務的行為，由保險人承擔責任。

經營人壽保險代理業務的保險代理人，不得同時接受兩個以上保險人的委託。

第一百二十五條

因保險經紀人在辦理保險業務中的過錯，給投保人、被保險人造成損失的，由保險經紀人承擔賠償責任。

第一百二十六條

保險代理人、保險經紀人辦理保險業務時，不得利用行政權力、職務或者職業便利以及其他不正當手段強迫、引誘或者限制投保人訂立保險合同。

第一百二十七條

保險代理人、保險經紀人應當具備金融監督管理部門規定的資格條件，並取得金融監督管理

部門頒發的經營保險代理業務許可證或者經紀業務許可證，向工商行政管理機關辦理登記，領取營業執照，並繳存保證金或者投保職業責任保險。

第一百二十八條

保險代理人、保險經紀人應當有自己的經營場所，設立專門帳簿記載保險代理業務或者經紀業務的收支情況，並接受金融監督管理部門的監督。

第一百二十九條

保險公司應當設立本公司保險代理人登記簿。

第一百三十條

本法第一百零五條、第一百零七條、第一百十七條的規定，適用於保險代理人和保險經紀人。

第七章　法律責任

第一百三十一條

投保人、被保險人或者受益人有下列行為之一，進行保險欺詐活動，構成犯罪的，依法追究刑事責任：

㈠投保人故意虛構保險標的，騙取保險金的；

㈡未發生保險事故而謊稱發生保險事故，騙取保險金的；

㈢故意造成財產損失的保險事故，騙取保險金的；

㈣故意造成被保險人死亡、傷殘或者疾病等人身保險事故，騙取保險金的；

㈤偽造、變造與保險事故有關的證明、資料和其他證據，或者指使、唆使、收買他人提供虛假證明、資料或者其他證據，編造虛假的事故原因或者誇大損失程度，騙取保險金的。

有前款所列行為之一，情節輕微，不構成犯罪的，依照國家有關規定給予行政處罰。

第一百三十二條

保險公司及其工作人員在保險業務中隱瞞與保險合同有關的重要情況，欺騙投保人、被保險人或者受益人，或者拒不履行保險合同約定的賠償或者給付保險金的義務，構成犯罪的，依法追究刑事責任；不構成犯罪的，由金融監督管理部門對保險公司處以一萬元以上五萬元以下的罰款；對有違法行為的工作人員，給予處分，並處以一萬元以下的罰款。

保險公司及其工作人員阻礙投保人履行如實告知義務，或者誘導其不履行如實告知義務的，或者承諾向投保人、被保險人或者受益人給予非法的保險費回扣或者其他利益的，由金融監督管理部門責令改正，對保險公司處以一萬元以上五萬元以下的罰款；對有違法行為的工作

人員，給予處分，並處以一萬元以下的罰款。

第一百三十三條

保險代理人或者保險經紀人在其業務中欺騙投保人、被保險人或者受益人的，由金融監督管理部門責令改正，並處以一萬元以上五萬元以下的罰款；情節嚴重的，吊銷經營保險代理業務許可證或者經紀業務許可證。構成犯罪的，依法追究刑事責任。

第一百三十四條

保險公司的工作人員利用職務上的便利，故意編造未曾發生的保險事故進行虛假理賠，騙取保險金的，依法追究刑事責任。

第一百三十五條

違反本法規定，擅自設立保險公司或者非法從事商業保險業務活動的，依法追究刑事責任，並由金融監督管理部門予以取締。情節輕微，不構成犯罪的，給予行政處罰。

第一百三十六條

違反本法規定，超出核定的業務範圍從事保險業務的，由金融監督管理部門責令改正，責令退還收取的保險費，有違法所得的，沒收違法所得，並處以違法所得一倍以上五倍以下的罰款；沒有違法所得的，處以十萬元以上五十萬元以下的罰款；逾期不改正或者造成嚴重後果的，責令停業整頓或者吊銷經營保險業務許可證。

第一百三十七條

違反本法規定，未經批准，擅自變更保險公司的名稱、章程、註冊資本、公司或者分支機構的營業場所等事項的，由金融監督管理部門責令改正，並處以一萬元以上十萬元以下的罰款。

第一百三十八條

違反本法規定，有下列行為之一的，由金融監督管理部門責令改正，並處以五萬元以上三十萬元以下的罰款；情節嚴重的，可以限制業務範圍、責令停止接受新業務或者吊銷經營保險業務許可證：

㈠未按照規定提存保證金或者違反規定動用保證金的；

㈡未按照規定提取或者結轉未到期責任準備金或者未按照規定提取未決賠款準備金的；

㈢未按照規定提取保險保障基金、公積金的；

㈣未按照規定辦理再保險分出業務的；

㈤違反規定運用保險公司資金的；

㈥未經批准設立分支機構或者代表機構的；

㈦未經批准分立、合併的。

第一百三十九條

違反本法規定，有下列行為之一的，由金融監督管理部門責令改正，逾期不改正的，處以一萬元以上十萬元以下的罰款：

㈠未按照規定報送有關報告、報表、文件和資料的；

㈡未按照規定將擬定險種的保險條款和保險費率報送備案的。

第一百四十條

違反本法規定，有下列行為之一的，由金融監督管理部門責令改正，處以十萬元以上五十萬元以下的罰款：

㈠提供虛假的報告、報表、文件和資料的；

㈡拒絕或者妨礙依法檢查監督的。

第一百四十一條

違反本法規定，有下列行為之一的，由金融監督管理部門責令改正，處以五萬元以上三十萬元以下的罰款：

㈠超額承保，情節嚴重的；

㈡為無民事行為能力人承保以死亡為給付保險金條件的保險的。

第一百四十二條

違反本法規定，未取得經營保險代理業務許可證或者經紀業務許可證，非法從事保險代理業務或者經紀業務活動的，由金融監督管理部門予以取締，沒收違法所得，處以違法所得五倍以上十倍以下的罰款。構成犯罪的，依法追究刑事責任。

第一百四十三條

對違反本法規定尚未構成犯罪的行為負有直接責任的保險公司高級管理人員和其他直接責任人員，金融監督管理部門可以區別不同情況予以警告，責令予以撤換，處以五千元以上三萬元以下的罰款。

第一百四十四條

違反本法規定，給他人造成損害的，應當依法承擔民事責任。

第一百四十五條

對不符合本法規定條件的設立保險公司的申請予以批准的，或者對不符合保險代理人、保險經紀人條件的申請予以批准的，給予行政處分；情節嚴重，構成犯罪的，依法追究刑事責任。

第一百四十六條

金融監督管理部門工作人員在對保險業的監督管理工作中濫用職權、徇私舞弊、玩忽職守，構成犯罪的，依法追究刑事責任；不構成犯罪的，給予行政處分。

第八章　附　則

第一百四十七條

海上保險適用海商法的有關規定；海商法未作規定的，適用本法的有關規定。

第一百四十八條

設立外資參股的保險公司，或者外國保險公司在中國境內設立分公司，適用本法規定，法律、行政法規另有規定的，適用其規定。

第一百四十九條

國家支持發展農業生產服務的保險事業，農業保險由法律、行政法規另行規定。

第一百五十條

本法規定的保險公司以外的其他性質的保險組織，由法律、行政法規另行規定。

第一百五十一條

本法施行前按照國務院規定經批准設立的保險公司繼續保留，其中不完全具備本法規定的條件的，應當在規定的期限內達到本法規定的條件。具體辦法由國務院規定。

第一百五十二條

本法自1995年10月1日起施行。

㈤外匯管理條例

(1996年1月29日公布，1996年4月1日施行，1997年1月14日修正)

第一章　總　則

第一條

為了加強外匯管理，保持國際收支平衡，促進國民經濟健康發展，制定本條例。

第二條

國務院外匯管理部門及其分支機構(以下統稱外匯管理機關)依法履行外匯管理職責，負責本條例的實施。

第三條

本條例所稱外匯，是指下列以外幣表示的可以用作國際清償的支付手段和資產：

㈠外國貨幣，包括紙幣、鑄幣；

㈡外幣支付憑證，包括票據、銀行存款憑證、郵政儲蓄憑證等；

㈢外幣有價證券，包括政府債券、公司債券、股票等；

㈣特別提款權、歐洲貨幣單位；

㈤其他外匯資產。

第四條

境內機構、個人、駐華機構、來華人員的外匯收支或者經營活動，適用本條例。

第五條

國家對經常性國際支付和轉移不予限制。

第六條

國家實行國際收支統計申報制度。凡有國際收支活動的單位和個人，必須進行國際收支統計申報。

第七條

在中華人民共和國境內，禁止外幣流通，並不得以外幣計價結算。

第八條

任何單位和個人都有權檢舉、揭發違反外匯管理的行為和活動。對檢舉、揭發或者協助查處違反外匯管理案件有功的單位和個人，由外匯管理機關給予獎勵，並負責保密。

第二章　經常項目外匯

第九條

境內機構的經常項目外匯收入必須調回境內，不得違反國家有關規定將外匯擅自存放在境外。

第十條

境內機構的經常項目外匯收入，應當按照國務院關於結匯、售匯及付匯管理的規定賣給外匯指定銀行，或者經批准在外匯指定銀行開立外匯帳戶。

第十一條

境內機構的經常項目用匯，應當按照國務院關於結匯、售匯及付匯管理的規定，持有效憑證和商業單據向外匯指定銀行購匯支付。

第十二條

境內機構的出口收匯和進口付匯，應當按照國家關於出口收匯核銷管理和進口付匯核銷管理的規定辦理核銷手續。

第十三條

屬於個人所有的外匯，可以自行持有，也可以存入銀行或者賣給外匯指定銀行。個人的外匯儲蓄存款，實行存款自願、取款自由、存款有息、為儲戶保密的原則。

第十四條

個人因私用匯，在規定限額以內購匯。超過規定限額的個人因私用匯，應當向外匯管理機關提出申請，外匯管理機關認為其申請屬實的，可以購匯。個人攜帶外匯進出境，應當向海關辦理申報手續；攜帶外匯出境，超過規定限額的，還應當向海關出具有效憑證。

第十五條

個人移居境外後，其境內的資產產生的收益，可以持規定的證明材料和有效憑證向外匯指定銀行購匯匯出或者攜帶出境。

第十六條

居住在境內的中國公民持有的外幣支付憑證、外幣有價證券等形式的外匯資產，未經外匯管理機關批准，不得攜帶或者郵寄出境。

第十七條

駐華機構及來華人員的合法人民幣收入，需要匯出境外的，可以持有關證明材料和憑證到外

匯指定銀行兌付。

第十八條

駐華機構和來華人員由境外匯入或者攜帶入境的外匯，可以自行保存，可以存入銀行或者賣給外匯指定銀行，也可以持有效憑證匯出或者攜帶出境。

第三章　資本項目外匯

第十九條

境內機構的資本項目外匯收入，除國務院另有規定外，應當調回境內。

第二十條

境內機構的資本項目外匯收入，應當按照國家有關規定在外匯指定銀行開立外匯帳戶；賣給外匯指定銀行的，須經外匯管理機關批准。

第二十一條

境內機構向境外投資，在向審批主管部門申請前，由外匯管理機關審查其外匯資金來源；經批准後，按照國務院關於境外投資外匯管理的規定辦理有關資金匯出手續。

第二十二條

借用國外貸款，由國務院確定的政府部門、國務院外匯管理部門批准的金融機構和企業按照國家有關規定辦理。外商投資企業借用國外貸款，應當報外匯管理機關備案。

第二十三條

金融機構在境外發行外幣債券，須經國務院外匯管理部門批准，並按照國家有關規定辦理。

第二十四條

提供對外擔保，只能由符合國家規定條件的金融機構和企業辦理，並須經外匯管理機關批准。

第二十五條

國家對外債實行登記制度。境內機構應當按照國務院關於外債統計監測的規定辦理外債登記。

國務院外匯管理部門負責全國的外債統計與監測，並定期公布外債情況。

第二十六條

依法終止的外商投資企業，按照國家有關規定進行清算、納稅後，屬於外方投資者所有的人民幣，可以向外匯指定銀行購匯匯出或者攜帶出境；屬於中方投資者所有的外匯，應當全部賣給外匯指定銀行。

第四章　金融機構外匯業務

第二十七條

金融機構經營外匯業務須經外匯管理機關批准，領取經營外匯業務許可證。未經外匯管理機關批准，任何單位和個人不得經營外匯業務。經批准經營外匯業務的金融機構，經營外匯業務不得超出批准的範圍。

第二十八條

經營外匯業務的金融機構應當按照國家有關規定為客戶開立外匯帳戶，辦理有關外匯業務。

第二十九條

金融機構經營外匯業務，應當按照國家有關規定交存外匯存款準備金，遵守外匯資產負債比例管理的規定，並建立呆帳準備金。

第三十條

外匯指定銀行辦理結匯業務所需人民幣資金，應當使用自有資金。外匯指定銀行的結算周轉外匯，實行比例幅度管理，具體幅度由中國人民銀行根據實際情況核定。

第三十一條

金融機構經營外匯業務，應當接受外匯管理機關的檢查、監督。經營外匯業務的金融機構應當向外匯管理機關報送外匯資產負債表、損益表以及其他財務會計報表資料。

第三十二條

金融機構終止經營外匯業務，應當向外匯管理機關提出申請。金融機構經批准終止經營外匯業務的，應當依法進行外匯債權、債務的清算，並繳銷經營外匯業務許可證。

第五章　人民幣匯率和外匯市場

第三十三條

人民幣匯率實行以市場供求為基礎的、單一的、有管理的浮動匯率制度。中國人民銀行根據銀行間外匯市場形成的價格，公布人民幣對主要外幣的匯率。

第三十四條

外匯市場交易應當遵循公開、公平、公正和誠實信用的原則。

第三十五條

外匯市場交易的幣種和形式由國務院外匯管理部門規定和調整。

第三十六條

外匯指定銀行和經營外匯業務的其他金融機構是銀行間外匯市場的交易者。

外匯指定銀行和經營外匯業務的其他金融機構，應當根據中國人民銀行公布的匯率和規定的浮動範圍，確定對客戶的外匯買賣價格，辦理外匯買賣業務。

第三十七條

國務院外匯管理部門依法監督管理全國的外匯市場。

第三十八條

中國人民銀行根據貨幣政策的要求和外匯市場的變化，依法對外匯市場進行調控。

第六章　法律責任

第三十九條

有下列逃匯行為之一的，由外匯管理機關責令限期調回外匯，強制收兌，併處逃匯金額30%以上5倍以下的罰款；構成犯罪的，依法追究刑事責任：

㈠違反國家規定，擅自將外匯存放在境外的；

㈡不按照國家規定將外匯賣給外匯指定銀行的；

㈢違反國家規定將外匯匯出或者攜帶出境的；

㈣未經外匯管理機關批准，擅自將外幣存款憑證、外幣有價證券攜帶或者郵寄出境的；

㈤其他逃匯行為。

第四十條

有下列非法套匯行為之一的，由外匯管理機關給予警告，強制收兌，併處非法套匯金額30%以上3倍以下的罰款；構成犯罪的，依法追究刑事責任：

㈠違反國家規定，以人民幣支付或者以實物償付應當以外匯支付的進口貨款或者其他類似支出的；

㈡以人民幣為他人支付在境內的費用，由對方付給外匯的；

㈢未經外匯管理機關批准，境外投資者以人民幣或者境內所購物資在境內進行投資的；

㈣以虛假或者無效的憑證、合同、單據等向外匯指定銀行騙購外匯的；

㈤非法套匯的其他行為。

第四十一條

未經外匯管理機關批准，擅自經營外匯業務的，由外匯管理機關沒收違法所得，並予以取締；

構成犯罪的，依法追究刑事責任。經營外匯業務的金融機構擅自超出批准的範圍經營外匯業務的，由外匯管理機關責令改正，有違法所得，沒收違法所得，併處違法所得1倍以上5倍以下的罰款；沒有違法所得的，處10萬元以上50萬元以下的罰款；情節嚴重或者逾期不改正的，由外匯管理機關責令整頓或者吊銷經營外匯業務許可證；構成犯罪的，依法追究刑事責任。

第四十二條

外匯指定銀行未按照國家規定辦理結匯、售匯業務的，由外匯管理機關責令改正，通報批評，沒收違法所得，併處10萬元以上50萬元以下的罰款；情節嚴重的，停止其辦理結匯、售匯業務。

第四十三條

經營外匯業務的金融機構違反人民幣匯率管理、外匯存貸款利率管理或者外匯交易市場管理的，由外匯管理機關責令改正，通報批評，有違法所得的，沒收違法所得，併處違法所得1倍以上5倍以下的罰款；沒有違法所得的，處10萬元以上50萬元以下的罰款；情節嚴重的，由外匯管理機關責令整頓或者吊銷經營外匯業務許可證。

第四十四條

境內機構有下列違反外債管理行為之一的，由外匯管理機關給予警告，通報批評，併處10萬元以上50萬元以下的罰款；構成犯罪的，依法追究刑事責任：

㈠擅自辦理對外借款的；

㈡違反國家有關規定，擅自在境外發行外幣債券的；

㈢違反國家有關規定，擅自提供對外擔保的；

㈣有違反外債管理的其他行為的。

第四十五條

境內機構有下列非法使用外匯行為之一的，由外匯管理機關責令改正，強制收兌，沒收違法所得，併處違法外匯金額等值以下的罰款；構成犯罪的，依法追究刑事責任：

㈠以外幣在境內計價結算的；

㈡擅自以外匯作質押的；

㈢私自改變外匯用途的；

㈣非法使用外匯的其他行為。

第四十六條

私自買賣外匯、變相買賣外匯或者倒買倒賣外匯的，由外匯管理機關給予警告，強制收兌，沒收違法所得，併處違法外匯金額30%以上3倍以下的罰款；構成犯罪的，依法追究刑事責任。

第四十七條

境內機構違反外匯帳戶管理規定，擅自在境內、境外開立外匯帳戶的，出借、串用、轉讓外匯帳戶的，或者擅自改變外匯帳戶使用範圍的，由外匯管理機關責令改正，撤銷外匯帳戶，通報批評，併處5萬元以上30萬元以下的罰款。

第四十八條

境內機構違反外匯核銷管理規定，偽造、塗改、出借、轉讓或者重複使用進出口核銷單證的，或者未按規定辦理核銷手續的，由外匯管理機關給予警告，通報批評，沒收違法所得，併處5萬元以上30萬元以下的罰款；構成犯罪的，依法追究刑事責任。

第四十九條

經營外匯業務的金融機構違反本條例第二十九條、第三十一條規定的，由外匯管理機關責令改正，通報批評，併處5萬元以上30萬元以下的罰款。

第五十條

當事人對外匯管理機關的處罰決定不服的，可以自收到處罰決定通知書之日起15日內向上一級外匯管理機關申請覆議；上一級外匯管理機關應當自收到覆議申請書之日起2個月內作出覆議決定。當事人對覆議決定仍不服的，可以依法向人民法院提出訴訟。

第五十一條

境內機構違反外匯管理規定的，除依照本條例給予處罰外，對直接負責的主管人員和其他直接責任人員，應當給予紀律處分；構成犯罪的，依法追究刑事責任。

第七章 附 則

第五十二條

本條例下列用語的含義：

(一)「境內機構」是指中華人民共和國境內的企業事業單位、國家機關、社會團體、部隊等，包括外商投資企業。

(二)「外匯指定銀行」是指經外匯管理機關批准經營結匯和售匯業務的銀行。

(三)「個人」是指中國公民和在中華人民共和國境內居住滿1年的外國人。

㈣「駐華機構」是指外國駐華外交機構、領事機構、國際組織駐華代表機構、外國駐華商務機構和國外民間組織駐華業務機構等。

㈤「來華人員」是指駐華機構的常駐人員、短期入境的外國人、應聘在境內機構工作的外國人以及外國留學生等。

㈥「經常項目」是指國際收支中經常發生的交易項目，包括貿易收支、勞務收支、單方面轉移等。

㈦「資本項目」是指國際收支中因資本輸出和輸入而產生的資產與負債的增減項目，包括直接投資、各類貸款、證券投資等。

第五十三條

保稅區的外匯管理辦法，由國務院外匯管理部門另行制定。

第五十四條

邊境貿易和邊民互市的外匯管理辦法，由國務院外匯管理部門根據本條例規定的原則另行制定。

第五十五條

本條例自1996年4月1日起施行。

臺灣發展知識經濟之路

孫 震／著

二十世紀末期，世界經濟發展主流有二：一為知識經濟；一為全球化。本書正是探討一國如何發展知識經濟基本的因素。

歐洲聯盟簡史

Philip Thody／著　鄭棨元／譯

本書從非歐洲大陸中心主義的英國的立場，深入剖析邁向歐洲聯盟之路的困境與折衝，提供另一種詮釋歐洲統合史的視野。

衍生性金融商品入門

三宅輝幸／著

林炳奇／譯　李　麗／審閱

在邁向金融自由化的時代，衍生性金融商品無疑是一顆閃亮的巨星；但它究竟是金融界的救世主？還是自由市場的妖孽？

日本金融大改革

相沢幸悅／著

林韓菁／譯　李　麗／審閱

為了改善日本泡沫經濟及讓東京蛻變成充滿活力的國際金融重鎮，日本金融大改革於焉展開……

EUROPE 歐洲系列

邁向「歐洲聯盟」之路

張福昌／著

在歐洲的天空中飄揚著一面「藍天金星旗」，這面旗幟是歐洲國家統合成「歐洲聯盟」的象徵——一個足與美國、日本抗衡的第三勢力已經形成……

歐洲建築的眼波　林秀姿／著

邁向「歐洲聯盟」之路　張福昌／著

奧林帕斯的回響——歐洲音樂史話　陳希茹／著

歐洲宗教剪影——背景‧教堂‧禮儀‧信仰　陳主顯、Bettina Opitz-Chen／著

樂迷賞樂——歐洲古典到近代音樂　張筱雲／著

恣彩歐洲繪畫　吳介祥／著

信仰的長河——歐洲宗教溯源　王貞文／著

閱讀歐洲版畫　劉興華／著

閒窺石鏡清我心——歐洲雕塑的故事　袁藝軒／著